大夏书系 | 语文之道

语文课型与语文教学

罗晓晖 著

华东师范大学出版社
·上海·

CONTENTS 目 录

代序　开篇敬启　　001

语文的课型分类
　　——兼谈课型与培养语文素养的关系　　001

在语文学习中学习思考　　015

教学价值点、课型与单元教学
　　——关于单元教学的一些思考　　028

缺乏学理、不讲章法的教学是不行的
　　——语文阅读教学的课型分类问题　　044

关于课型分类的课堂教学实践
　　——在"基于课型分类的课堂教学"主题教研会上的发言　　056

关于钻研教材　　070

《愚公移山》的文本分析和评价鉴赏课　　079

阅读理解的基本规则　　090

自然的阅读理解过程：我们是怎样理解文本的
　　——苏童《夏天的一条街道》阅读理解过程的思维描述　　092

文本细读案例：《秋天的怀念》 　　　　　　　　　　100

文本分析的几个要点
　　——以《岳阳楼记》的解读为例　　　　　　　108

文本信息的结构化
　　——以郑振铎《猫》的解读为例　　　　　　　113

隐蔽着的意义
　　——《邮差先生》解读　　　　　　　　　　　117

《昆明的雨》文本解读　　　　　　　　　　　　　123

关于鉴赏课：由一个教学设计想到的　　　　　　　130

"托物言志"的教学评一致性
　　——基于《〈白杨礼赞〉"教学评一致性"学案》的探讨　　136

"手法"：非常规的和非直陈的
　　——关于文学作品的"手法"　　　　　　　　142

怎样上语文综合实践课
　　——评《鸟"雨""花"香，"醉"成都——品少陵诗，吟成都情》　153

关于教学设计的一些思考
　　——评说明文写作教学课《畅游魅力宽窄，领略成都风物》　161

对文学史课的几点看法
　　——评文学史课《走近李白》　　　　　　　　168

串讲：一种传统的阅读授课方式
　　——以《定风波》和《生命》为例　　　　　　176

串讲示例：《雨巷》《再别康桥》　　　　　　　　191

记叙文写作教学的若干学理思考
　　——评作文课《写触动心灵的人和事》　　　　201

评肖培东作文升格指导课《灯》　　214

成都2021届诊断性考试作文审题简说　　222

2020年全国高考卷I古诗阅读题指误　　225

基于课型的一些观察　　230

语文学科阅读课　　245

语文学科阅读课《〈论语〉：论学习》评述　　254

回归教学常识
——对《〈论语〉专题研读之孔子周游列国》一课的几点意见　　263

后　记　　269

PREFACE ▶ 代 序

开篇敬启

这里叫作"语文渡",意思就是"语文的渡口"。

渡口,是乘坐渡船过河的地方。但我不渡河,我只是守在渡口。

我当年是想要过河去的。美好的毕竟都在彼岸。然而那时年轻,"欲济无舟楫",也就罢了。如今年老,就守在这个渡口,看看周围的风景,看看往来的行人,也就够了。

我不过河,但我可以告诉你,我对彼岸曾经的向往,以及如今淡然的张望。

这是语文的渡口,而我并不是能让你到彼岸的船夫。

我没有渡人的能力,我甚至无力自渡。

彼岸是美好的,在隔岸遥望的模糊的视线中,彼岸因模糊而愈加美好了。

但到彼岸不是我的事。我只是坐在这个渡口,对来到这个渡口的人们,谈谈我所看过的此岸和彼岸的风景。

这渡口是个神奇的地方。在这里,可以看到世界的无常:眼前的河水就这样逝者如斯了,身边的风物就这样四季轮回了。在这里,可以感到世界的恒常:你看,一轮又一轮想到彼岸的人都死了,而这渡口依然在。

我守在这个渡口，我也是个过客。

一批又一批创造语文的高人们都不在了，比如班马李杜；一批又一批谈论语文的大佬们也都不在了，比如那些数不胜数的语文学家们和语文教育家们。但他们曾经抵达这个渡口，他们幻化为这渡口的风景。他们在这里逝去，他们在这里重生。

所以这个渡口是有意义的。

欢迎大家关注，不时来看看。

语文的课型分类

——兼谈课型与培养语文素养的关系

本文旨在说明语文的课型分类，并对语文素养跟各种课型的联系作出简明的解释。

一、七种语文课型的划分

我把语文课分为七种课型：预习课、文本分析课、评价鉴赏课、文学史课、训练课、综合实践课、学科阅读课。这种课型分类，我在《文本解读与阅读教学讲谈》（华东师范大学出版社2018年版）和《追求更高品质的阅读教学：中学语文名师课例深度剖析》（华东师范大学出版社2020年版）两本书中已有初步论说。这七种课型中，前五种是基于课本的单元教学课型，后两种则是不受限于课本单元的拓展性教学课型。如下表：

基础性语文课（依托于单元）	预习课	在教师指导下的单元自主学习
	文本分析课	分析单元内各篇课文，实现文意理解
	评价鉴赏课	统整单元内各篇课文，作出评价鉴赏
	文学史课	学习单元相关文学史知识，深化文学理解
	训练课	本单元相关的知识与能力的训练
拓展性语文课（不受单元限制）	综合实践课	综合运用语文知识与能力，解决情境中的问题
	学科阅读课	阅读与语文学科相关的著作或文章，拓展学科视域，深化学科理解

这种课型分类通盘考虑到了语文教材的单元编写体例和学生的语文学习需要。任何一堂语文课，都必属于这些课型之一。但这不表示每种文体、每个单元的教学都必须完整地实施七种课型。前五种课型依托于教材的单元，文学类文本单元通常需要有序、完整地执行全部五种课型，非文学类文本单元则只需要部分执行。例如，多数说明文通常不需要文本分析课和评价鉴赏课（文意理解不存在障碍，也较少使用艺术技巧），也不需要文学史课（非文学类文本跟文学史基本无关）。

后面两种课型是拓展性语文课型，但并非可有可无，因为仅仅依靠语文教材是无法学好语文的，统编教材也难以适应千差万别的学情。这两种课型在教学安排中具有机动性，可以配合单元教学来安排，也可根据教学需要相机行事。

预习课、训练课、综合实践课和学科阅读课相对容易理解，下面重点介绍文本分析课、评价鉴赏课和文学史课三种课型。

二、文本分析课

文本分析课的基本目标，是教会学生对文本作出有效的观察，并通过分析与综合，得出对文本的主题判断，实现对文本的理解。

文本分析所需要的主要能力是观察、分析与综合能力。文本分析课一般分为两个教学环节：观察，分析与综合。

（一）观察

在文本分析之初，先要对分析对象作出初步观察。这样的观察有赖于学生现有的语文认知水平，得出的是观察结论而非分析结论，是初步的理解而非最终的论断，但它是分析文本的重要基础。

对文本的观察，主要可有如下项目：

1. 话题

这里的话题，是指某个文本所关注的主题范围。这里面有由低到高的多个观察层级。

（1）粗浅的层级：能观察出文本的题材范围。

例如，能够看出朱自清的《背影》关注的是父子亲情，莫怀戚的《散步》关注的是三代人之间的情感。

（2）准确的层级：能把某一文本与话题相关的类似文本联系起来，观察出该文本的话题独特性，精准定位文本话题。

例如，观察朱自清的《背影》，会轻而易举地了解到它所关注的是亲情，并且联系到此前学过的莫怀戚的《散步》，它所关注的也是亲情，然后意识到此项观察无法揭示文本的独特性，进而看出《背影》所关注的乃是生死背景下的亲情表达，而《散步》所关注的其实是亲人之间爱与责任的生命伦理。

（3）深入的层级：能看出文本话题所触及的母题。

例如，观察鲁迅的《故乡》，不仅能够看出其话题是关于乡土中国的社会变迁，也能看出"离别""人性""失落"等分布或隐藏在这一话题的叙述进程中的母题元素。

以上三个层级是由低到高的。普通读者能够达到第一个层级，训练有素的读者能达到第二个层级，有思想和相关知识背景的读者能达到第三个层级。教学所下的功夫，主要在后面两个层级上。

2. 文体与行文风格

文体，是指独立成篇的文本的样式或模式，属于形式范畴。在我的理解中，文体并无僵化的面目，它主要是在表达方式和语言偏好的基础上形成的文本样貌。以叙述为基本表达方式的文本，属于小说、叙事性散文等叙事性文体；以议论、说明为基本表达方式的文本，属于介绍思想观念与各种知识的论说性文体；以描写、抒情为基本表达方式的文本，则大抵属于诗歌、抒情性散文等抒情性文体。文体是表达经验高度成熟的产物，是写作实践的历史积淀的结果。

对文体给出这样的理解，可以回避很多无聊的问题，譬如，鲁迅的《社戏》和郑振铎的《猫》是小说还是散文？——它们都是叙事性文体（不用强行界定为散文或小说）。

文体主要由表达方式决定，也跟语言偏好有关。例如，假如文本中偏爱以押韵的方式来处理语言，则该文本无论其内容是什么，文体特征都将往诗歌方向偏移。

行文风格跟作者的语言偏好有关。同样的文体，李白可能写得清新俊逸，杜甫则可能写得沉郁顿挫。这个道理很简单，毋庸多说。

面对一篇课文，要观察它采用的主要表达方式是什么，进而作出进一步观察：如果是叙事性文体，就进一步看它叙述了什么事，叙述这样的事有何价值；如果是抒情性文体，就进一步看它抒发了怎样的情感，这种情感是依托于怎样的情境来抒发的。此外，顺便观察行文风格，看看文本中的措辞有何特色或倾向。

3. 难以理解、容易误解的部分

文本分析之初，应注意到文中哪些部分是比较费解的。学生须提出他们自己的困惑。这些费解的甚至容易误解的部分，在文本分析时要特别关注。

（二）分析与综合

文本分析课所训练的能力涉及很多方面，主要包括理解（语义识别）、分析与综合（语义信息的联结和信息结构化）。分析与综合是重点。一般来说，文本分析会经历以下环节：

1. 整体框架把握

文本是一个自足自洽的意义表达系统，要把文本当作一个系统来处理。要在大致了解文本内容的基础上，基于对文本的宏观观察，大致确定文意走向，看出文本整体框架。

例如，初读鲁迅的《社戏》，要找出文中写看社戏的部分；由此立即看出文中还存在着看社戏之前和之后两个部分。据此，在宏观层面可初步把文本划分为三个部分。至于这样的划分是否合理，还有待于进一步分析。初读郑振铎的《猫》，至少要看出它写了三只猫，从而初步将文本划分为三个部分。这样划分的合理性还需要论证，但这个划分是必要的，有助于使分析获得初步的确定性。

2. 表意单元切分

接下来需要切分表意单元。文本中通常存在着多个表意单元，需要进行切分，才便于分析。切分本身也就是分析。

文本中所有内容都是为主题表达服务的。但不同的表意单元，在服务于主题时的表现功能有所区别。每个句子都在表意；表意关联度越高的句子，关系越紧密。根据表意关联度，可以分出不同层级的表意单元。例如郑振铎的《猫》，从整体上看，可以根据三只猫分出三个表意单元，这是比较宏观的表意单元；而具体写某只猫的部分，则又存在更微观的若干表意层次，可以划分出更小的表意单元。例如写第三只猫的部分，存在着多个更小的表意单元，它们分别揭发了人性中的自私、偏见和愚妄，并表现了人反省的良知等。

这样的切分能帮助我们更细密地分析文意。

3. 表意单元之间的结构关系分析

拆分之后需要综合。分析各个表意单元之间的联结关系，是文本分析课的重点，也是难点，其能力指向是综合。这项分析是准确解析主题的关键步骤。

例如郑振铎的《猫》，仔细分析三只猫之间的结构关系，会发现对前两只猫所表现出来的态度趋同，都是喜爱和同情的；对第三只猫的态度则不同，起初是带着厌恶的。如此则发现前两只猫的部分可合并为一个更大的表意单元，跟第三只猫的部分构成反向的对照。进一步分析喜爱前两只猫的原因，则可归纳出所谓喜爱不过是因为猫能取悦和满足我们的需要，人对猫的喜爱，实质不是"爱"而是"赏玩"。这与写第三只猫的部分存在着深刻的趋同——写第三只猫揭发了人的自私、偏见与愚妄，而"赏玩"的实质恰好就是自私。至此，文本全部内容的结构性关联显现出来，主题便呼之欲出了。

4. 主题结论概括

这个步骤是基于对前面的分析步骤的总结。此时的关键不再是对文本表意的过程性分析，而是以合理的、恰如其分的措辞完成对主题结论的描述。

得出主题结论，文本分析便完成了。此时已经实现了对文本所要表达的意思的"理解"。至于如何"评价"这个文本，则是评价鉴赏课的事情。

三、评价鉴赏课

评价鉴赏课分为评价课和鉴赏课两种。评价课着眼于对文本思想内容的评价，鉴赏课着眼于对文本艺术形式的评价。

文本分析课更多的是锻炼学生分析、综合语义信息的能力，评价鉴赏课则更多地致力于对文本所能提供的营养的吸收。通过评价课，吸取有益的观念，建构自己的思想；通过鉴赏课，观摩优美的形式，获得艺术的滋养。

文本分析只能单篇进行，评价鉴赏则宜统合单元各篇来实施。

通常，文本分析课和评价鉴赏课适合小说、诗歌、散文等文学类文本，以及部分带着思辨性和文艺性的非文学类文本。大部分非文学类文本不需要这两种课型。

（一）评价课

评价课的主要事项，按先后顺序简要描述如下：

1.发现支撑主题的底层观念

这个环节是为评价能够走向深入提供可能性。

每个文本的主题，都是一个陈述或命题。这个陈述或命题，都关联着作者对世界、人生的基本理解。作者的世界观、人生观、价值观，是支撑主题的基石，是文本主题的底层意义或底层观念。

在评价课中，探究与发现支撑文本主题的底层意义或底层观念，是深入文本作出评价的重要步骤。在教学操作中，有两个方面需要注意。第一，探究文本的底层观念，发现支撑单元内各文本的主题的世界观、人生观、价值观，往往需要哲学的、伦理学的、心理学的、人类学的相关知识，这些知识可以帮助我们确定文本主题的依托在何处。第二，分析单元内各文本的主题及关联母题，发现教学的拓展点。一个文本有其主题，但文本中往往还存在更丰富的母题元素。例如在《祝福》中，在主题之外，明显地还存在着生死、轮回、无常、自卑、超越等母题元素。这些元素是可能具备讨论价值的，是评价活动的生长点。

2. 陈述学生的自我认知

这个环节是为了确保评价课具备学习价值。

在上述环节的基础上，要引导学生发表他们自己对相关话题的立场或观点。此时学生的立场或观点，大多属于基于现有认知的看法，也不排除对文本观念的影响的部分接受。

3. 澄清文本主题所依托的事实与逻辑

这个环节是有理有据地作出评价的基础。

梳理支持文本主题的事实，理解文本自身的表意逻辑。叙事性文本，包括对文本中事件的典型性的理解，也包括对其局限性或不完整性的澄清；包括对作者流露在文本中的观点、态度的提取，也包括对作者可能存在的认知偏差的分析。论述性文本，则应注重对文本的论证逻辑的梳理、论证所依据的理由与论据的可靠性的辨析。

这个环节非常重要。对于学生而言，这是一个吸收思想营养、修正自我认知、促进理性精神、锻造思维品质的过程。

4. 认同、反驳或修正

这个环节是得出论断，自主建构思想。

基于上述环节，学生可自主提出对文本主题的看法。在这一环节，学生的主要任务是进一步明确自己的立场与观点，并给出论证。对于文本中的立场观点，可以认同，可以反对，也可以提出新的看法，但须力求言之成理、言之有据。

这是一个具有开放性的环节，任何学生都可以提出自己的观点，教师应引导和帮助学生完善他们对自己的观点的论证。每一种观点都有义务自证其说，并接受他人的质疑与反驳。

5. 展示新的认知结论及其解释效力

这个环节是让学生展现其新的认知并运用它来解释更多的事物或现象。

经由上述环节，每个学生都通过辨析形成了自己的观点。为了验证观点的正确性，此时需要运用自己的观点去解释文本之外的、世界与人生中的更多现象，以此评估自己的观点是否具有充分的解释效力。解释力越强、解释面越宽的观点，合理性越高。

（二）鉴赏课

鉴赏课有以下主要事项：

1. 艺术性评估

鉴赏的对象是文本的艺术形式。对于文本艺术性的评估，主要分为以下项目：

（1）语言的修辞特色。

语言的修辞特色，包括消极修辞和积极修辞两个方面。修辞的分析，初级层面是对手法的辨认及手法效果的分析，中级层面是对语言陌生化和修辞手法的精准性与创造性的分析；高级层面是对以语言修辞为基础的表达风格的分析。

（2）构思的独特性。

一个艺术文本的艺术水平在很大程度上取决于它的构思水平。思想的穿透力、题材与视角的独特性、文体驾驭能力即对体裁的个性化处理水平，是评估的重点。

2. 横向的评估

这部分包括两个方面：一是单元内的篇目的相互比较，二是类似文本（类似的题材、体裁、主题等）的拓展比较。通过比较，对各个文本的艺术特色进行分析，并尝试分出高下。这是鉴赏的高级层面，需要有真实的鉴赏力。

3. 审美判断和审美创造

在完成上述环节之后，可根据情况提出两种形式的学习任务：一是撰写审美判断意见书，让学生阐述自己对这些文本的鉴赏观点；二是进行借鉴性的片段写作，让学生借鉴文本中他们认为精彩的部分进行写作，获取审美创造体验。

四、文学史课

文学史课的价值是确定单元内各文本的文学史意义，深化对文学以及文学作为文化的组成部分的理解。

文学史课是以单元为单位进行的，且通常是独立安设的。假如评价鉴赏课需要相关的文学史知识，那么文学史课的内容可以合并到评价鉴赏课中，在此情况下文学史课即可取消，因为相关教学任务已经被评价鉴赏课解决。

（一）知识获得

对单元涉及的文学史知识、文化常识进行学习。这些知识需要教师的介绍。

不宜在文本分析之前介绍关于作家作品的文学史的知识。"因文知人"是我主张的方式。"因文知人"之所以是合理的，是因为"文如其人"——"文"包含着作者的体验、思想、态度和情感，表达着作者的生命气息。由于文本分析课和评价鉴赏课已经完成，学生对单元内各文本已有充分的了解，此时可引导学生根据对各个文本的思想与表达的观察与分析，来体会、推断相关作者是一个怎样的人。

（二）文学理解

可以简单地根据文本和作者的时代，确定该文本在文学史上的时间位置。

但时间位置并不代表该文本所拥有的文学史地位。有的文本属于某作家的代表作，则在该作家的创作史中具有特别的地位，如曹禺的《雷雨》；有的文本属于影响文学史的作品，则应理解并阐释该文本在文学史上的历史地位，如屈原的《离骚》、司马迁的《史记》、汉末叙事诗《孔雀东南飞》、曹雪芹的《红楼梦》、鲁迅的《呐喊》。

通常来说，具备文学史价值独特性的文本并不非常多。无论一个单元内各文本的文学史地位如何，都需要对其文学史价值的有无、大小作出必要的评估。评估的取向是多元的。比如，假如一个单元中编列有《醉翁亭记》《岳阳楼记》《滕王阁序》《阿房宫赋》《赤壁赋》等文本，则可以从思想流变、文体演变、个性表达等方面，对这些文本的文学史价值分别作出判断。这样的活动能够深化对文学的理解。

（三）文化理解

文学是文化的重要组成部分，文学文本具有丰富的文化内涵。

语文学习是母语学习，这里的文学史主要是指中国文学史。文学史课要关注文本在中国文化背景下的文化价值，关注文学与哲学、美学、历史、社会的关系，并通过对这些关系的理解，更深刻地理解文学，理解文学文本的文化意义。

中国文学有其自身的特色和历史，同时也是世界文学的组成部分。理解中国文学作品，尤其是现当代中国文学作品，还可适度关注世界文学史同时期的状况。这种关注有可能带来更多的文化理解和文化自信，也有可能带来更多的反思，从而触发更多的创造性思考。

五、预习课等其他几种课型

除上文所论课型之外，还有预习课和训练课，综合实践课和学科阅读课。预习课和训练课，是在单元教学中实施的；综合实践课和学科阅读课，则是单元教学之外的拓展性课型。

预习课是按单元来实施的。在单元教学之初，须安排课时让学生在教师指导下自主学习整个单元的内容。教师的主要任务是指点方法和监督学习。教师指导学生勾画圈点，做批注，做笔记，查阅资料，并监督学生完成这些事项。训练课分为课时训练和单元综合训练，课时训练配合每节课的学习目标，单元综合训练则配合单元学习目标。

综合实践课是让学生借助语文知识、利用语文能力去解决问题的实践活动课程，这种实践活动诸如写春联、做演讲、写书评影评、为团队活动写方案等。学科阅读课是为了让学生提升语文素养而设置的语文阅读课程，可以安排学生阅读涉及语文各分支领域如文字学、训诂学、文学、文学史、文学评论、美学等的相关文章或著作，也可阅读一些表达特色鲜明的社会科学著作。

六、课型与语文素养的培养

教学需要规范，没有教学规范就没有教学质量。提供新的规范，显然就是创新。语文教学课型分类提出新的规范，这就是语文教学的创新。

分出不同的课型，按不同课型的相关规范实施单元教学，不同课型的学习任务各有区别，彼此配合，就形成了不同任务相互关联、有序推进的"学习任务群"。这有助于有序落实对学生语文素养的培养。这样的课型是结构化的，优于"大概念"的提法。在我看来，"大概念"是个含糊的概念，因为所有的"大"与"小"都是相对的，"大"的标准很难确定。我认为应该讲"概念"和"观念统整下的概念群"。"观念统整下的概念群"这个概念是必要的，其必要性在于它能帮助我们更多地关注概念之间的联系，促成知识的结构化，并让我们看到"有思想的知识"。

把"核心素养"的提法改为"学科素养"，我认为是恰当的。"语言建构与运用""思维发展与提升""审美鉴赏与创造""文化传承与理解"四项，完全覆盖了语文学科方方面面的内容，彻底排除了"非核心"存在的空间，使得"核心"（或"关键"）的提法不再具备任何意义。这四项实际上是相互融入很难分割的，这种分类也难以看出孰轻孰重、孰主孰次，但它能提供诠释的方便，所以予以尊重。

学科教学要促进学科素养的形成，而学科素养的基础是学科的知识与能力。在七种课型中，前五种课型属于基础性学习，聚焦于学科知识与能力，以教材单元为教学材料构建，这是语文学习的基础部分和核心部分。后两种课型属于拓展性学习，纳入教材之外的内容为教学材料，学习材料可能涉及跨学科的内容，尤其是艺术、哲学和历史，但目的是促进语文学科素养的形成。我划分七种课型，是以学科知识分类与学科能力培养路径为立足点，着眼于学习内容的差异，按照循序渐进的认知规律，塑造（重塑）课堂教学框架，使得语文学科素养的培养有路径可循。

下面对这四项素养与七种课型的联系，给出简要的说明。

（一）语言建构与运用

预习课、鉴赏课、训练课、学科阅读课、综合实践课，都涉及语言的建构与运用。

预习课包括对文本的原初阅读体验，对语言基础知识的学习。鉴赏课中有对语言的品味，对语言表达的审美分析。训练课中有对语言知识的理解和语言实际运用的操练。学科阅读课要求学生阅读更多的语文类文本，帮助学生接触更丰富的语言材料，理解更多样化的语言表达经验，获得更多的语言知识。综合实践课涉及各种情境下的语言运用实践。上述课型都不可避免地触及对语言材料的理解、梳理、积累、加工、借用、转化，都能促进学生建构与运用语言的能力。

（二）思维发展与提升

文本分析课、评价课、文学史课、写作训练课、学科阅读课，是发展与提升思维的主要课型。

思维中最基本的方式是分析与综合，它贯穿于以上全部课型。不同课型所聚焦的思维发展，表现出来的特征有所不同。文本分析课的要点是语义与结构：语言符号的语义识别（意义是底层结构），重在分析能力；文本信息结构化，重在综合能力。评价课的要点是判断与论证：任何合理的判断都需要证据与理由，需要理性，需要逻辑能力。文学史课的要点是文学理解：要把握作品跟作者、读者与世界的关系，需要给出系统性的分析；对文学、文学观念的理解，需要辨析的能力。写作训练课的要点是语言操作与意义理解：运用写作的符号系统（形象化符号或意象符号），需要抽象的思维（现象中抽象出观念）和赋形的思维（使观念获得形象载体）；处理文本结构，需要对主体性符号与功能性符号加以组合和布局的系统统筹思维；思想资源的利用，需要理解和转化思想材料的能力。学科阅读课的要点是视野的拓展：阅读语言知识类文本和文学评论，能让学生看到习焉不察的规则和规律，深化学科理解；阅读文学文本和与语文相关联的跨学科文本，则能因视野的扩大而刺激思维的发展。

（三）审美鉴赏与创造

鉴赏课、写作训练课、学科阅读课、综合实践课，是涉及审美鉴赏与创造的主要课型。

鉴赏课，主要是技法与效果的鉴赏。训练课（写作训练课），主要是表达的审美化。学科阅读课，主要是培养鉴别格调与品位的能力。综合实践课，主要涉及审美观念的运用与审美经验的理解。

美是因符合人的天性或习性而引发的认同性感受。这种天性或习性在越陌生的情境下被认出而生成认同感，美感效应越大。鉴赏课是理解美的基础，学科阅读课是扩展对美的认知的关键，写作训练课、综合实践课则可以获得对美的直观体验。

（四）文化传承与理解

评价鉴赏课、文学史课，是关系到文化传承与理解的主要课型。

一切学科都属于人类文化。所有语文课型都在传承和理解（中国）文化。语文学科的文化传承与理解，应主要在思想文化观念的理解上下功夫，所以文化传承与理解的任务，应主要由评价鉴赏课、文学史课来担负。

评价鉴赏课的要点是挖掘与转化：挖掘并理解文本主题背后的哲学、伦理观念，以及文本表达方式背后的语言观和文学观；思考这些观念如何为我所用。文学史课的要点是比较与透视：对不同文学文本加以联系和比较，探索文本与时代的联系，理解文本所传达的观念，从而理解文学的文化意义。

七、不是结论的小结

语文课型的划分，最初的意图是避免把语文课上成缺乏章法的大杂烩，解决语文课堂上什么都在讲、什么都未突破的问题。依托于教材的单元教学的五种课型，是统筹考虑、突出重点、有序实施的。预习课是让学生在教师指导下完成整个单元的自主学习，学生自主体验文本，主动发现疑难，这是文本分析课的基础。文本分析课的任务是学习解读方法，实现文意理解，这是评价鉴赏课的基础。单元内各篇课文的阅读理解和评价鉴赏均已完成，这是文学史课中对各篇所涉及的作家作品进行介绍、评论的基础。训练课则是知识过手与能力养成，也是对课堂学习效果的检测评估。这样的课型划分次第分明，能使每堂课的教学目标集中，教学任务纯化，更有机会收获教学效益。

综合实践课和学科阅读课，是语文学习在课本之外的延伸和拓展。事实上，当前语文课本中已有一些综合实践活动的安排，只不过还不充分，需要根据不同的学情、结合学生生活实际加以补充和强化。学科阅读课是为语文学科的学习利益而设置的阅读课型，有别于当下流行的"整本书阅读"，不是整本书并不重要，重要的是阅读材料和阅读任务必须跟语文有足够显明的联系，必须充分凸显语文学习的学科特点。

这种课型分类基于对语文学科属性、学习认知规律、学习任务和教学效益的认识，不同于既有的各种课型分类方式。这种分类是符合学理的，不少教师已在教学实践中采用这样的分类来实施教学并获得良好的反馈，我们准备更大面积地推广基于课型分类的教学。我相信这能切实推动语文学科素养的培养，革新现有的语文教学模式，有助于语文学科的建设。

在语文学习中学习思考

孔子说"学而不思则罔,思而不学则殆",似乎"学"与"思"是两码事。其实不然,孔子强调的是"学"与"思"虽各有侧重,但必须相互联结。事实上,没有思考的学习是不可能的;学习中的思维越是密集,学习越是有效力。在语文学习中,我们要努力学会思考,把自己打造成善于思考的人。

一、要把一切都明确地置于心智的审视之中

对于你看到的一切人,你经历的一切事,你读到的一切文字,你写出的每一句话,都要习惯于刻意地加以审视。只有这样做,你才有机会成为一个真正的思考者。

没有可以不加审视就被接受的现象或观点。所有现象,无论你觉得正常或荒谬,所有观点,无论你认为正确或错误,都应置于同样的地位加以审视。这意味着你不再是盲目的。

我们很容易被诱导,被他人特别是权威人士的看法诱导。保持思考的独立,对于思考本身是重要的。我曾经听人讲《鸿门宴》,说项羽缺乏远见,未能预见到刘邦后来崛起转而消灭了自己。绝大多数人都会认同这个看法。然而事实上,当时的形势下,没有人会真的具有那样的远见;在鸿门宴的那个时刻,自顾不暇的刘邦、张良也不可能具备那样的远见。我也讲过,一般人认为唐太宗和魏征是明君贤臣的典范,这固然在很大程度上符合事实;然而事实的

另一面很可能是君臣的相互利用,唐太宗需要魏征来证明他在政治上的宽容,魏征需要扮演直谏的角色以成全唐太宗,这就不难理解唐太宗对魏征的那个著名评语——"妩媚"。

且看王建的《精卫词》:

> 精卫谁教尔填海,海边石子青磊磊。
> 但得海水作枯池,海中鱼龙何所为。
> 口穿岂为空衔石,山中草木无全枝。
> 朝在树头暮海里,飞多羽折时堕水。
> 高山未尽海未平,愿我身死子还生。

高考试题:

一般认为,诗最后两句的内容是以精卫的口吻表达的,你是否同意这种解读?请结合诗句说明你的理由。

参考答案:

(观点一)同意。这两句诗是精卫坚韧不拔、前赴后继奋斗精神的自我抒发;意为即使自己在有生之年不能完成移山填海的事业,也希望子孙后代能够继承遗志,填海不止。

(观点二)不同意。这两句诗是作者对精卫的同情与崇敬之情的表达;意为移山填海的事业尚未完成,我愿牺牲生命来帮助精卫,以自己的生命来换精卫的生命。

你可能理所当然地觉得高考答案是权威的。但事实是,这个答案是错误的。这首诗的意思其实不难懂。全诗的开头两句,意思是看到"海边石子青磊磊",而想到"精卫谁教尔填海"这个问题。本诗的主体部分,亦即第三句到第八句,讲了三层意思——精卫填海,使得海中鱼龙失去生存家园,使得山中草木受到伤害,也使得精卫自己辛劳不已且屡屡受伤。总起来说就是,精卫填海是一件只有破坏性而无建设性的事情,是一件损害包括它自己在内的整个世界的事情。这是全盘否定精卫填海的意义。全诗最后两句,意思是说,趁着"高山未尽海未平",这个世界还未被精卫完全破坏,希望"我"替精卫死去而让精卫活过来,免得精卫继续填海,继续伤害整个世界。《山海经》:"炎帝之少女,名曰女娃。女娃游于东海,溺而不返,故为精卫,常衔西山之木石,以堙于东海。"女娃游于东海溺水而死,故变为精卫,填海报复。诗人说希望自己死去,让精卫复活以消弭其怨气,如此,精卫就不会再去有害无益地填海了。

可见,本诗表现的是诗人悲悯精卫、怜惜世界、宁可自我牺牲的大情怀。至此,你就明白高考答案错得多么离谱了。

无论是在阅读中还是在人生中,有些情况也许会让你觉得未免荒谬,但这些看似荒谬的情况背后必然存在可诉诸理性的原因("存在即合理")。卡夫卡《变形记》中的格里高尔一早醒来发现自己变成了一只大甲虫,是否荒谬?是的。但为什么小说中会构思出这样的荒谬情形?因为如果没有这样的情形,就不会出现后文中对人性严酷的考验,就难以揭示出这样残酷的道理——人性是经不起严格检验的,即使最可靠的亲情在极端情形下也是靠不住的。这世界上并不存在荒谬的事;你之所以觉得荒谬,是因为你没有看见隐藏在荒谬背后的那些并不荒谬的原因。

建议有三:

1. 不要惧怕质疑,不要逃避审视

作为学习者和思考者,你要有洞察力,同时要很天真。要像无知的小孩那样天真,不要像成年人那样把太多的东西视为理所当然。一切从零开始。零,就是抛弃所有现成的想法,不被任何成见左右。独立于既有的看法,从假设一切都有待于重新认识开始。

2. 越是刻意的审视，越具有锻炼思考的效力

人的天性是懈怠的，我们不喜欢费力，而思考恰好是一件费力的事。人在一般情况下总是肤浅的，我们更喜欢沉浸于感官的层面，而不喜欢在理智层面对此进行理性和抽象的审查。思考是费力的，需要刻意用力才能提振它。越是刻意地思考，越能锻炼我们的思维。

3. 在任何思考中都必须贯穿的最重要的原则是：讲证据，讲逻辑

这是为了确保我们的思考是正常的。语文学科中的很多问题，都在于人们的思考是模糊的、似是而非的。例如《皇帝的新装》的主题，通行的说法是："深刻地揭露了皇帝昏庸及大小官吏虚伪、奸诈、愚蠢的丑恶本质，褒扬了无私无畏、敢于揭假的天真烂漫的童心。"假如我们基于文本证据对这个故事加以剖析，则可能得出完全不同的结论。

下面我就这个故事的流程，根据文本内容，基于证据和逻辑，作一个简要分析。

（1）专制体制中的皇帝拥有无限权力，因而他可以任性（总是在更衣室里）；由于不受制约的权力会导致臣属的恐惧，逢迎最高权力成为必然选择，皇帝本人也会因为难以获得负面信息和反对意见而陷于愚昧。

值得注意的是，皇帝希望拥有这样一件衣服来辨别臣民的贤愚，可见其动机是维护他的统治，而不是为了炫耀衣服。皇帝是有小心机的，并不是"昏庸"的。

（2）老大臣是一位"诚实""理智""称职"的人。他没有看见正在被纺织的衣服，他知道自己没有看见布料，但是，"这一点决不能让任何人知道"。由于若被认定为"愚蠢"或"不称职"，这将导致失去体制内利益的严重后果，老大臣不得不配合骗子。

"另外一位诚实的官员"遭遇了同样的情况，他不可能看见根本不存在的布料。但他的反应跟老大臣一样，而他的心理活动揭示了他这样做的原因是担心失去体制内的地位和利益："这大概是我不配有现在这样好的官职吧。"他知道在这样的体制下，为了维护自己，他必须对皇帝隐瞒事实。

老大臣等人并无刻意的"奸诈",他们只是为了维护自己的地位和利益,也并不"愚蠢"。

(3)皇帝本人亲自去视察,也陷入了困境,他同样必须隐瞒他看不见布料这个事实。假如承认了这个事实,他将陷入统治合法性危机。

皇帝的所有随员,在皇帝认证布料存在之后,都只能站队在皇帝这一边。没有人在明知布料不存在的这个时刻,向皇帝提出避免尴尬的可行方法,比如建议皇帝私下欣赏这"华丽精致无双"的衣服;为了强调布料的存在,也为了逢迎皇帝,他们反而进一步提出了举行游行大典的建议。在此情形下,皇帝也不便拒绝群臣的建议。当整个群体投入这一游戏,在这种体制下,所有人实际上都被绑架了,皇帝也无法幸免。

骑士、内臣等所有体制内的利益相关者都卷入了游戏,所有人都知道自己根本没有看见衣服,但所有人都被迫假装。体制内的每个人都不敢讲出自己眼见的事实,主因是顾及自身的利益(同时也涉及群体心理)。

(4)不能获得体制利益的百姓们也赞颂皇帝的新衣,这主要是揭示从众心理:群体中的每个人都不敢讲出自己眼见的事实,不合群将会被群体抛弃。这部分内容的篇幅很短,意味着整个故事主要是揭示体制内的情况。这部分内容也意味着,民众通常是顺从的,因而体制即使很荒谬,它通常也是安全的。

(5)小孩子讲出了他所见到的事实,这是因为小孩子尚未社会化,不了解社会规则,更不理解体制。

百姓的如梦初醒,也是群体意识的另一种表现形式。他们此前之所以不敢讲出事实,是顾忌体制的压力和从众心理;此后之所以敢讲出事实,是因为群体中已经冒出了衣服根本不存在的声音。这捅破了专制体制的脆弱性——一旦有人讲出了不受体制欢迎的事实,这种体制就面临着极大的风险。

(6)由此可以看出,对《皇帝的新装》主题的通行看法是值得商榷的。本文的核心意涵是:一个专制的社会,会迫使所有人(包括皇帝)难以面对事实,从而陷于普遍的怯懦和恐惧;而这种体制是脆弱的,只要有人(哪怕只有一个人,哪怕是小孩)敢于讲出事实,就有可能导致严重的危机。

二、要具足知识，使思考更加专业，更有力量

知识越少，就越难以从事思考，越难以有效地进行思考。这就是所谓"思而不学则殆"。读读《庄子》就可以知道，庄子主张绝圣弃智，然而他智力高超，且具有非常广博的知识，甚至不妨说他是那个时代知识最为广博的人（之一）。

有一种现象：语文知识和应用常常挂不上钩。从表面上看，这似乎是能力方面的问题，而不是知识方面的问题。但根据我自己的经验，实质上，归根结底，是因为我们缺少知识——缺少更多的知识，尤其是关于知识运用的知识。

你可能具备判断一个句子是否符合语法的知识，但你未必具备如何优化这个句子使其更有表达力量的知识。你可能具备判断一个词语的使用是否规范的知识，但你未必具备换掉这个词语以使整个句子焕发光彩的知识。例如我们熟悉的"炼字"。"僧敲月下门""僧推月下门"，"推""敲"二字，用在句子中都不会存在语法障碍。"红杏枝头春意闹"，这个"闹"字用得好；假如把"闹"置换为"妙""满"之类的字眼，整个诗句也是完全通顺的。至于哪个字才具备更好的表达效果，这就不再只是语法的知识了，这需要关于词汇内涵的知识、语言与思想情感关系的知识、语境的知识，等等。

在语文教育方面，当今存在着严重忽视语文知识的倾向。无论教师还是学生，在语文知识方面都存在着普遍的欠缺。语文是母语，平时很少有人会觉得自己的语文知识是个问题。一旦面临考验，才发现自己知识准备的不足。书面表达时，才知道自己书面语词汇量的不足；研读古文时，才发觉自己对文字训诂之学的不了解；品析古诗词时，才明白自己原来根本不懂得诗词的格律。不少语文教育专家忽视语文知识学习的重要性，处处强调"习得"。我经常说，言语能力固然需要"习得"，但"习得"这个说法误导了太多的人。既然"习得"是在日常生活中就能实现的，那么学生何必要到学校里来学习语文呢？学校的语文课程，就是要教那些无法在日常生活中习得的部分。生活中的语文学

习是自发的，其路径是在生活中自然浸染，这是习得；学校里的语文学习是自觉的，其路径是有目的的"学"和有规划的"教"，这才是教学。习得言语技能，这是知其然；学习语言知识，才能知其所以然。文献的阅读理解能力，书面的表达能力，言语现象背后的语言规律，这些统统不是能够简单地通过日常言语活动"习得"的。

对语文学科问题的思考，需要语文知识的支持。很多时候我们之所以思考而无头绪，找不到解决问题的办法，还是因为知识不足。例如，当学生不明白衬托与铺垫的区别，教师便查找资料找出衬托与铺垫的定义，但依然不清楚它们之间的区别何在，这其实是因为并不真正理解关于这两种手法的知识。又比如，在教学中，了解到了许多语文知识，可是知识归知识，训练归训练，语文知识无法兑现为语文能力。究其原因，最终多半归结到对知识内在理路的了解不到位，直白地说是并未真正透彻地理解相关知识，更不了解该项知识如何迁移运用而形成能力。

如果语文知识不足，非但不能想清楚语文学科中的很多问题，反而可能导致很多误解。例如，如果缺乏文章结构的知识，就很难理解《红楼梦》通过林黛玉进贾府来勾勒贾府环境并穿插贾府人物的艺术匠心；如果缺乏语法结构的知识，就容易误认为《过秦论》中的"瓮牖绳枢"、《阿房宫赋》中的"鼎铛玉石"存在意动用法。缺乏学科的知识基础，就无法有效地思考学科。

语文知识非常丰富，需要学习。当教师的，要多研究一下语文知识；做学生的，要多学习一点语文知识。因为语文是母语而淡化语文的知识学习，这是一个偏见。这损害的不止是知识，也损害能力。缺乏语文知识基础，是无法有效思考语文的问题的。越是专业的思考，越是需要专业的知识。

三、要发挥想象力，运用推测来建构知识

我们要在学习中逐渐形成一种习惯：就现象或观点提出问题或表达意见，即使我们的问题未必有答案，即使我们的意见甚至不过是一种臆测。孔子说

"多闻阙疑，慎言其余，则寡尤"，这是求稳妥，说的是"干禄"，而不是学习。学习要大胆提问，大胆诠释，要敢于发挥想象力。面对难题，提出一个假想的、推测性的、未必正确的看法，总比束手无策要好得多。"想当然"不是贬义词，但"想当然"中包含着想象力的发挥，包含着寻找答案的努力。庄子认为"出游从容"的鱼是快乐的，这就是一个"想当然"的看法。然而这个"想当然"，正是知识发生的缘起。

庄子与惠子游于濠梁之上。庄子曰："鯈鱼出游从容，是鱼乐也。"惠子曰："子非鱼，安知鱼之乐？"庄子曰："子非我，安知我不知鱼之乐？"惠子曰："我非子，固不知子矣；子固非鱼也，子之不知鱼之乐，全矣。"庄子曰："请循其本。子曰'汝安知鱼乐'云者，既已知吾知之而问我，我知之濠上也。"

观察本身并不会产生知识和法则。你也游于濠梁之上，你看到鱼儿在游，假如你没有想象力、没有猜测而只有观察，除了鱼儿在游这个事实之外你不会形成任何知识。只有把想象力施加于观察，知识和法则才有可能产生。正是庄子的想象力或猜测，使他创造出"鱼儿是快乐的"这一项知识。至于这项知识是否正确，能否被证实或证伪，那是另外一回事。

在"格物致知"中，"物"是外在的客体，"知"是内在的心智，"物"与"知"不在一个范畴，不具备连续性。在"物"与"知"之间，需要以想象力作为桥梁；或者说，有效的"格物"必须具备想象力要素，只有这样，才能够把"物"与"知"联结起来，才能够从"物"中导出"知"来。从这个意义上说，我们的知识，一开始就是想象力的结果。

想象力实际上是一种联结的能力，尤其是联结具象与抽象的能力。客观物理世界本来只有具象的"物"而没有抽象的"知"，因此，知识是"无中生有"的，知识的真正源头是我们的心智，我们是依靠心智中的想象力才创造出最初的知识。

在阅读中，我们需要把自己和文本联结起来。叙事性文本，要把自己的经验带进去；议论性文本，要把自己的想法带进去；抒情性文本，要把自己的情感带进去。在阅读的时候，我们不止是在捕捉文本中的信息，同时也在把文本中所表达的经验、观点、情感与自己的加以比对，进而实现对文本的理解。事实上，我们的理解是"想象性的"，这把我们同文本联结了起来。通过这种联结，文本中所提供的知识进入我们的认知结构，从而帮助我们建构出更丰富的知识系统。在这里需要特别强调的是，想象并非胡思乱想；我们所想象的，与我们自身在本质上是同构的。如果庄子从来没有体验过快乐，鱼的快乐不可能被庄子想象出来。

阅读叙事性文本时，要把自己的经验带进去进行模拟性体验；阅读议论性文本时，要把自己的看法带进去进行想象性对话；阅读抒情性文本时，要把自己的情感带进去，看看自己会不会在文本情境中出现文本所描述的那种情感反应。这是很重要的方法，我们借此浸入并审视文本；我们的认知，在此过程中得到印证、强化、补充或纠正。

在语文学习中，想象力的运用还存在着更多的场景。我曾经讲过，在阅读时，看到一篇文章的标题，我们可以依据标题来想象，这篇文章可能会写些什么，然后再来读文章，看文中内容跟我们的想象或推测有何不同，为何会有这样的不同。又如在写作时，我们的构思阶段，实际上是在不断地想象将要完成的文章是什么样子，并不断调整我们的想象使其符合我们理想中的框架。

四、要拉长思维链条，提升分析能力

分析是思维的核心能力。分析水平的高低，取决于思维链条的长短。

分析需要全面把握各种要素、各种可能性，要有理性的判断、审慎的权衡和明晰的精确化，这是基本的要求。在学习中，对分析能力的训练，很重要的方法是拉长分析活动中的思维链条。越长的思维链条，越能促进分析能力，越有益于扩充思维的力量。

"朝三暮四"是《庄子》中的寓言。有一年粮食歉收，养猴子的人对猴子说:"现在粮食不够了,必须节约。每天早晨给你们三颗橡子,晚上给四颗,如何?"猴子们听了非常生气,吵吵嚷嚷起来。养猴的人改口说:"那每天早晨给四颗,晚上给三颗,怎么样?"猴子们听了,觉得很满意。

我们被告知:这个故事是嘲讽有的人看不到本质,就像猴子一样愚蠢。在我们看来,猴子的愚蠢似乎也确实是显而易见的。越是这样"显而易见"的时候,越是不能满足于简单的答案,越是需要拉长思维的链条。我们要问自己:这个故事的内涵,真就这样简单清晰吗?

当你这样提问的时候,你的思维链条已经开始拉长了。接下来,你需要做的是为这个提问寻求答案——这是思维链条的进一步拉长。

在很多人看来,朝三暮四和朝四暮三都是一样的,变化的只是形式,是"名",而"实"并没有变化。寓意也很简单,就是讥讽猴子的愚蠢,揭露主人的狡猾。但我们得仔细掂量掂量:在随时可能断粮的饥荒年代分粮食,你愿意朝三暮四还是朝四暮三?在随时可能倒闭的单位或公司里,你愿意这个月的月初就得到工资还是月末才得到工资?

对于猴子而言,它们面对着一个特殊的处境(饥荒),面临着资源短缺(食物紧缺)的压力。断粮随时可能发生,吃了上顿之后未必还有下顿,先得到手最为重要。朝三暮四和朝四暮三,变化的并不只是形式,而是有实际意义的。猴子选择早晨得到四颗橡子,就是确保资源的有效性和可靠性,降低了机会成本。这就是猴子选择朝四暮三而拒绝朝三暮四的理由,猴子并不是愚蠢的。

通过上述环节,分析力得到了真实的长进,这样的分析还带来了对故事的新的诠释。而这个链条是还可以进一步拉长的——一个喜欢深入分析的读者在读了这个故事之后,他也许还会假设,如果反过来,由朝四暮三变成朝三暮四,猴子才感觉到欢喜。这种假设是否可以成立?

如果朝四暮三猴子不满意,而朝三暮四猴子却感到欢喜,那么,分析的线索就是追问猴子由不满意变为满意的原因。总量都是七颗,猴子得到的总量是一样的。但是,由不满意变为满意,说明不同的给法所引发的心理效应是不同的。有什么不同？朝四暮三，猴子得到的数量在减少，则觉得养猴人是在克扣它们；而朝三暮四，得到的数量在增长，则让它们看到了增加的希望，这更符合它们的心理预期。给人希望，提供愿景，这正是治理群体的一种常用手法。当然，朝三暮四能够让猴子欢喜的这种假设，必须建立在食物能够稳定地供应这个基础之上；这种方法的有效期也不会很长——猴子短期内会感觉到数量的增长，长期则会发现总量或实质的不变。当人们看穿了愿景的虚幻，就会认为那只是欺骗。

思维链条拉长，分析项目增多，就不会草率地面对一个文本或一项知识。在这一过程中，心智会得到更多锻炼，思维的发展与提升就获得了更多的机会。读《荷塘月色》，就不会仅仅捕获写景带来的感官体验，也不会仅仅去观察"这几天心里颇不宁静"的心情，而会思考这个文本是不是具有更加深刻的用意，去仔细检视整个文本的思路和所运用的材料；读《过秦论》，就不会仅仅关注它的结论，仅仅关注文中提及的事实，而会进一步分析导出这一结论的过程与逻辑，去研究文中是否存在对事实或论据的选择偏见。思维链条越长的人，就越有可能是自觉的思考者和用心的分析师。他必定会在学习中比他人收获更多的东西——他付出了更大的心力，理应得到更多的回报。

缺乏分析能力，思维链条太短，阅读和写作就很容易流于肤浅。叙事性文本看故事，却看不到故事背后的人生意趣，更看不出其中包含的伦理意义；抒情性文本看情感，却看不到情感生发的逻辑，更看不出驱动这一情感的动力；议论性文本看观点，却看不到这一观点的构造理路，更看不出观点可能存在的局限性。这些问题，大多可归因于思维链条太短。

五、要拓展思考的路径

越是合理的思考，越能综合更多的要素，覆盖更多的角度。

语文学习中很多时候思维褊狭的原因，不仅在于脑力的迟钝，也在于思维路径的不明。若要思考能纵横捭阖，就得突破自身的思维定势，就不能放弃任何可能行得通的途径，尽可能用多个不同的角度来推想。

拓展思维，我认为有四个路径。一般来说，对于一种现象，首先存在着思考的四个基本路径：顺应式、逆反式、辩证式、超越式。这是思考的四个姿势。

假如"东施效颦"是一个阅读思考材料或作文话题材料。对于这个材料，我们可以根据这四个路径，设想出对"东施效颦"的如下可能的看法。

1. 顺应式

顺应式，是指顺应材料提供者的动机，或普通人的一般看法，对这个材料作出符合常规的反应。

人们通常以奚落的态度去看待东施。这种态度业已构成"东施效颦"这个成语的固定内涵。东施效颦，越效越丑。这个故事是告诫人们，不要盲目效法他人。

2. 逆反式

逆反式，是指运用逆向思维，质疑一般看法，尝试得出跟通常结论不同的结论。对于这个故事，不再是像一般人那样去否定，而是企图肯定东施效颦。

如果抱着同情的态度，从反对一般看法的角度去看，我们就会发现，东施固然不漂亮，可她并未自暴自弃，而仍然向往美，不懈地追求美，具有正确的价值取向。求真、求善、求美，肯定是值得鼓励的。更何况，追求美是任何人都不可剥夺的基本权利。

3. 辩证式

辩证式，是指一分为二地分析问题，避免绝对地看问题，不要一棍子打死。东施效颦既有可贵处，也有可议处。这就是辩证的思维。辩证思维容易表现出立场含糊的弊病，因此需要确定重点，明确立场。

东施效颦，向往美、追求美，固然无可厚非，但她缺乏对美的正确认识，追求美的方法有问题，因此虽然动机正确，却无法达成所期望的效果。其实人的美包括多个方面，肉体不美，可以追求心灵美。就当时的物质技术条件而言，东施正确的、现实的做法不是效颦，而是追求内在美，求得精神气质的完善。

4. 超越式

超越式，是指跳出认知陷阱，对话题本身的认知局限性、材料本身的真实性等，加以质疑。例如，我们可以直接否定话题的讨论价值——对"东施效颦"作价值判断是不必要、不恰当的。

东施效颦，关你何事？紧盯着别人的缺陷或错误，这有什么好处？她要效颦，你不必批评；她不效颦，你不必欢喜。东施效颦与不效颦，都不属于社会公共事务，都是东施个人权利范围内的事情，是东施自己的自由，我们没有必要说三道四。公众对个体的私人事务加以评说，本质上构成了对个人权利的冒犯，并不符合现代文明社会的准则。

在评论东施效颦这一事件时，实际上暗含着一个前提，那就是这个事件我们有权评说且值得我们评说。这实际上是一个认知陷阱。

我们甚至可以质疑故事本身的合理性。一个智力正常的女人，恐怕不至于傻到以为皱眉捧心就能变得更美的地步——即便这是一个虚构的生活故事，也需要顾及那种虚构情境下生活的逻辑与事实。设若我们尚未厘清事实，对基本事实尚无认知就去评论，则我们存在着认知盲区；设若这个故事符合生活的真实，则东施本人存在认知陷阱：她对美的认知是有缺陷的；她更不了解人的价值的多元。——我们这样做，并不是要求东施超越"时代的局限性"，而是要求作为思考者的我们，要认识到故事可以带给我们的启示。

以上所讲的，是分析某种特定现象的四条基本路径。在阅读或写作中，无论所要评价的现象是什么，我们都要训练自己依循这些路径进行全方位思考的习惯，这有助于思路的开阔。

不止于此，语文学习中存在着很多的思考路径。比如，依托具体事例来建构分析模型，对现象的内因、外因展开因果分析，借助可比性现象进行类比推导，如此等等。这些都是语文学习中常用的思考路径，都值得深入探索。

教学价值点、课型与单元教学

——关于单元教学的一些思考

对语文学科教学中任何问题的讨论，都不要忘记一个不变的前提，那就是语文课程的性质和功能。关于教学价值点的确定，也同样如此。我们是在"语文课程"这个框架下思考和讨论这个问题的。那么，我们首先得想清楚语文课程的性质和功能，弄清楚语文是什么。

一、语文是母语课程，语文是一门学科

我是从两个基本点来理解语文的。第一，语文是母语；第二，语文是学科。

（一）语文作为母语课程

为什么要强调"母语课程"？因为语文和外语都是语言学科，语文学科有别于外语学科之处在于，它是母语学科。

母语是什么？母语是思维的工具。

"语言是思维的工具"这句话很流行，但并不足够严谨。更严谨的说法是："母语是思维的工具。"在成长之初，意义和语言符号的联结是通过母语来实现的，人们思考问题，都是通过母语来进行的。我们这些以汉语为母语的人的思考，就是在头脑内部进行一系列的汉语语言符号操作。汉语是我们的母语，就算是后来学了英语并非常熟练，我们仍然是在用汉语展开思维的。假设我们的

听众是只懂英文的人，我们也是在头脑中把自己的想法翻译成英文去告诉听众的；只不过英语越熟练，头脑内部的翻译会越迅速，甚至迅速到自己难以觉察到翻译过程的存在。思维的工具只能是母语，母语是植根于思维机制之中的，它架构了最底层的表达系统。这是我的思考。

母语是思维的工具。作为思维工具，就涉及两个点位：一个是作为思维动作的"思考"，一个是作为思维结果的"思想"。思想是思考的结果。这两个点位，语文学科首先应该关注。思考和思想，触及包括语文学科在内的每个学科最核心的部分，即思维的发展与提升。

首先，在语文教学中我们有没有强调思维？我们的课堂是不是有足够的思维含量？不刺激学生思考的课堂是无效的。我认为在当前的语文课堂上，能够对学生构成思维刺激的时刻并不多，这对母语能力的发展构成了损害。

其次，思考产生的产品就是思想。为什么要强调思想？一个最现实的问题就是，思想的匮乏导致了作文的障碍。学生写作文，最紧要的就是要有思想。学生之所以觉得写作文很难，就是因为头脑中缺乏思想。高中大多写议论文，直接要求学生会思考、有思想。初中大多写记叙文，学生作文的立意千篇一律，根本原因在思想的匮乏——他们的世界观、人生观、价值观彼此雷同，碎片化，甚至只是虚拟的。缺乏思想，就无力观照经验，无法分析现象，也就无法形成有价值的立意。这些现象都说明，我们的语文课确实有问题。一本教材里这么多课文，它提供的思想资源其实是相当丰富的。那么，教材上这些宝贵的思想是不是转化成了学生思考的资源？学生理解到了吗？内化了吗？

母语，还关系到"文化的传承与理解"，关系到"审美的鉴赏与创造"。一个人的品性、品位、情趣、情怀，都跟母语教育有很大的关系。母语中的经典，不仅对人们的性格情操、文化意识有熏陶之功，更直接示范了具有高雅美感的表达范式。

（二）语文作为一门学科

语文是作为学科存在于整个课程体系中的。既然是一门学科，就一定要有自己的知识系统和能力系统。一个学科中最重要的就是学科知识和学科能力。

相对于数理化来讲，到了初中阶段，尤其是高中阶段，语文学科知识是比较稀薄的。学科知识比较稀薄，使得学生认为可以缺席语文课。数理化是没办法缺课的，因为每堂课都可能有新的知识，语文课则未必有。假如学生去自学语文教科书，一般不会有明显的障碍。自学语文，比较容易；自学数理化，相当困难。为什么自学语文容易？因为教材所表述的东西学生自己很容易看懂。想到这里，我们作为语文教师应该感到"后背发凉"。在学生不需要老师而自己能看懂的情况下，语文课堂上教师所讲的，是不是学生已经看懂了呢？

语文学科的知识虽然比较稀薄，但不等于无知识。关于语文的学科知识，教师们应该去研究。我写过一篇文章，是关于"手法"的，多数语文教师在"手法"方面的认知，真是一笔糊涂账。教师讲解手法概念，都是估摸着讲；学生使用手法术语，也是估摸着用，包括做题的时候。譬如说，关于"衬托""映衬""烘托""铺垫"之类，基本上谁都没去厘清概念，区分清楚。我曾经批评过某位名师讲《皇帝的新装》，他对"夸张"的理解并不到位；我们长期认为，"夸张"是多么简单明确的修辞手法，但这位名师在处理这个问题时，竟然也未能搞懂。对语文这个学科，我曾经总结过一句话："门槛很低，要求很高。"听语文课，好像都听得懂；上语文课，好像都没问题。这就是"门槛很低"。但这只是假象，实际上语文教学"要求很高"，高就高在我刚说的这些地方，我们真是没搞懂。

学生到了中学阶段，语文学习的重点，已经不在于知识，而在于能力了。能力是对知识的运用水平，是比知识更内在的概念。知识学习中的思维要求未必很高，能力形成中的思维含量却必须很高。知识是容易学到的，能力是很难提升的。中考高考，一直都在讲"能力层级"——识记、理解、分析、综合、评价、鉴赏、应用。我认为受布鲁姆分类法启发出来的这个对"能力层级"的描述是有缺陷的，但在出现更好的研究成果之前，我还是暂且同意这个"能力层级"所划分的语文学科能力项。不管怎样的语文课，我们都要问，这节课提供给学生的语文知识是什么，培养的语文能力是什么。这就是所谓"教学价值点"。

教学价值点，要落实到学科上去思考。不落实到学科上去，就没有学科教学价值，就无法称为"教学价值点"。如果我们真是切实地聚焦这样的价值点去实施教学，学生就一定经得起考试，就一定能考好。为什么？因为每节课都对准知识和能力目标，而考试所考查的恰好就是学科的知识和能力。为什么学生会考得不好呢？是因为我们的教学是"大而化之"的，是没有真正聚焦于语文知识和语文能力的教学，是目标散漫的教学。这是一个很大的危险。对于"教学价值点"这个概念，要从语文课程的性质和功能去思考。所以我首先讲两个关键词，第一是"母语"，第二是"学科"。语文是母语，语文是学科，首先必须有这样的认识。

二、教学价值点与单元教学

（一）单元教学可借鉴群文阅读方式

在现在提"单元整合教学"之前很久，我就多次讲，语文教材从来都是按照单元编写的，当年我读初中时就是如此；但我们的教学从来都是单篇进行，从来没有按照单元实施过。我们自己可能觉得是在搞"单元教学"——从某个单元的第一篇讲到最后一篇，讲完了就觉得单元教学完成了。其实这不是"单元教学"，这是"单篇教学"。什么叫"单元教学"？单元教学是把一个单元统整起来实施的教学。比如这个单元有四篇课文，四篇课文有没有统合起来？首先要有单元的统筹，把单元全部内容统合起来，找到本单元最核心的目标，讲这四篇都要对准这个大目标。然后，再来考虑各篇的文本特质，使得各篇的教学围绕大目标但有所侧重，并分出课型来加以落实。这才是单元教学。如此来看，一直以来，"单元教学"可以说从未实现过。

"单元教学"必须有统合、整合，要统筹考虑整个单元。最近几年"群文阅读"兴起并具有声势。群文阅读之所以能够兴起，是因为它采用的是文本统整的方式，弥补了单篇教学的不足。这种方式有其好处，也有其风险。风险在于，当对一个文本的分析能力尚且薄弱，你丢一堆文本给学生，学生怎么办？群文阅读教学，有可能变异为看起来"高大上"实则非常粗疏的教学。搞一个"高大上"的议题，材料也多，读一读，找一找，填填表，发表一下自己的见解，还可以有观点的交锋。议题很深刻，课堂很热闹，活动很丰富，看起来非常不错，但学生很可能经不起考试的检验。难以训练学生周密地解析具体文本的能力，这是群文阅读最大的风险。

但是，群文阅读的优势在于，它不仅能借由多文本提供更丰富、更多元的信息源，而且有整合的概念在里边。群文阅读的一些做法，值得单元教学借鉴。在成都开始搞群文阅读的时候我就说，教材中一个单元的几篇课文，其实就是一组群文啊，我们为什么不能借鉴群文阅读的方式来教呢？可是我们何曾整合过呢？

（二）单元的教学价值点挖掘与教学实施

关于单元教学怎么去挖掘教学价值点，怎么实施教学，我主要考虑了以下四个基本问题。

1. 文体认知：文体能为学生提供什么

语文教材中的文体大类，可分为文学类文本和非文学类文本。

一般来说，非文学类文本不需要太多的文本分析，因为它的理解通常没有太大的难度，文本信息的清晰度较高。非文学类文本的学习，最重要的是有效信息的提取能力。文学类文本则需要周密的文本分析，因为文本信息的清晰度常常不高。当然，这里面没有绝然的界限。教学不能是死的，要因具体文本的不同而有灵活性。

教材通常对文学类文本和非文学类文本进行了区分。例如我手头的这本统编八年级上册教科书，第一单元是"新闻"，第二单元是以人物为中心的"（写实性）散文和传记"，第三单元是"古诗文"。这里就有一个文体认知的问题。教师首先要区分文学类文本和非文学类文本，在此前提下，再来看具体文本的细分类型。

在我们的课型分类中，阅读教学的主体课型是文本分析课和评价鉴赏课两种，这是搞好阅读教学的关键。这两种课型，主要是就文学类文本而言的。

文本分析课的基本目标就是教学生读懂文章。在这种课型中，不要去评价文章，文章的好坏不要去说。比如在八年级上册第二单元中，"《藤野先生》比《回忆我的母亲》写得好"这种话你不要去说，鲁迅是文学大师，文章当然比朱德写得好，这是显而易见的。在文本分析课里边，我们只是来理解这两个文本，读懂文意就对了。文本分析课就是带学生老老实实去读懂文章。这样做的重要性在于，它有助于教给学生分析文本的方法，培养学生解读陌生文本的能力。

例如《藤野先生》的文本分析课，就是实事求是地去理解文本，去分析鲁迅描述了一个怎样的藤野先生。我们能够分析出，藤野先生最核心的品质是作为"君子"的责任心和平等心。"我"的作业写得差，藤野先生就为"我"改过来改过去，这是对学生的责任心；不因"我"是被其他同学歧视的"劣等民族"学生就加以歧视，这就是平等心。我曾经分析过，文章前面的部分写清国留学生学跳舞、盘头发、看樱花，是在表现那些人根本没有对国家、对民族的责任感。如此，这些清国留学生和藤野先生就形成了反衬。写清国留学生就是反衬藤野先生，就是为了反衬出藤野先生尽职尽责的形象。在文本分析中我们会注意到，文章后面说"正人君子之流"，可见在鲁迅心目中对"正人君子"这个概念是非常反感的，那些所谓"正人君子"差不多都是"伪君子"，而如藤野先生者，才是真正的君子。在藤野先生出场前，鲁迅还作了一个铺垫——"我"住的客店兼办"囚人的饭食"，一位先生就"几次三番地说"。在鲁迅意念中，当时的日本还不失为古风犹存的国家。一个君子怎么能够和囚犯在一起呢？虽然有实际的好处，但作为君子应该有尊严，应该有身份感，你不应该和这些囚犯混在一起。鲁迅确实是大师，在这些细节上，你要非常用心分析，才能体味。

  把一个单元内的课文都读懂了，再来安排评价鉴赏课。评价是从思想内容角度去评价，鉴赏是从艺术形式角度去评价。评价鉴赏课其实都是评价，鉴赏也是一种评价。这时候就要探讨文章的好坏了，就涉及"你怎么看"这个问题了。这个单元《藤野先生》《回忆我的母亲》《列夫·托尔斯泰》《美丽的颜色》四篇文章，文本分析结束了，都读懂了，就应该有"评价鉴赏课"。这几篇文章都是写人，涉及"如何识人、知人、理解人类"这样的主题。中国古人讲"知人者智，自知者明"，意思是说，能够了解别人的人是聪明的，能够理解自己的人是明智的。这四篇课文分别讲了四个很不简单的人，你在这四个人物身上能看到些什么？能学到些什么？通过这几篇文章的学习，你对于人类是否有了更深刻的理解？这些人物中，你更喜欢谁，原因是什么？你的偏爱是否折射出你自己内心的某种倾向或需求？

  文本分析必须客观，评价鉴赏却允许主观。避免客观信息与主观立场的相互纠缠，这也是这两种课型要分开的一个重要理由。

  评价意味着有偏好，有自己的立场。比如藤野先生，有些学生可能很喜欢藤野先生，有些学生则未必很喜欢他。比如我就不喜欢藤野先生，因为在"邋遢"这一点上，他和我太相似了。一个人会厌恶在他人身上看到自己的缺点，因为他借此看到了自己丑陋的、难以接受的模样。更多的情况则是，有些关注外部形象的学生就喜欢衣冠楚楚，有些性格外向的学生就不喜欢缺乏交际能力的人。藤野先生不符合这类学生的某种期待，学生不喜欢他，这也是允许的。实际上，这个世界是参差多态的，人类社会需要有各种各样的人。如果全世界都充满"藤野先生"，人人都是"藤野先生"，这恐怕未必是一个令人欢喜的世界。

  评价鉴赏课的鉴赏部分，就不再是评价藤野先生或文章的思想内容了，鉴赏是要评价鲁迅这篇文章写得怎么样，他采用了怎样的方法来写。评价鉴赏课的评价部分和鉴赏部分，通常都是以单元整合的形式来处理。学完单元内这几篇文章后，学生喜欢哪一篇，让他们来说一说。这些文章的语言表达、修辞技巧、行文风格，你是否有所偏爱呢？你能否借鉴你喜欢的文章来优化你的表达呢？当然，这个单元差不多是写实性较强的作品，还不是很典型。比较典型的如《春》和《济南的冬天》，风格差异明显，而且都涉及写景。写景的文章中，如果你喜欢朱自清，你今后写景就多向朱自清学习；你喜欢老舍，你今后就往老舍的方向走去。每个人的性情不同，语言表达的偏好也不同。有些人喜欢华丽，有些人喜欢朴实，有些人喜欢婉曲，有些人喜欢平直，有些人喜欢正大庄严，有些人喜欢幽默风趣——这些都是好风格，喜欢哪一种都可以。喜欢就意味着符合你自己内在的秉性，你有很大可能往这个方向走得最好最远。把你喜欢的风格做到极限，这就是最好的结局。

评价鉴赏课有一个巨大的好处，就是能够真正实现"读写一体"。我经常看到一些语文课上设计的"读写结合"的环节，这种意识是对的，但方法是错的。为什么？因为那些设计基本上是教学生机械地去模仿——《荷塘月色》的比喻多么好啊，我们来模仿它写一段。其实当学生的内在品位或审美倾向缺少真正转变的时候，模仿的结局都是"画虎不成反类犬"。我们会痛苦地发现，学生模仿出来的东西很平庸。尽管他模仿的对象很高级，但他仿写出来的东西很低级。为什么很低级？因为他确实学不到。我认为评价鉴赏活动在很大程度上能塑造一个人的品位——要让学生理解什么是高级的、高明的文章，要让学生在这个过程中发现他自己适合写哪种风格的文章。通过评价鉴赏发现自己写作的方向，这是学习者的自我发现过程。李白与杜甫风格迥异，你走哪条路？

文学类文本所能提供的东西很多很复杂，非文学类文本就未必如此。比如统编版八年级上册第一单元是新闻，这是实用类文本；说明文单元，也是实用类文本。实用类文本能够提供给学生什么？说明文单元首先就是提供"关于说明的知识"。要把一个事物介绍清楚，需要说明的方法、说明的顺序（思路）、说明的语言、怎样抓住对象的特征去说明。这些是学生需要理解和掌握的关于说明文文体的知识。但在我的理解中，这些知识是简单的，它不需要太多的时间,也不需要复杂的课型。

说明文在文本意思的理解上,基本上不存在明显的障碍。我教高中,说明文是基本上不讲的,让学生自学。我的口头禅是"说明文就是说得很明白的文章",既然说得很明白,还要你讲什么?从文本分析层面来说,说明文确实没有太多需要讲的。学生在初中已经学过说明文,已经了解关于说明文的知识了。知识层面的问题已然解决,这时候就应该讲能力发展了。

说明文能提供怎样的能力发展空间呢?我认为是"筛选目标信息"。"筛选目标信息"不是简单的"筛选信息",是指在大长度文本或多个文本中,依据不同的标准、根据不同的目的去寻获相关信息。这是高级阶段的说明文阅读,是在相当庞大的阅读材料中、非连续性文本中,出于特定目的、依据某种标准去筛选有效的信息,因此叫"筛选目标信息"。课本中的说明文都很短,简单地"筛选信息"就可以了。说明文教学的思维含量通常并不高,这就是说明文教学不妨简化的理由。

以上所说的是对文体的认知,最核心的问题是认识到"文体能够提供什么"。文体能提供什么,我们才有可能教什么,才能进而确定采用的课型。

2. 文本特质:学生能通过文本收获什么

文本特质,是指一个文本有别于别的同类文本的相对独特处。文学类文本注重情感的抒发,个性特征比较鲜明,文本特质较易捕获;相对而言,非文学类文本注重知识的客观呈现或思想的理性表达,文本特质是不太鲜明的。

不太鲜明,不等于没有。八年级上册第五单元是说明文。我浏览了一下教材,编写教材的人,其实动了很多脑筋。这个单元《苏州园林》《中国石拱桥》《蝉》《梦回繁华》这几篇文章,都不是一般意义上的说明文或典型性说明文,都是"非典型性说明文"。什么是"典型性说明文"?典型性说明文就是信息和知识的客观呈现,例如各种产品说明书,各种旅游攻略,甚至餐馆里的菜单之类。典型性说明文只介绍客观信息和客观知识,没有立场,是中立的,不带情绪。比如数理化教科书,就是中立的、冷静的、客观的。典型性说明文不需要情绪,不需要立场,唐玄宗使用这个手机和李白使用这个手机,使用方法是完全相同的。不可能因为阶级不同、立场态度不同，使用的方法就不一样了。

这个单元的这几篇说明文，是"非典型性说明文"。我在这几篇文章标题后做了如下批注：《中国石拱桥》，技术成就的赞叹；《苏州园林》，审美意识的表达；《蝉》，人文情怀的发露；《梦回繁华》，艺术与社会时代的关系的揭示。这就看得出编写者组文的动机，他们希望说明文的学习也能体现出语文学科的人文性。所以教师观察本单元课文，既要注意到它们依然是说明文，同时也要注意到它们的文本特质或文本的特殊性。

在此基础上就有一个基础性教学思考——学生学习这些文本之后，他们将收获什么？

比如这个说明文单元的学习，是要让学生了解关于中国石拱桥的知识吗？获取关于《清明上河图》的知识吗？不是。这些知识不属于语文学科的知识，也不是教材编写者的用意。了解《清明上河图》的知识，美术老师也许可以把这作为教学目标。这篇《梦回繁华》放在语文教科书中，究竟用来干什么呢？

《梦回繁华》的作者，艺术欣赏力不错。《清明上河图》整个画卷，明显看得出节奏感和旋律感。从卷首到卷尾，画面的呈现确实有节奏和旋律的变化，你可以看到进入的舒缓、节奏的加快、高潮的热烈、尾声的低回。从绘画作品中看出与音乐的相通，这是很透彻的审美判断。你还可以看到，本文作者的艺术史眼光也不错。《清明上河图》画面上看得到的只是当时的繁荣，聪明的作者却看出《清明上河图》当时是要粉饰太平，而此后却承载着北宋崩溃后人们对故国的怀恋与忧伤。作者目光深邃，分析水平很高。但我们的教学却容易忽略这些，因为我们自己没有去思考这个问题。我们就只看到说明方法。说句实话，说明方法、说明顺序这类内容，学生其实很容易掌握，每篇说明文我们都讲这些？我认为不对。我们没有捕捉到这个文本最具特质、最有价值的部分。

曾有位老师问我："苏州园林据说有一百多处，我到过的不过十多处"，是不是运用了"列数字"的说明方法？一看到数字，就是在使用"列数字"的说明方法吗？老师们一定要保持头脑清醒啊。我讲个故事吧："从前有一座山，山上有一座庙，庙里有两个和尚……"这里有一堆数字，是不是密集地使用了"列数字"的说明方法？究竟什么才是说明方法？这里涉及的是知识的理解问题。其实，叶圣陶此文是为一本摄影集写的序言，他的想法就是作序，不是写说明文。讲《苏州园林》还是要抓住这个文本的特质，不要过于纠缠说明方法、说明顺序这样的问题。

我去参观过苏州的几座园林。我的结论是，苏州园林是"士大夫的小花园"，"小花园"中寄寓着"大情趣"。为什么是"小花园"，这跟传统政治文化相关。士大夫未必买不起地盘，但如果买下大块土地做园林，后果会很严重。为什么呢？因为你要摆正自己的位置。皇家园林怎么阔大都不为过，做臣子的却得收敛一点；士大夫尤其是退休的士大夫，回到苏州老家养老，更要低调一点，收敛一点。苏州的园林，面积都较小，这是因为要讲等级，不能僭越。但是士大夫们有钱啊，审美品位高啊，所以在针眼儿那么大的一个地方，也要玩出花样，要"小"中能够见"大"，要讲究曲折、掩映、层次、配合，让狭小空间显得内涵丰富且富于美感。苏州园林被建成这样的样貌，与士大夫们的审美趣味、社会地位、政治伦理有很大的关系。你不了解这些，就很难理解苏州园林的特点。这些隐含在园林背后的深刻的部分，并不是通过说明方法、说明顺序之类的途径可以了解的。语文这个学科要探索的东西其实很多。

如果学生在关于说明文的知识方面已经有所掌握，我们就不要在这个点位上"用力过猛"了，就要去挖掘新的东西。《苏州园林》里面有没有对学生真正有价值的东西？有。有评价鉴赏的空间。这个单元的这些"非典型性说明文"，真心写得不错。说明文能写得文采斐然，让人读得兴致盎然，这就是高水平。

3. **教材意图：教材想让学生学到什么**

单元教学，要分析教材上的"单元说明"，单元说明是编者为了引导教师的教学；还要看每篇课文后面的思考练习题，这是编者希望学生过手的东西。在此基础上，还要理解所要教的这个单元在整个教材体系中的地位和功能是什么。

这一单元的教学，启发我的地方很多。我从中抽象出一个观点，就是"语文教学要下大功夫致力于避免重复"。当前的语文教学，在很大程度上是不断地自我循环和自我重复，缺乏阶梯式、螺旋式上升。教学总是在平面上推进，学生就很难提高。教了一个单元，学生是这个水平；教了十个单元，学生还是这个水平。这就使得语文教学失去了效用。

举例来说，如果六年级、七年级已经把说明文的知识（说明方法、说明顺序、说明语言等）讲清楚了，八年级又遇到说明文而教师依旧去讲这些东西，在这个点位上不断重复，这样的教学就是基本无效的。这锅饭已经煮熟了，你还在烧火；真正该你煮的另外一锅饭，你却不去煮——这就麻烦了。教学应该有整体布局，以及整体布局下"布点"的问题：研究单元教学，要思考这个单元在整个语文教材体系当中，它的点位是什么，功能是什么，掌握它的支架和路径是什么，这个点位与别的点位的关系是什么。

教学必须是有效的。有效就必须聚焦点位，谋求突破。从这个意义上说，我们必须抓住点位，对整个教材的框架体系有明确的认识。同样，也恰好是在这个意义上，只要教师对语文学科的理解达到一定高度，教材的框架体系也是可以反思和改进的。

这就涉及一个更高维度：要尊重教材体例，更要尊重学科学习的规律。我们未必非得机械地依循教材，也可以根据学情，根据自身的学科理解，构思语文教学的整体架构。教学水平达到一定的高度，教师就应该考虑有所突破。突破就是越界。我曾经讲过，从不越界的人永远无法发现新世界。所谓"艺高人胆大"，手艺高超，胆子就大，拥有了越界的本钱，也就容易催生突破藩篱的冲动。既然手艺高超，越界就不会离谱，甚至可能"从心所欲，不逾矩"。我曾指导一个学校的中学语文课程开发，从初一做到高三。我说，务必让学生有所收获，要大幅度改革以前的教学方式。就一个单元的每篇课文来讲，要去追求"一课一得，真有所得"。比如《春》这篇课文就只讲比喻，别的都不讲。把《春》作为比喻运用的例子来讲，带领学生把"比喻"搞清楚就行了，什么"春花图""春雨图"全都不要讲——其实讲了也无用——只讲比喻。下一篇课文《济南的冬天》，就讲"拟人"是怎么回事，把拟人讲清楚；回头再看《春》

有没有拟人，学生会发现《春》也有拟人，但是讲《春》的时候不要讲拟人。在考虑整个课程体系的前提下，每堂课聚焦于一个中心，让学生真有所得，如此两三年下来，学生哪有不提高的道理？我为什么提出语文课要分课型？原因之一就是很多老师一节课东讲西讲，什么都讲，不讲还不放心。老师自己觉得这是为学生好，生怕有什么没讲到。其实你讲了这么多，学生掌握了多少，很难说。这样面面俱到、杂乱无章的教学，不仅无力提升学生，也使得教师自己难有长进。所以要分课型。课型纯正，目标聚焦，就容易突破。教学应有力地促使学生发生真实的改变，不要蜻蜓点水讲得不痛不痒。

4. 课型评估：这课怎么上

前面所讲的问题都想清楚了，剩下的问题就是这课怎么来上了。

确定怎么上课，要有课型意识。用怎样的课型，要看所要达成的目的。

例如我手头这本八年级上册教材，这个古诗文单元有《孟子三章》《愚公移山》等文章。古诗文的学习，最该重视的是学生的积累，最需要的是学生对文本的高度熟悉。这就要求学生真实地过手。预习就是典型的自主学习，它的好处就是便于学生过手。若是我来教，首先就要强调预习。这就是课型分类中的"预习课"。我有一个观点：只要学生没有预习，教师就不能讲。一定要预习，让学生充分过手。

教学总是需要考虑教学的实际情况的。我是个教师，如果觉得文言文我讲得不好，我就会指导学生自学《愚公移山》；假如怎么指导学生自学他也不太懂，我就让学生来读书。这节课下来，什么都没讲，而全班都能读熟甚至背诵《愚公移山》，对学生而言就是一个大收获。这就是三味书屋里那位老师的主要方法。与其让教师絮絮叨叨地讲，不如让学生老老实实地学。教师讲得很多，未必讲得清楚。"出入之迂"的"之"是"的"，还是主谓之间取消独立性？很多老师最喜欢纠结于这类问题。我经常说，这些老师考虑问题没有抓住根本，如果文言实词没有达到一定数量，文言虚词无论多么精通也是白搭，你都读不懂文言文！虚词是多么简单啊！为什么它叫"虚词"？因为它是"虚"的。虚词本来就是虚的，你却非要把它坐实，没意思啊！我的意思不是忽视虚词的用法，我是说没必要在这上面过多纠缠。

预习课还不是真正的阅读教学。在预习课这一课型之外，文本分析课和评价鉴赏课才是阅读教学的主体课型。我这里不多说文本分析课，重点说说文本的评价鉴赏课。这个文言文单元，它的思想性是很高的。一个好的语文老师，有可能利用这个单元，把学生教得更懂思辨，更加聪明。《孟子三章》《愚公移山》《周亚夫军细柳》，真是很有价值的。这样的价值可以通过评价鉴赏课来实现。

首先说说"评价"。比如《周亚夫军细柳》，它写的是皇帝和将军的故事，表现的是最高统帅和他的将领之间的关系。最高统帅来慰劳军队，作为部下的周亚夫将军不买账，让皇帝吃闭门羹，我认为最高指挥官心里是不太愉快的。只要稍微熟悉历史的人都知道，周亚夫的父亲周勃是汉朝开国元老，他们父子相继长期把持国家军权。从政治上说，这对皇帝是有风险的。这样代代传承控制军队指挥权，皇帝睡得着觉吗？皇帝来劳军却吃闭门羹，这显然意味着军队听命于周将军而不会直接听命于皇帝。皇帝为什么在周亚夫面前这样低调，还赞扬周将军？皇帝是很聪明的，远比周亚夫聪明。这是危急时刻，皇帝还需要你，还没到收拾你的时候，所以皇帝的态度是和蔼可亲的。要知道周亚夫最终被皇帝给收拾了。儒家讲君臣之道，周亚夫这个做派此时看来无可指摘，但终究有一些"不臣"的味道在。周亚夫大概是因为他的家族长期处于高位，骄傲惯了，得意惯了，那就有风险，迟早出问题。当然，这背后是否有元老派军事集团跟皇帝的博弈，我不清楚，不能瞎猜。我的意思是说，评价鉴赏课，不妨对周亚夫和皇帝的行为进行一个分析评价，这是对古代中国政治文化或政治伦理的分析，涉及所谓"文化的传承与理解"。一些教师可能认为，了解一些文学和文化常识，诸如孟子主张性善而荀子主张性恶，屈原是中国文学史上第一位浪漫主义诗人，这就是"文化的传承与理解"了。这种理解恐怕失之肤浅。这样的常识，用得着你教吗？学生翻开书，一看就明白了。教师应该教什么？应该教学生看不明白的地方，或是看了之后自以为明白而其实糊涂的地方。凡是学生能够自奋其力做成的事，教师都不应该帮他去做，否则就是在培养懒人,这是害人。

接下来讲讲评价鉴赏课的"鉴赏"问题。

我翻看这本教材,觉得处处都可鉴赏。比如《周亚夫军细柳》的叙述,不就是一个很可以欣赏的东西吗?那么大一件事,那么多的细节,只这点文字就讲清楚了,且生动而有内蕴。又比如《三峡》,它的文字简美峻洁。三峡这么大,景物这么多,笔墨却如此干净,如此精到,这是非常高级的表达境界。这种写景境界特别需要对特征的捕捉,尤其是对最主要特征进行最精准的捕捉。这种境界是学生达不到的,但不妨来欣赏。这需要教师的引导和讲授,学生这个年龄阶段的欣赏水平还达不到这个层次。他们正处于生命膨胀的年龄,偏爱的是激情澎湃的文字。他们的生命在扩张,心智在成长,此时倾向于欣赏向外的、张扬的文字,比如郭沫若的《雷电颂》、高尔基的《海燕》。《三峡》的文字美感就不是学生容易欣赏的,但它的品位比《雷电颂》和《海燕》更高级。就写景而言,学生一般会觉得《春》写得很好,《春》是他们容易欣赏的,尽管《春》和《三峡》相比,文字级别差得很远。在这种情况下,教师需要通过评价鉴赏课,来引导学生理解更高级的审美趣味。

这本教材上还有《短文两篇》,一篇是《答谢中书书》,一篇是《记承天寺夜游》。透过这两个文本不难发现,不同时代人们的表达风格和审美意趣是不一样的。东晋以降,是一个很讲究辞采的时代,士人之间的交际也讲究格调,所以《答谢中书书》和《与朱元思书》虽然都是书信,却写得非常华美迂回。这是审美,也是"文化理解"。如今这个时代连"书信时代"都不是了,已经到了"微信时代",什么话都直接说,没有修辞,不讲技巧。这说明社会进步了,交际障碍减少了,不再像从前那么讲究了。这也是"文化理解"。当然,对这种现象我们也可以评价。譬如讲究与不讲究,我认为只要是贵族就一定会讲究。有钱的贵族可以讲究物质生活,没钱的精神贵族讲究精神生活。精神贵族在物质上可以不讲究,但一定在精神上非常讲究。在我看来,"讲究"是有重要意义的。例如学生的学习,很重要的一点就是要"有讲究"。学习不是一件可以随便的事情。这就是我对"讲究"的立场。鉴赏与评价具有相关性,我前面已经说过，鉴赏也是一种评价。

单元教学中，教学价值点和课型实施，实际上是相互关联的。不同的教学价值点是知识点还是能力点，决定了它适合于布设在哪种课型当中。我们多下些功夫来研究，这对切实提升单元教学的效益，具有相当显明的意义。

缺乏学理、不讲章法的教学是不行的

——语文阅读教学的课型分类问题

一、纯粹的文本分析：读懂文本的方式

文本解读水平，是衡量语文学科功底的一个关键指标，是教师的阅读教学备课的出发点。教师首先要读得懂文本，读得透文本。教师只有对文本有一个比较深入的理解，才有可能引导学生到达一个更深的理解层面。

在我看来，文本解读就是读懂文章，获得理解祖国的语言文字的能力。阅读教学最朴实的目标，也就是教学生读得懂文章。而语文教学花了大部分教学时间教阅读，这么朴素的一个目标也未能有效达成。学生做阅读题的时候，文章都不能完全读懂，或似懂非懂，由此反观则不难知道，我们的阅读教学一定是有问题的。我琢磨这个问题很多年，最后想的办法就是带领学生来做"纯文本分析"。所谓"纯文本分析"，是指在解读时所依托的纯粹是文本内部的语义信息，任何解读结论都从文本本身得出，文本边界之外的一切信息都应在解读过程中被屏蔽。

做文本解读，在语文界目前名声最大的应该是孙绍振。但孙绍振先生所做的，跟我所做的是不一样的。他拥有丰富的背景知识，他在美学、文艺学、文学理论等方面的背景知识自觉不自觉地干预了他对文本的诠释。孙先生的文本解读不是纯文本分析，里面有不少对理论的关注。孙先生又是一位聪明的学者，才华一发挥，往往就难免有主观的部分。他的文本解读其实不纯。因而，

他的文本解读能带来很多有价值的启发，但若要通过他的方式来学会分析文本，我认为基本上做不到。他的书我读过，我的结论就是如此。

为了解决教学生读懂文本这个问题，我进行了艰难的思考和研究。然后写了两本书，一本是《方法与案例：语文经典篇目文本解读》，一本是《文本解读与阅读教学讲谈》。我的方法，成都七中的石峰老师认为这是建构了一套"语文文本解读学"，我认同这样的定位。在我看来，一篇课文的阅读教学，有两个层面：第一个层面是文本解读，就是文本写的是什么；第二个层面是评价鉴赏，就是怎么评判这个文本。

对于一个文本，你得先要读懂。读懂，就是文本解读。读懂之后干什么？读懂之后就要对文本进行评价鉴赏——它的思想情感你是否认同，它的艺术形式你觉得怎样。从语文的能力层级来讲，二者也是不同的：文本解读要求的是理解能力；评价鉴赏要求的是评价（鉴赏是对文本艺术形式的评价）能力。分析和综合，则是文本解读和评价鉴赏都需要的能力，是人的思维的核心能力。

二、主体阅读课型：文本分析课和评价鉴赏课

文本解读与评价鉴赏两个层面，在语文课堂上常常被混成了一锅粥。语文的阅读课，内容相当杂乱。讲一篇课文，一般首先要出示标题，接着要介绍作者和时代背景。然后有一些生字生词，读一读，讲一讲，写一写。再然后终于进入课文了。通常有三个大环节：初读感知，再读分析，三读领悟，如此等等。最后还可能搞一个"读写结合"。一堂课里搞了很多东西，教学内容十分庞杂。一堂课时间有限，搞的项目越多，教学要实现突破的可能性越低。你到处用力，分散用力，就没办法集中用力去实现突破。把语文课上成了大杂烩，这是教无章法的重要表现，也是教学低效的主要原因。

缺乏学理思考、不讲教学章法的教学，显然是不行的。通过合理的课型分类，使得一堂语文课聚焦于特定的知识与能力目标，这是必要的。

其实，语文教学传统中是有课型分类的。然而，那样的课型分类并无太大

意义。阅读课、写作课、新授课、复习课，这样的分类过于笼统，它并不提供具体的操作规范。你知道这节课是阅读课，你就能教了吗？诗歌的阅读课、散文的阅读课、小说的阅读课，都是一样的阅读课吗？就算是同属小说，例如《孔乙己》和《变形记》，都是一样地去教学生吗？所以，我们应该寻求新的课型分类方式。

我所分出的阅读课型，最核心的有二：一是"文本分析课"，一是"评价鉴赏课"。这两种课型，是按语文的能力目标来分类的，是旨在充分消化文本的主体性阅读教学课型。此外有一些辅助性课型，在分析文本之前，学生要先期进入文本进行自主学习，这就是"预习课"。文本阅读教学结束后，可以有"文学史课"，集中介绍和讨论该单元所涉及的作家及其作品。如果有必要，文学史课的内容也可安置在评价鉴赏课中，因为评价鉴赏有时候可能需要相关的文学史知识。

三、目标单一与课型纯正

一堂课课型要纯正，目标要单一。在我看来，教学目标应以语文学科的知识和能力来确定，这样才会把一节语文课上成语文课，而不至于上成班会课、历史课或其他课。

目标单一，是因为一堂课涉及教学环节之间的结构关系。一堂课的各个教学环节之间，应该存在一个合理的结构性关系。以前成都七中语文教研组长刘朝纲老师说，上一堂课就像写一篇文章；一篇文章肯定有一个中心思想，一堂课的中心思想就是这节课的教学目标。对于教学目标，不能有复杂的描述。最近一些年我看到的公开课通常有若干教学目标，"知识与能力目标"一二三，"过程与方法目标"一二三，"情感态度与价值观目标"一二三。一堂课怎么可能有那么多目标？一篇文章怎么可能有那么多中心思想？其实这里面还涉及对"三维目标"的理解问题。三维目标并不是三种目标，其实是一个目标，只不过这个目标具有三个维度。比如说你讲一个知识点，这就是知识；这个知识的运用，就是能力；对这个知识的理解和运用，肯定有个过程，并需要恰当的方法；整个学习过程中，也会涉及情感态度与价值观方面的东西。这就是说，三维目标并非三种不同的目标，它其实是一个目标。就学科来讲，教学目标无疑是以知识和能力为核心的。一个学科能成其为学科，靠的是别的学科无法替代的知识和能力系统。如果没有，那就没资格叫学科了。因此，任何语文课型，都须以语文学科的知识和能力为制定教学目标的根本依据。

目标单一，决定了教学内容不能杂乱。在文本分析课上，就不要介绍作者、介绍时代背景了。为什么？因为要读懂一篇文章，识别文本的语义信息、厘清文本的内在逻辑，就足够了。你并不需要了解这个作者是谁，你吃鸡蛋完全不需要了解下蛋的是哪一只母鸡。面对试卷上的一篇文学作品，考场上的学生并不了解作者，他就读不懂这个作品了？就无法完成试卷上的阅读题了吗？不是这样。

文本是一个具有客观性的东西。例如《将进酒》，如果不知道它的作者是李白，或者假设《将进酒》的作者是无名氏，那么我们就读不懂它了吗？就感觉不到这首诗里所包含的酒神精神了吗？文本具有客观性，是说文本有其自身的信息和信息结构，这是只需要通过文本而无需通过作者就能理解的。

四、文本分析课的两个要点

文本解读，我认为有两个基本要点。首先是辨识信息，能识别文本中的语义信息，这是基础。其次是让信息结构化，文本里的信息只有被结构化，我们才能获得对文本的整体的理解。

文本解读的问题，常常是在文本信息集结构化的过程中浮现出来的。

《论语》里面有一段著名的话，是孔子的自述：

子曰："吾十有五而志于学，三十而立，四十而不惑，五十而知天命，六十而耳顺，七十而从心所欲，不逾矩。"

什么是"三十而立"？许多人对"三十而立"的理解，在我看来都是错的。

我们都知道语文的两个道理：一个是语言表达的连贯性原则，一个是所谓"词不离句，句不离段，段不离篇"的语境原则。要理解"三十而立"，我们得先看看孔子这段话讲的是什么。

孔子说，他是从十五岁用心于学习的。"三十而立"是什么，暂时存而不论。"四十而不惑"，就是到了四十岁他不糊涂，变得明智了。"五十而知天命"，就是懂得了这一生的人生使命和人生的局限了。"六十而耳顺"，是说不管听到什么意见，情绪上都不会产生任何波澜了。"七十而从心所欲，不逾矩"，是说随便怎么行动都很自然地符合行为法度了，他已经从必然王国进入自由王国了。这些话有什么共性呢？这是孔子自述从开始学习到最终境界的过程，是讲自己一生中在认知上的发展历程。

既然这段话是在描述认知发展历程，那么"三十而立"的意思就必须置于这个整体框架中来理解。"三十而立"必定是孔子认知发展历程中的一个环节，由此可以初步断定，所谓"三十而立"，是指三十岁能够树立自己的主张，有主见了。回到孔子这段话中，"十有五而志于学"，是用心学习别人的观点和看法，此时自己并无主见的建立；"三十而立"是指有自我见解的确立，但自我的主张未就是对的；四十而不惑，这才对自己的主张和别人的观点是否正确有了良好的判断力，这时候算是不糊涂了。这样一看，"十有五而志于学—三十而立—四十而不惑"，在语意上、在认知阶段上，都是完全连贯的。

这就是文本信息的结构化在语义信息识别方面的运用。文本信息的结构化过程是非常重要的。对任何一个文本要实现整体把握，所依赖的就是文本信息的结构化过程，而不是想当然地或根据感觉去摘取文本中的信息，来印证你的观点。把一个文本里各个部分的信息加以分析，然后加以综合，综合到最后，形成一个连贯的、具有统一性和内在一致性的解释，这就是文本分析的过程。

我们的教学是不是这样的过程呢？不是。我们的教学不是分析和综合的，而是结论印证式的。不是分析有待认知的文本，而是印证自己已有的结论。教师上课，一般要先看教参，再加上自己对课文的看法，然后就提取几个"要点"或"结论"作为教学的主要内容。上课呢，就带领学生在课文中寻找那些能印证这些"要点"或"结论"的信息。而学生先是没有这些所谓观点和要点的，因为他们没有教参。他们在课堂上一听老师讲，也会觉得老师讲的真的都是对的，课文都有验证。然而，通过这样的教学方式，学生是学不会怎么去独立分析一篇文章的。因为这不是分析式的而是印证式的，没有尊重学生自然的阅读理解过程。

教师上课，要假设我们没有任何参考书，作为一个对文本缺乏了解的读者去读课文，我们是怎么去理解它的。你是怎么读懂一个未曾读过的文本的？你靠的是分析。这里面就一定涉及怎么在文章中提取信息，如何在这些信息之间建立起关系。经过一系列分析综合的步骤，最后理解这篇文章在讲什么。这个过程是一种讲理性、讲逻辑的过程。语文教学一个很严重的问题，就是放大了感性和感情的部分。语文的文学类文本比较多，文学类文本一般都有感性的和情感的部分，这使得很多人想当然地认为语文教学就应该去表现这种感情和感性，我认为这个理解是有问题的。

学科教学永远是一件理性的行动。教师在课堂上的情感表达，是为了感染学生，使其带着饱满的情绪进入学习过程。这其实是一种经过"理性算计"的教学策略。中小学生的年龄阶段，决定了他们的感性和情感比较丰富；我们也知道，人最容易被情感和感性的部分打动，而不是被理性打动。理性的思考往往会使人厌倦。纯理性的思考会让人很累。我们为了让学生能够相对快乐地进入需要理性思考的学习流程，因而采取了一些感性和情感的策略。这实质上是利用了人性的弱点。

我曾经论述过，写作行为和作为这一行为的结果的文本，都是具有理性的。不管是阅读还是写作，理性思维能力的成长都是极其重要的。理性，首先就涉及逻辑性要求。一个典型的例子就是《囚绿记》。流行的说法是，《囚绿记》的"绿"象征了中华民族顽强不屈的民族精神。那么我要问，囚绿的"我"该象征什么呢？什么样的人会囚禁这个"绿"呢？囚绿的"我"为什么会喜欢"绿"？逻辑出现障碍了是吧？如果说教师强行这样去讲，我认为会导致对学生的摧残，因为这让学生变蠢了。数学物理的学习要讲逻辑，语文的学习怎么能够就不讲逻辑了呢？母语是思维的工具，应该努力强调逻辑，要不然人的思维会变得不正常。

语文学科的逻辑要求，比其他学科应该更为鲜明才对。文学类文本中，很多分析条件和语义信息是模糊的，具有模糊性。而数理化的题目，提供出来的是什么条件，已经成立的是哪些知识和规则，是清晰的。语文要运用逻辑，还得首先澄清模糊信息，然后才能够运用逻辑去进行分析推理。所以说，语文的要求很高。语文这个学科看起来门槛很低，实质上要求最高。作文的情况也是如此。作文为什么这么难？写一篇高品质议论文的难度，远高于一般的数理化解题。数理化解题，用的是学过的学科知识、明确的已知条件、有限的解题路径，它的逻辑是清晰的、现成的。但是，写议论文首先要你根据题目自己创设一个观点，然后自己去建构一套逻辑来证明这个观点的合法性和有效性。这比数理化的要求要高得多。语文的要求这么高，我们这些语文教师却缺乏足够的学科理性，这不是一件光荣的事。语文教学要突破，我觉得需要向数理学科学习，把更坚实的理性投入到教学当中。

五、其他几种课型的实施要点

回过头再来说说别的几种课型。

我设想的几种课型里面，第一种就是预习课。我认为，应该把预习作为语文教学的基本原则。凡是学生没有预习的课文，教师不要讲。预习课中，学生的任务就是读课文，自己查字词典解决文本中字词的问题。学生读课文的过程中，要进行圈点勾画，要做批注。到了预习的高级阶段，预习课上学生应尝试把课本上的思考和练习题都做了，这就是自主学习。

预习是最典型的自主学习。自主学习的最大好处就是能过手，这对考试也很重要。孟子讲"自得之，则居之安"，教师讲得再好，不如学生自己去搞。教学中最重要的是学生能实际收获什么。所以预习很重要。预习要有单元学习的概念，要以单元为单位来预习。我们的教材历来都是按单元编排的，但我们历来都没有实现真正的单元教学，都是在搞单篇教学。一个单元从第一篇教到最后一篇，教完了脱手，这不是单元教学，这是单篇教学。单元教学是要把单元作为一个整体来进行教学。预习课准确地说叫"单元预习课"。一个单元内的几篇课文，要全部、连续预习，花几节课的时间都可以，要看情况。预习绝对不能够放到课下去做。课下去做多半会落空，我宁可相信在我眼皮下发生的事情才是真实的。预习要在教室里面，要在教师监督之下，要在教师指导之下。预习必须动笔，不动笔墨不读书。比如一篇文言文的预习，必须勾画圈点；哪里有困惑就要标出问题，哪里有心得则须写下批注。花几节课都是值得的。学生真的做了这些事，文言文还用得着讲那么多吗？学生不是傻子，语文又是母语，应该说放手实施预习课是大可放心的。

接下来就是文本分析课。文本分析课只有一个目标，就是教给学生分析文本的方法，让他们能够读得懂文章。文本分析课是一篇一篇地实施的。对一个单元中各个文本的分析都做完了，然后才有评价鉴赏课。文本分析课，是不对文本作评价的。你不要讲这里写得好那里写得好，你只是还原这个文本究竟在说什么意思。文本分析课，可不可以讲文本中的修辞手法、艺术技巧？如果讲的是隐含在这些手法技巧下的语义，这实质上是语义分析，属于文本分析。如果讲这些手法技巧的作用和效果，则是鉴赏。这二者是有区别的。

评价鉴赏课，要统筹单元内各个文本来实施。例如，这个单元有《荷塘月色》《故都的秋》等课文，整个单元的文本分析课结束了，接下来就上评价鉴赏课。这些课文所讲的是什么意思学生都晓得了，然后大家就来讨论：你认为这些文章中包含的观念对你有什么启发？你觉得这些文章有高下优劣还是各有千秋？哪篇你更喜欢？理由是什么？这个时候就引导学生再度进入文本，去分析《荷塘夜色》《故都的秋》各自潜藏着怎样的观念，各自用了哪些艺术手段，达成了怎样的艺术效果。朱自清是怎么做的，郁达夫是怎么做的，你更习惯或者更喜欢哪一种方式，他们在审美上有没有风格或境界的差异，在对待世界和生活上有没有观念的差异。比如在审美方面，《荷塘夜色》写景更近于工笔画，《故都的秋》写景更近于写意画，不同的人总有审美选择和偏好，这是允许的，学生喜欢哪个是他的自由，而重要的是讲出理由。这就涉及对文本的修辞的观察、修辞效果的分析、艺术手法的分析等。这就是评价鉴赏课中偏重于鉴赏的课。

鉴赏，是偏重于艺术形式的评价；评价，则是偏重于思想情感内容的。例如，这个单元有《过秦论》《六国论》等。这样的文章都在思想内容方面比较突出，评价鉴赏课的重点就可放在思想观点的讨论上。《过秦论》说"仁义不施而攻守之势异也"，在当时有没有它的现实针对性？无疑是有的，那么肯定贾谊的这个观点显然是可行的。但反对或质疑，也是可以的。施行仁义就能够维持政权的稳固吗？从历史经验来看，一位英明的君王或者一个开明的政府是不是只是施行仁义的呢？这是有讨论空间的。当然，"攻守之势异也"中还有个顺时而动的问题。攻守之势已经不同了，你还在玩以前那一套，这就是不能顺应形势。儒家讲施行仁义，法家讲因时而动，你连法家那一套都没做到。这样想来，贾谊也未必没有认知的盲区。而《六国论》讲"弊在赂秦"，究竟是苏洵有认知盲区还是有特别的动机，更是可以讨论的。通过这样的讨论，学生就能够逐渐学会分析的方法，建构他们的思想。评价鉴赏课最重要的功能，我认为是为解决作文问题作出了必不可少的铺垫。学生写作最大的问题，不是写作方法的问题，而是他们脑袋里根本没有可以运转的思想资源。其实这些年轻人不一定都聪明但至少不笨，他们的脑瓜子是没有问题的。为什么说没问题的脑瓜子就运转不出有意义的东西来？是因为脑子里面没有思想的原料，它在空转。学生没有思想的资源，就没有办法产生有意义的思考。作文的问题很大程度上是通过阅读来解决的。从这个意义上说，评价鉴赏课具有非常重要的意义。

课型分开实施，就能目标明确，专干其事，才容易取得教学的突破。很多教师习惯于"串讲课文",随意性太强,把文本分析和评价鉴赏混在一起,使得教学支离破碎。分出课型来教,就有章法可依,有规律可循了。

然后才是文学史课。文学史课,包括作家作品等文学史知识的学习,也包括相关的历史文化知识的学习。这有助于促进学生对文化的传承和理解。文学史课是一种辅助性课型——如果单元内的文学史知识丰富且重要,那么可以独立;如果相关文学史知识有助于对文本的评价鉴赏,则可与评价鉴赏课合并。我主张在文本分析课中不能有"知人论世",不能介绍作家作品,这些都应该是文学史课的内容。做《荷塘月色》《故都的秋》的文本分析,不要先去介绍朱自清和郁达夫;这些课文的分析全部结束后,再来介绍朱自清、郁达夫。此时的重点是,能不能通过《荷塘月色》《故都的秋》去推测其作者是怎样的人,他们有怎样的性格和偏好。这时你就可能通过笔触的细腻,看出朱自清是个十分细腻甚至有点拘谨的人,他有点执著,放不开。《荷塘月色》里的用语繁密,描写繁复,这跟郁达夫的洒脱就很不一样。《荷塘月色》的文笔并不干净,有些做作的味道,当然也可以看出作者很老实,一丝不苟地努力把细节都做到位。我们也看得出,朱自清是一个喜欢幻想的文人,文中密集的比喻就是他联翩的浮想,他不断地在文中幻想,他看到荷叶就想到美女的裙子,看到荷花就想到出浴的美人。郁达夫写景很写意,文笔简括潇洒,他绝不像朱自清那样老老实实一板一眼,简笔勾勒,点到为止,性格的洒落从文字中就可以看出来。古人讲"文如其人",我说的这种方式叫"因文知人"——通过作品去观察这是一个怎样的人。这才是讲作家作品的正确方法,这才能培养学生真正的鉴赏力。

文学史课的重要诉求,是建构学生的文学历史意识。每个作家都生活在特定的时代,理解他们需要有历史意识。文学史课就是要"知人论世"。比如教学屈原的《离骚》,就需要知人论世。我认为屈原是中国历史上最伟大的诗人,没有之一。在中国文学史上的民歌时代,一个集体合唱的时代,屈原几乎是唯一独唱的诗人。在他死去很多年之后,到了《古诗十九首》和曹操时代,诗人作为独唱者的面目才开始变得清晰。在一个没有诗人的漫长的沉默的时代,屈原是唯一的诗人。这太伟大了。屈原的时代，创作难度极高，高得超乎我们所有人的想象。你只需要看看《离骚》里的词汇，就不难明白屈原是多么的了不起。在那个没有字典词典的年代，创作是一件特别艰难的事情。袁枚在《随园诗话》里说，古人要写一篇赋是很难的，因为那时没有类书（辞书）。在高中语文课本里有篇《张衡传》，里面说张衡为了写一篇赋，"精思傅会，十年乃成"。写一篇文章居然要长达十年。为什么？词汇不够用，辞藻准备不足。你想想屈原那个时代，他不仅需要那么多的词汇，还要构思那么长的作品，不是天才是无法办到的。《离骚》是中国文学史上最长的抒情诗，一开篇就创造了一个无法超越的奇迹。这就是才华。从才华上来讲，李白怎么去和屈原比，杜甫怎么和屈原比，苏轼怎么和屈原比啊——历史发展越靠后，艺术经验越多，文化累积越厚，创作难度越低。现在据说输入一些意象性名词到机器里，计算机都可以作诗了。所以说屈原真的很伟大。文学史课，就应该教给学生这样的东西，让学生不但认识文学，也能认识文学的历史。

六、课型分类教学：革故鼎新，勇敢面对

课型分类是语文研究的大课题，这涉及对语文学科的学理思考，涉及对教学缺陷的救弊措施。我在2014年提出了具体的分类。冯胜兰老师后来跟我也讨论过，我们认为这样的分类是有价值的，如果落实下去，有机会彻底变革语文教学。这个分类正在得到越来越多的教师的认同。也有一些教师觉得我的分类没问题，但担心我强调教学实施中各种课型不得混杂，会不会导致一堂课因教学内容过少而出现问题。例如初中古诗课文《诗五首》，刘禹锡《酬乐天扬州初逢席上见赠》的文本分析，上不满一堂课，那就只好鉴赏，岂不是把文本分析课和评价鉴赏课混在一起了？我的解决方案有两个。第一，《酬乐天扬州初逢席上见赠》的文本分析不够一堂课，那就继续进行杜牧《赤壁》的文本分析；如果还不够，那就继续进行文天祥《过零丁洋》的文本分析。第二，讲《酬乐天扬州初逢席上见赠》，是讲方法；讲完方法之后，可以找一两首课外的

古典诗进行迁移训练，看学生能不能运用教师讲授的分析方法。总之，这节课是文本分析课，那就只进行文本分析，教学生如何去理解诗歌文本。至于评价鉴赏，须待这些诗歌的文本分析结束后再来进行。这样做是为了聚焦教学目标，聚焦能力训练点。这是教学的革命性转型，教师一开始会很痛苦，但这是值得的。自我革新总是痛苦的。为了革新，痛苦也值得勇敢面对。

关于课型分类的课堂教学实践

——在"基于课型分类的课堂教学"主题教研会上的发言

一、关于课型分类

（一）单元教学要分课型实施

今天的主题是"课型分类"，背景是"教育部高中新课程新教材改革国家示范区"语文主题教学研究。

这些年来，一听到"改革"我就有点发怵。别误会，我并没有因为年龄偏大而变得保守，我强烈支持改革，我希望看到有意义和有价值的改革。革故鼎新永远是必要的，改革不是问题，怎么"改"是个大问题。其实不只是教育要改革，人生也要改革。所谓君子"日日新，又日新"，就是说改革必须在人生中天天发生。课程需要改革吗？当然。为什么需要改革？因为有我们不满意的地方，有我们做得不好的地方。那么怎么改革？我认为，既然教育教学是一项实践活动，那么教学改革不应是理念先行地去改，而应根据实践经验、针对实践问题、一切从实际出发去改。教学实践中有我们不满意的部分，有存在瑕疵乃至缺陷的部分，为了改进我们的工作，让实践变得更加有效，所以需要改革。也就是说，改革是针对实践中的问题来改，而不是为了让我们的行动削足适履地去符合某种先行的理念。

语文教学确实有很大的改革必要性。教书 30 多年，我认为我们的语文教学严重缺乏效用，主要表现在两个方面。

第一，语文课堂教学基本上没效果，我是说中学，特别是高中。小学还有点效果，学生多多少少认得几个字，晓得一些知识性的东西。到了中学阶段，语文的知识内容相对稀薄，能力培养手段相当模糊，语文课真的是基本上可以不听。那么这个学科存在的价值是什么？作为语文教师，我经常涌发出很强的危机感。怎样让每节课都变得有用、有效，明明白白有学头，实实在在有听头，这是一个重大的课题。

第二，语文课堂（教学）没有章法，学理含混，其中涉及的问题涵盖方方面面，包括课型的问题。"大杂烩"是常见的语文课形态，什么东西都在搞。一堂阅读课，从作家作品、文本背景，到生字生词、修辞手法、段落层次、文本主旨……听说读写，一哄而上，全都是浅尝辄止、蜻蜓点水，全都沉不下去。听完一堂课后学生似乎有点收获，但那是什么收获，学生却说不出来。在我看来，说不出有什么收获就是没有收获。收获应该能够明确地说出来，教学效果应该是可以评估的。学不到货真价实的东西，学生对语文课便没有兴趣；语文课不是靠学习效果在支撑，而是靠学生的学科爱好在支撑，靠学生的学习压力在支撑，或是靠教师的个人魅力在支撑。教师有魅力还好，如果没有魅力那就完了！

学科就要有学科的样子。我在七八年前就想到了"课型"这个概念，初步分出了几种课型。怎么来分出语文学科的课型？按照传统的划分，语文课有什么"新授课""复习课"或"阅读课""写作课"这样的分法，但我深感这样的分类跟没有分类差不多。以"阅读课"来说，不同文体的文本，阅读教学是一样的吗？诗歌的阅读教学和小说的阅读教学，用同一种固定的方式去操作行得通吗？"写作课"也太笼统，一堂作文课究竟学什么？学生要完成一篇作文涉及的因素很复杂，需要弥补的短板很多，你这节写作课究竟要解决学生在写作上的什么问题？你似乎晓得但并不真的晓得。那就估摸着布置一个题目让学生去写，写完了呕心沥血地改，然后找几篇自以为写得好的和不好的在全班念一下，作几句不痛不痒的评点。这种方式的教学，是根本没办法改变学生的。

在对阅读教学这个课题思考很长时间后，我和我的合作者冯胜兰老师写了一本书——《追求更高品质的阅读教学》。这本书的主要内容，是对中国当前最有声望的几位语文老师最有代表性的课例进行解读和批评。在我看来，当前中学语文教学最严重和最基本的问题，就是教学根本没有章法。这本书提出了语文学科的课型分类主张，就阅读教学这个部分来讲，主要是依据能力目标、基于单元整合来设置课型。为什么要从单元整合的角度来设置？首先是因为我们迄今并未实现单元教学，尽管教材是按照单元编排的。我们搞的不是单元教学而是单篇教学，从一个单元的第一篇到最后一篇逐一讲授，讲完脱手，没有系统概念，没有整体设计，实质上还是单篇教学。其次，近年来比较流行的"群文阅读""整本书阅读"，强调文本间联结，强调整体感，但失去了单元教学处理单篇的优势。学生存在的基本问题是单篇文章的分析能力普遍薄弱，这个问题必须优先解决。连单篇都搞不懂，遑论"群文"或"整本"。读懂一篇文章的能力都不具备，麻烦就很大，别说什么素养，连对付考试都成问题。群文阅读和整本书阅读固然都很好，但只热衷于搞这个东西要出问题。

（二）基于单元教学的几种课型

按照现有教科书的编排体例，把"单元整合"这个问题解决好，是比较稳妥的办法。要实现单元整合教学，就得进行"课型分类"。从单元教学的角度，我重点讲预习课、文本分析课、评价鉴赏课、文学史课这四个课型。

1. 预习课

首先是预习课。前一轮课改中最有价值的观点，就是要尊重学生的主体地位，要让学生自主学习。这很正确，但未能有效落实。"自主学习"的口号喊得响亮，但实际情况远不如从前。我在1980年代念高中，课表上有"自习课"，而且自习课时老师根本就不会到教室。现在是什么情况？教师敢缺位吗？现在的"自习"只是名义上的了。名义上是学生自主，结果全是教师管制和包办。学生在校，学校和教师都会严密监控，生怕出问题。当年的自习是真正的自主学习，你不自主不行啊，老师根本不管。而现在是我不自主，我不需要自主，一切有老师做主，我不动脑筋跟着老师去做就行了。

应该把预习作为首要的教学原则。凡是要教给学生的内容，一定要让学生先期进入学习，也不一定要做短课视频去"翻转"，那只是形式。在教一个单元之前，让学生老老实实地把整个单元的课文读上几遍，这就很有用。需要强调的是，预习必须在课堂上发生，必须在教室中发生。当今学生的学业负担很重，你别指望学生自觉，别奢望学生在课外预习，预习必须在课堂上置于教师的监控之下。我想说一句很极端的话：一切不在你眼皮下发生的事，对你来说都不是真实的。

今天这几篇文章《赤壁赋》《兰亭集序》《游褒禅山记》，如果是在一个单元，合理的预习时间我觉得是三节课。这三节课教师不要讲，把时间留给学生学。教师不要讲，是指在学生已经学会了预习的前提下；如果是在进入预习课这个课型的初期，学生还不知道怎么预习，教师就要讲，不是讲课文内容，而是讲预习的方法，诸如指导学生怎样去勾画圈点，怎样利用工具书，怎样做批注，怎样对文本作出初步的观察，怎样提出有价值的问题。教材后面还有一些思考练习题，预习时也不妨做一做。预习非常重要，不要小看。预习是让学生过手，学生需要这样的过手才有体验，这是真实有效的学习过程。教师在预习课中看似无为，实则有为。教师千万要控制住讲的欲望。语文教师讲的欲望特别强，只要自己把课备好了，站在讲台上不讲就会觉得不甘心。其实学生如果没有进行先期学习，根本不熟悉甚至不了解课文内容，你讲的学生听到了也就听到了，未必有什么收获。我经常说，语文课堂上有七成以上的话是废话，意思是说多讲无益。一定要有预习，一定要引导甚至迫使学生真正地进入学习的过程。当学生在教师的监控下真把这个单元自学了，这些文言文还用得着一个个字、一个个词、一个个句子地讲吗？语文是母语学科，学生无论层次如何，都能自主解决五成以上的问题。我说得很保守，我本来想说八成——教师真的不需要讲那么多。大家都识字，都有学习能力，我们不能预设学生是一张张白纸。

在一个单元中，预习课怎么安排课时？要看情况。有的单元，譬如有长篇文言文的单元，文本难度高，知识内容较为复杂，安排四五个课时预习，都没问题。有些单元则未必，花上一两个课时也许就可以了。

2. 文本分析课

预习课结束后，就进入文本分析课。文本分析，需要一篇一篇地进行；文本分析课，也是如此。《赤壁赋》《兰亭集序》《游褒禅山记》，都要一篇一篇地进行文本分析，分析这个文本的语义内涵，分析文本的内部结构和思路，最终理解这个文本的主旨。文本分析，就是要对文本实现还原性理解，它想表达什么意思，我们如何看出它想表达的是这个意思。文本分析课，就是带领学生去扎扎实实地理解文本的内涵，整合文本的信息，得出文本的主题。

文学类文本的阅读教学必然存在文本分析课。尤其是以现代语文为语言形式的文学类文本的阅读，文本分析工作很重要。古人写诗会玩含蓄，"诗者志之所之也"，情志这东西本来就模糊，所以诗写得模糊一点是正常的；但古人写文章通常比较老实，写文章所玩的更多的不是情志而是理智，所以就会追求"辞达而已矣"。古典文本的表达，意义的能见度通常都是较高的。现代文本远比古代文本复杂，人心不古，且有西化，文本中时常会有一些埋伏。关于这一点我不用多说，各位读读鲁迅或莫言就不难明白了。

教材上的文学文本，主要是散文和小说。这两类文本往往都具备理解的难度，尤其是小说。小说是形象化的，它的基本方式是以现象来折射主题，你需要有眼光才看得到现象背后的东西。没有眼光，缺乏分析和透视，你读了鲁迅也未必懂得鲁迅。眼光，是可以通过思想的积淀和分析的训练得到提升的。

文本分析课要全神贯注地聚焦于文学类文本。我认为那些知识类文本的单元，基本上不需要文本分析。我的观点是：语文教材上，根本不需要出现说明文。《看云识天气》这种文章，应该在地理课本上出现，不应该在语文课本上出现。《喜看稻菽千重浪》应该印在生物课本上，不应该印在语文课本上。学生学习生物，难道就不需要关于植物的遗传、杂交的知识？袁隆平这种情怀，不正可以鼓舞那些热爱生物的学生为国奉献吗？生物课本是这篇文章最合适的位置。语文课本上如果一定要有说明文，那就选用跟语文知识与能力相关的说明文，作为学生学习语文的阅读材料。即便是这种说明文，也不用进行文本分析。我以前搞阅读教学，基本上不讲说明文。我有一句口头禅——"说明文就是说得很明白的文章"。说得很明白，还要你讲什么？语文学科如果讲多了说明文，一定会损害学生的智商。学生需不需要读说明文？需要。现在是信息时代，需要有信息的提取、整合和加工的能力。但信息是有学科（知识）属性的，属于什么学科，你就放到那个学科中去处理。

我也经常讲，高考试题考史传，是很严重的错误，方向性的错误。语文试卷中的文言文阅读考"二十四史"，这种题应该搬到历史高考中去。语文应该考文言散文，教材中的文言文多数是文言散文，结果高考根本就不考，它考的是史传。这是很让人遗憾的事情。所谓实用类、论述类文本，也该放到与其知识背景相关的学科中去考。如果那篇文章讲到历史，就放到历史学科中去考；讲到物理，就放到物理学科中去考。任何学科的学习都需要阅读能力，所以每个学科的考题中都不妨有阅读题。不要把什么都放到语文中来，让语文负担太多不是好事。对语文教师而言，这事非但不光荣，反而很可怕。什么事情都往语文身上堆，最后必然是什么脏水都往语文身上泼。"误尽苍生是语文"，这是棒杀；"得语文者得天下"，这是捧杀。一定要懂得学科边界，不要认为你什么都能干。"语文是基础学科"，意思是所有学科的学习和思考都需要通过语言文字，而不是说语文学科需要担负其他学科的任务。语文不可以越俎代庖。

语文学科的范围，是语言、文章、文学，以及与此三项相关的审美和文化。谈论语文，要限定在这个有限的范围内。阅读课型中对文本的处理，也要从这个角度去考虑。

3. 评价鉴赏课

说得直白一点，文本分析课就是教学生能读得懂一篇文章。读得懂文章，听得懂人话，这就是文本分析课的任务。分析不需要评价，分析关注的是"事实"，评价关注的是"意见"。文本分析时不需要你说这篇文章这里写得好、那里写得好，你要抑制你的主观看法和审美情绪。

文本分析课结束了，再进行评价鉴赏课。评价鉴赏课分为两种，一是以思想情感评价为主的评价课，一是以艺术形式鉴赏为主的鉴赏课。

今天的第二堂课，篇目是《归园田居》《梦游天姥吟留别》《赤壁怀古》，基本上就是对文本的思想内涵进行挖掘，属于评价课。评价并不只是客观地还原，评价涉及"我们怎么看"这个问题，所以从评价课的教学逻辑去看，这堂课应该有一个明确的教学环节——让学生就陶渊明、李白和苏轼对困境的"应对方式"提出他们自己的看法。评价课务必提供给学生提出看法、展开讨论的空间和机会，因为评价课最基本的价值追求，就是利用所学文本来发展学生的思维、建构学生的思想。语文课所谓的"人文性"主要是通过这种课型集中体现的。我们如何看待前人的人生行动方式？如何判断他们的行动方式是否明智？这些文本中折射出来的前人的思想观念在今天有没有可借鉴的地方，或者有没有其局限性？我们评价的标准和方法是否合理，我们自身有无可能的偏见？这就是所谓评价。

评价课需要氛围的宽容和论述的严谨。比如评价《愚公移山》，你可以认为愚公真的很蠢，他这样做完全没必要，太低效，付出和收获不成正比。你也可以主张愚公这样干真的很棒，人生本来无聊，只要去干自己乐意干的事就很好，何况愚公移山总比西西弗斯推石头更有效。你的立场是什么并不重要，重要的是能够自圆其说，能给出言之成理、逻辑有效的论证。评价不是要形成定论，评价是寻求思想的对话。评价活动对于每个人都应该是开放的，每个评价者同时要学会倾听。你可以反对别人的意见，但同时必须懂得别人的意见也有其逻辑和依据，也可能作为一种借鉴，帮助你优化自己的论述。

第二种是"鉴赏课"，鉴赏本质上也是评价。鉴赏是侧重于对文本艺术形式的评价。这个文本写得好不好？它的风格是什么？它在艺术表达上的特质是什么？为什么这一个文本具有这样的文学史地位？探索这样的问题并试图得出结论，这才是真正的鉴赏。现在中考高考中的鉴赏题还没达到这样的层次。现在的中考高考中几乎没有真正的鉴赏题，基本上还是手法理解题或技巧说明题，它根本不考查你的审美品位。即便你很无趣，没有审美力，也有能力完成这种鉴赏题。

为什么要有评价鉴赏课？因为你需要见识和品位。评价课是呼唤见识的，鉴赏课是培养品位的。你不能只是听得懂别人说话，看得懂别人的文章；你得形成自己的思想观念，塑造自己的审美格调。学习的核心意义在哪里呢？就是要通过吸收文本中的观念或思想来建构自己的思想，建构自己的"三观"（多几观也没关系）。建构思想，对于学生很重要。学生为什么写作文很困难，首要的原因是他们直到高中毕业都还没有形成完整的、相对成体系的价值观，他们缺乏一个判断框架来安置世间所有现象，遇到题目就只好"见子打子"。这个题目以前好像见过，或曾经写过，这就好办；遇到另外一个陌生的题目，就觉得痛苦万分。这是因为价值判断的坐标系没有建立起来，不是所有的观点和现象都能通过一个坐标系来找到相应的点位，所以就有很多的判断盲区。更为重要的是，教育是立德树人的事业，如果学生不能通过教育教学建构出自己的思想系统，不能形成健康、明确的人生观念和价值观念，那就意味着他们必定会成为机会主义者。当人们缺乏健全的思想来引导自己的行动，动物本能就会主导他们。那样的人生是没有尊严的。

评价鉴赏课要有单元内部的整合，通常不是单篇进行的。但如果单篇文章很庞大，评价鉴赏点比较多，也可以单篇进行。这是灵活的——教学本来就不应该是僵死的。

4. 文学史课

文本分析课、评价鉴赏课是阅读教学的两种主要课型。了解上述课型之后，接下来就是文学史和文化知识（文学知识和文化常识）的学习。教材中有的单元，在编排上明显有文学史的线索。一个单元中的作家，出现在文学史上的时间点不一样，成长的背景和路径不一样，受到的文学影响不一样，作品的风格不一样，对文学艺术的贡献不一样，这些都是可以进行比较分析的。

文学史课，可以独立进行，也可以和评价鉴赏课一起进行。这是因为评价鉴赏常常需要关于文本的背景知识，涉及作家及其时代的意识形态和审美观念。陶渊明的诗就跟他那个时代的主流审美观念不合，《古诗十九首》无疑折射了东汉末年社会意识的变迁。当我们进行文学鉴赏之时，文学史可能是较难回避的。

无论如何，我坚决反对在进入文本之初，在文本分析课之中，就介绍作家作品、时代背景等文学史知识，因为那不符合教学逻辑。当学生还没学习《荷塘月色》《故都的秋》这两个文本，介绍朱自清和郁达夫是没有意义的。我们应在文本学习结束之后，在文学史课中，再回过头来体会两位作者是怎样的人。这就是"因文知人"。

此处应简单讲一下课型提出的背景，我这样的单元课型分类，是针对语文课"大杂烩"的现象的。在讲授一篇课文的时候，教师们通常都遵循这样的流程：板书标题，出示教学目标，介绍作者和时代背景，初读感知、划分层次，再读分析、品味语言，三读领悟、品评文章……这样的教学面面俱到而几无成效。分出课型，不同课型做不同的事，教学才有章法。在这里我只强调一点，那就是介绍作家作品在前，不符合学生的认知逻辑。在学生学习这个文本之前，不应该介绍作者，因为作者根本不在场。你介绍一个根本不在场的人，有啥意思！你把《荷塘月色》《故都的秋》讲完了再来介绍作家作品，朱自清和郁达夫本人没来，但他们的文章来了。通过他们的文章，就可以去推测这是个怎样的人，所谓"文如其人"嘛。你就会发现朱自清是个很细腻的人，他文章中的比喻密密麻麻，叠词也不止一个两个，他一搞就是一群。这意味着什么？意味着朱自清是一个做事很精细的人。而文字风格正是在措辞中表现出来的，是用心经营出来的。一个叠词不可能风格化，像李清照"寻寻觅觅，冷冷清清，凄凄惨惨戚戚"，叠词一大堆，搞到一定数量才会有风格化的感觉。这说明李清照跟朱自清在这一点上相当一致，他们经营文本都煞费苦心，朱自清不乏李清照的那份稍显女性化的细腻。

朱自清很细致，郁达夫可不这般细致。《故都的秋》写景不这么细致，而运笔飘逸，有点天马行空。这种凌虚高蹈，"浩浩乎如冯虚御风"，不是朱自清能够飞得起来的。这就是郁达夫，这就是朱自清，这是典型的"文如其人"。这种教学的逻辑叫"因文知人"，通过文本去了解这个人，而不是文章都没学，先就介绍朱自清这样郁达夫那样。我多次笑话那种先入为主的作家介绍，凡是介绍朱自清,没有一个教师不介绍他是民主主义作家,"饿死不吃美国救济粮"。我说:《荷塘月色》的民主主义思想在哪里?你给我讲一讲?《荷塘月色》中哪里看得出他"饿死不吃美国救济粮"的民族气节?这不很荒谬吗?尤其是我去初中听课,讲《春》之前必先介绍朱自清。我说学生连课文都还没读,你首先就说"饿死",假如我是学生,会不会觉得朱自清的《春》是在描写忍饥挨饿的青黄不接?这就对后面的教学构成了破坏,对学生体验文本构成了障碍,因为《春》展现的是江南春天的优美景象,跟吃不吃救济粮没有丝毫关系。

关于课型,就说到这里。接下来简单评价一下刚才的两堂课。

二、对两堂课的简要评价

今天这两堂课,一堂课讲古文,一堂课讲古诗。文本是一文一诗,教师是一男一女,课型是一鉴赏一评价,这个搭配非常好。这是无意之间形成的格局。

(一)评价鉴赏课的难度在何处

文本分析课和评价鉴赏课,是单元阅读教学课型分类中最核心的课型。这两种课型要处理好,真的很难。

文本分析课的第一需要是教师的理性,要有庖丁解牛般切中肯綮的分析能力。快如刀锋、鞭辟入里,这是文本分析的高境界。文本分析课要求思维的逻辑性和系统性,这接近于理科的方式。

评价鉴赏课的重点,则在于主体精神的发扬。这时候不止是客观理性的问题了,你必须能显示和驾驭主观性。评价是你怎么看的问题,你可以自主决定立场,你可以有选择,你是自由的和有尊严的,你喜欢怎样就可以怎样。但你必须对你的立场和主张,给出符合理性的、有说服力的论述。我们最终还是必须诉诸理性,这就是我为什么说"驾驭主观性"——主观性需要被理性约束。

评价鉴赏课的挑战很大。难度在于对教师的知识储备和见识品位都有很高的要求。教师积累不厚，见识不高，要上好评价鉴赏课，基本不可能。当学生就议题（话题）提出自己的观点而教师未必认同，当学生之间形成观点的强烈交锋，教师要能有效操控和驾驭课堂，就必须比学生站得更高，看得更远，认识更全面、更透彻。只有这样，教师才能起到"传道受业解惑"的作用。这对教师的要求相当高。之所以很多时候教师在课堂上不敢让学生说话，是因为害怕场面失控。所以教师越是学科修为不足，就越喜欢霸占课堂，因为他必须剥夺学生的表现机会。一旦学生有机会表现，就可能表现得比教师更优秀，或者说给教师制造出无法回答的问题，教师就会非常尴尬，下不了台。我们要解放学生，但我们得先作好准备，要有受伤的心理准备。

教师的教学权威，多数时候是基于能够有效地处理学生的提问。学生并不傻，相处久了他就知道你有几斤几两，掩盖是掩盖不住的。所以教师也要不懈学习，不断成长，我们每天都要进步一点点，活到老，学到老。若不如此，遇到问题时真的就无法应对。这两堂课我的感觉就是教师的素质都非常不错，令我欢喜。

分课型实施阅读教学，是一种探索。既然如此，就存在可不断斟酌、不断改进的空间，就存在很多有待发现的潜在的好的办法。

（二）学理：教学核心内容的准确把握

第一堂课是鉴赏课。几个学习任务的主题相当鲜明，任务之间的逻辑非常清晰，具备鉴赏课课型的基本模样和格局。那么有没有优化和值得思考的？有。

首先，这堂课的课题中有个关键词"理趣"。教师对"理趣"有一个"新解"，就是义理和情趣。这是教师的个人观点，是否符合学理还有待分析。我个人觉得，在诗文的领域，在古典文论中，"理趣"已经是一个比较明确的概念，给出新解有无必要，值得商榷。唐诗重情韵，宋诗重理趣，这是惯常的说法。我记得钱钟书还讲过，"理"就像盐，"理趣"则是盐溶于水，你尝得到水的盐味，但是你看不到盐。所谓"趣"，就是保持着审美必需的距离，你要看明白会有一点曲折，这点曲折就给你带来了发现的乐趣。明显地，"理趣"需要形象化的外衣。这和论述性文本中的情形不同，论述性文本中的"理"十分明确，不加掩饰。这三篇文章中的"趣"，显然就在于"理"不是明说的，而是分布在景和事的描述之中。所谓"理趣"的探讨，就是要观察和分析"理"是如何投射到这些景象上，这些景象又是如何折射"理"的。经过上述学理性分析，我们就不难明白：风景或叙事如何呈现出人的观念，这是分析的核心内容。分析清楚了，我们就会恍然大悟：说来说去，看见山水，本质上是看见你自己。就这么简单。不同的人看见山水时，从山水中投射出来的东西是不一样的。

这堂课我听得很愉快，这不只是因为教师美丽的外形，更因为教师优雅的风度气质，以及简练的语言表达风格。这种风格特别适合这种有内涵的经典文本的教学。我尤其欣赏的一点是，教学语言非常干净。我们的长相无法改变，但语言的风格、上课的姿态是可以修炼的，年轻教师尤其要注意，我来不及了，但你们来得及。要好好地朝着美丽的方向去做。我像一个落魄的草寇，但你们应成为美丽的老师。

（三）火候：对教学内容的深度挖掘

第二堂课，更多地着眼于对文本思想的挖掘，定位应该是评价课。这堂课的板书是很大的亮点，"困境"和"应对方式"这两栏，所提炼的板书表达非常准确。在文本中找出关键信息，并不是一件容易的事。陶渊明是"返自然"，李白是"访名山"，苏轼是"醉江月"，这些点位很精准，描述很到位。语文教师最要学会的一件事，就是"点穴"，就像武侠片中那些高手，一下手就精准到位，直击要害。"一言以蔽之"的能力，语文教师尤其需要。为什么呢？因为你在课堂上说的话越多，关键信息的能见度就越低。学生本来就需要去文本中提取信息，还得从你的表达中去提取信息，他们太难了。教师讲得越多，重点就越模糊。大家想想是不是这样。教学语言，要首先把最关键的话讲出来，就如同一个议论段落，先出论点，再来论述。论述也不宜太长，教师在课堂上辞费，这是很麻烦的事。此时此刻，你们从我这里就可以体会到，废话太多是多么让人心烦。为什么我废话这么多？是因为我教书的时间比较长，语文教师容易养成啰嗦的恶习。我这是告诫大家要自我警惕。

篇目	《归园田居》	《梦游天姥吟留别》	《赤壁怀古》
困境			
应对方式			

关于这个表格，我认为还有可以优化的地方。"困境"和"应对方式"填出来之后，还有深入一步去挖掘的空间。陶渊明、李白、苏轼的应对方式，这是他们完成了某种抉择的结果；但教学不应到此为止，我们还应引导学生去观察他们抉择之后的情绪状态和情绪反应，而这是可以通过文本来观察的。我来说说我的观察。我认为，从这三个文本来看，陶渊明基本上是处于满足和觉醒的情绪状态，李白是处于对立和愤怒的情绪状态，苏轼则是处于纠结和无奈的情绪状态。这三人的情绪状态完全不一样。由此我可以进一步说，人生中的选择，常常不是依据个人意志而自主决定的，是环境逼迫你如此，你的应对方式未必是你最想要的。

在这三个人当中，我认为李白是最有力量的人。他的情绪反应是对立和愤怒，诗里呈现出明显的"我"，这个"我"字还写得比较大。陶渊明"返自然"，"我"被淡化而获得安顿，淹没和消失在自然之中。苏轼"酹江月"则未免空幻，有佛家的影子在。"江月"不是"江"和"月"，是"江中之月"。江中之月就是佛教所谓"水中月"（"水月"），"水月"的特点是"空幻"，除了月影啥都没有。李白"举杯邀明月"，是望着空中的，往上的；苏轼"一尊还酹江月"，头是低垂的，往下的，要命的是他往下看到的根本就不是月亮，而是月亮的影子。看得出苏轼很灰心。我觉得，这三首诗中，陶渊明近于解脱，李白更自我，而苏轼心境最为复杂。都这么空幻了，但苏轼还在"遥想公瑾当年"，内心还在对英雄业绩充满渴望，你说纠结不纠结。我们借此不难发现，无论人们采取什么应对方式，其实都是对自我生命的珍视，都是对自己的不舍。到这个时候，我们对文本的体察就差不多上升为对人生哲学的理解了，我们抵达了一个具有哲学意义和文化意味的地方——包括第二堂课的几篇游记，我们最终可以看出：游记本质上都是表现内心的漫游，而不是身体的流浪。简单地说，不是你的肉身在游，而是你的精神在游。也正因为如此，不同的人即便在同一个时间到达同一个空间游览，写出的游记都不会一样。苏轼走在长江边，看到的是江月，想到的是人生意义；我这种人走在长江边，看到的是江水，想到的是水中有没有鱼虾可以吃。所有游记都是内心的折射，世界就是你内心的投影。

关于钻研教材

近两年来分析名师课例,所见甚多。对部分名师课例的分析,已收入《追求更高品质的阅读教学》一书中。

作为教研员,自然是要常常听课的。听课有所思,也有所记录。我将陆续发表一些听课时产生的思考,目前正在整理中。本篇讨论的主题是"钻研教材",所举的例子来自一部分名师的课例。

一、不要从文字的表皮肤浅地滑过

下面引用的资料,来自肖培东在全国语文散文教学研讨会上《神的一滴》的教学实录:

师:你所讲的这个,其实就解释了一个词语——惬意。你懂吗?大家注意到,他说的这一段话里面,其实有几个动词用得非常好。你知道是哪个动词吗?你来说。

生:我觉得应该是"葡萄藤爬过"的"爬"字和"盘成一弯凉亭"的"盘"字。

师:同学们,葡萄藤爬过了它的凉亭,这个"爬"字写出啥用处?

生:感觉写得活,像人一样,拟人。

师:"爬"字往往是在哪一个人身上表现最多?

生：比较灵活的那种。

师：比较灵活的？肖老师比较灵活的。而且我们看看，从人的个性、人的形态来讲，"爬"字其实最像哪一种人？

生：应该是婴儿。

师：孩子，是这个意思吧。对啊，你看看，葡萄藤爬过了它的凉亭，就好像把葡萄藤写成了一个天真活泼的孩子。所以你说瓦尔登湖多有意思啊，是吧？请坐。写下来，生机、天真、活泼，像个孩子一样。抓词语。

这段实录是"抓词语"，品析文学文本中的用词。语文教学必须立足于语言现象，抓住语言的建构与运用，这是毫无疑问的。肖老师在这个环节的教学方向是正确的，但由于文本解读肤浅、不深入，导致了这一部分的教学失误。

这段实录所分析的《神的一滴》中的句子是：

我第一次划船在瓦尔登湖上游弋的时候，它的四周完全被浓密而高大的松树和橡树围着，有些山凹中，葡萄藤爬过了湖边的树，盘成一弯凉亭，船只可以在下面惬意地通过。

肖老师引导学生关注动词的使用，一位学生回答说，应该是葡萄藤爬过的"爬"字和盘成一弯凉亭的"盘"字。这位学生的回答是正确的。然后，教师开始引导学生展开赏析，学生先说出"爬"字是拟人手法的运用，教师进一步引导学生发现"爬"字不仅仅是通过拟人表现了葡萄藤的"灵活"，还通过这个字"好像把葡萄藤写成了一个天真活泼的孩子"。

很明显，"葡萄藤爬过了湖边的树，盘成一弯凉亭"，在这个句子中，"爬过"与"盘成"是对葡萄藤动作的连贯的叙述。假如我们把"爬"和"盘"联系起来考虑，这两个动词更多地可能指向"蛇"——蛇是爬行动物且能够盘起来。如果葡萄藤的"爬"是指孩子的爬行，那么接下来的"盘"又该指什么呢？孩子的"盘"？一个孩子如何"盘成一弯凉亭"？这显然是不合理的。因此，在这里，"爬"不可能是指孩子的爬行，也不存在所谓拟人的手法。这个环节的教学是完全错误的，给学生带去了很大的误导。

那么，为什么会出现这样的问题呢？我认为原因在于教师对教材文本的钻研火候不够。

钻研教材，就是要钻进去，研究它。这就是说，我们必须对教材文本获得充分的、深入的理解。这是必要的，否则教学就会流于肤浅，甚至错误。钻研教材，要深入；教学实施，要浅出。有了钻研教材的"深入"，教学的"浅出"才是有内涵、可玩味的，才不至于肤浅。"浅浅地教语文"，不应是肤浅地教语文，而应该是深入浅出地教语文。

二、文本理解要到点到位

我们经常说，要"钻研教材"。钻研教材，首先就是要钻研教材文本。钻研文本，首先是把文本吃透，然后再来考虑文本的教学价值。

文本解读是阅读教学的起点，如果没有深入的文本理解，阅读教学就会肤浅化。钱梦龙是一代语文名师，而在文本解读方面仍时有未中肯綮。下面是《我这样上语文课》一文的节录：

学生的思维一旦被激活，课堂上出现议论、争辩是常有的事，尤其是争辩，学生头脑一热，往往"忘记"了文本，变成一种漫无约束的思维"跑野马"。在这种时候，我总是坚持要求学生从理解文本语言的角度解决争辩中产生的问题，把学生思维的"野马"拉回到文本所限定的具体语境中来。下面是我执教鲁迅《故乡》的一段教学实录：

生：闰土为什么要把碗碟埋在灰堆里？
师：闰土把碗碟埋在灰堆里，这是谁说的？
生：（齐）杨二嫂！

师：那么，究竟是不是闰土埋的呢？

生：不是的。

师：为什么？说话要有根据。

生：杨二嫂挖出埋在灰堆里的碗碟后，就自以为很有功劳，拿走了"我"家的狗气杀，这就是杨二嫂说谎的目的。

生：可能是"我"埋的，以便暗暗地让闰土得到许多碗碟。

师：哦，原来是这样啊！（众笑）

生：如果说是闰土埋的，杨二嫂怎么会知道呢？

师：这里有个问题，闰土会偷拿东西吗？

生：（齐）不会！

师：为什么？

生："母亲对我说，凡是不必搬走的东西，尽可以送他，可以听他自己去拣择。"这样，闰土尽可以明着拿，根本用不着偷拿。

师：有道理！有说服力！我都被你说服了。我们解决问题，都应该到书中去找根据。那么，谁埋的呢？

生：（齐）杨二嫂！

师：为什么？要以文为证。

生：不知道是谁埋的。

师：对，就是不知道。这个是"历史的悬案"。但有一点是可以肯定的，杨二嫂以这个为理由拿走了狗气杀。这样写是为了说明什么呢？

生：杨二嫂贪小便宜。

师：这个问题大家解决得很好，我特别高兴。我曾经看到杂志上也议论过这个问题，结论是闰土是决不会偷埋的，理由呢，跟我们这位同学所说的完全一样。这位同学如果写了文章，也可以在杂志上发表了嘛！（生大笑）

学生在讨论"碗碟究竟是谁偷埋的"这个"悬案"时，很可能会变成漫无边际、毫无根据地胡猜乱测，因此我一再要求学生"说话要有根据"，要

"以文为证",让学生从课文中寻找推测的依据,这就把学生"脱缰"的思维拉到了对文本语言的解读上,最后求得了圆满的答案。

实实在在地引导学生理解、咀嚼、品味文本语言,无疑是对的,但要做好也并不容易。钱梦龙先生语文教学水平很高,但品读钱先生自己讲出来的这段实录,其实非但不如他自己所感觉的那样精彩,反而露出了文本解读功夫不足的马脚。解读文本不到位,损害了他的教学。

把碗碟埋在灰堆里的人,是闰土还是杨二嫂?是不是根据文本信息无法得出结论,这只是一个"历史的悬案"?

我曾经分析过,把碗碟偷偷埋在灰堆里的人,只能是闰土。这是根据文本可以分析出来的结论。(详见罗晓晖、冯胜兰《文本解读与阅读教学讲谈》,华东师范大学出版社 2018 年版)

第一,闰土有偷走碗碟的机会和条件。

"母亲问他,知道他的家里事务忙,明天便得回去;又没有吃过午饭,便叫他自己到厨下炒饭吃去。"鲁迅是个大师,善于埋下伏笔。小说中的这句话,就提供了一个信息,闰土进了厨房,接触到了碗碟。而且是"他自己到厨下炒饭"的,他了解厨房和碗碟的所在,便有了偷走的机会。当天下午,"他又要所有的草灰",草灰是烧稻草煮饭而得,因而也和碗碟都是在厨房里的,于是也有了以草灰埋下碗碟的便利条件。草灰为碗碟的偷盗和运走提供了掩护。杨二嫂"定说是闰土埋着的,他可以在运灰的时候,一齐搬回家里去",这是有道理的。

碗碟若是杨二嫂埋下的,她意在偷走这些碗碟,那么,从事理上来说,她不会"在灰堆里,掏出十多个碗碟来"揭发此事;如果说是周围邻居偷偷埋下的,这不合理,因为如果他们能从厨房把碗碟偷出来,就会直接拿回自己的家,而不必多此一举先把碗碟埋在草灰里,然后再找机会来偷一次。更何况,文中并无闰土之外的其他人进过厨房的证据。

第二,文本中的相关暗示。

小说中，母亲、"我"和宏儿最后离开故乡，坐在船上，谈及碗碟被盗之后，有一段话说："那西瓜地上的银项圈的小英雄的影像，我本来十分清楚，现在却忽地模糊了，又使我非常的悲哀。"这实际上是暗示，偷走碗碟的正是闰土；偷走碗碟这件事使得早年闰土的小英雄形象彻底崩塌了。"我本来十分清楚，现在却忽地模糊了"，"忽地"一词，至堪玩味。这是突然崩塌的，因为我意识到现在的闰土已经是手脚不干净的小偷了。

第三，与偷埋碗碟有关的辨析。

闰土去厨房之后，"母亲对我说，凡是不必搬走的东西，尽可以送他，可以听他自己去拣择"。碗碟属于"不必搬走的东西"，是不是意味着闰土不必偷，尽可以光明正大地拿走呢？

但看当天下午闰土拣好的几件东西，是两条长桌、四把椅子、一副香炉和烛台、一杆抬秤，以及所有的草灰。这些东西已经比较多了。从理论上说，闰土似乎可以光明正大地索要碗碟，这符合主人家"听他自己去拣择"的承诺；然而，这不符合世故人情。中国是一个重礼节、重面子的人情社会，即使主人说"听他自己去拣择"，闰土也不会索要所有"不必搬走的东西"，因为他知道那样会显得太过贪婪。

闰土不是索要而是偷走，这是小说中意味深长的一笔。这是写实的一笔，也是深刻的一笔。第一，它表明闰土懂得社会的人情世故（包括称"我"为"老爷"等），他是这个社会中的一个"正常人"，因而更具代表性。像他这样的人，不止一个。第二，这样写，能与早年闰土的形象构成更为尖锐的对比，更有力地凸显这个社会的病态。小说前面写少年闰土管祭器防人来偷，而后面写中年闰土竟而至于偷碗碟，形成了鲜明对比。从神圣的祭器到世俗的碗碟，从少年的诚实淳朴到中年的小偷小摸，强烈地表现了人的沉沦。这一对比是极其深刻的，揭露这个社会扭曲和毁灭美好人性的本质。

教师一旦有了这样的理解，教学就会变得不同。由于缺乏这样的理解，钱梦龙虽然带领学生回到了文本，但并未让学生获得更深刻的认识。最后的结论是这是"历史的悬案"，反而让学生变得糊涂。

钱老师引导学生"说话要有根据",要"以文为证",无疑是对的。这是这一节实录最大的价值,这是值得我们学习的地方。但我同时要说,钱梦龙对《故乡》的研究还是不够透彻,他的理解不到点、不到位,钻研教材的火候还有所欠缺。

三、文本理解,过犹不及

钻研教材,要把教材文本吃透。吃透,却不是故意求深、求奇。对文本的任何理解都必须首先是准确的、恰如其分的,绝不能为了显示深度而深度,为了显示新奇而新奇。过犹不及,这是古人训诫,也是解读合理、合度的必然要求。下面先引述一段材料(有删节),摘录自曹双英的《打破思维定式,探求文本深意——韩军老师〈孔乙己〉教学实录赏析》(《课程教学研究》2018年第11期):

由于"凉薄"主题的提炼,韩老师对于"羼水""茴香"的解读均有独到之处。这样就使"温两碗酒,要一碟茴香豆"有了新的意蕴。请看韩老师对"温酒"之意的讲解。

师:《孔乙己》有一句话贯穿全篇,这句话是"温两碗酒,要一碟茴香豆"。孔乙己出场时,喊"温两碗酒,要一碟茴香豆"。他最后一次来酒店时,喊的还是"温一碗酒","酒要好"。

孩子们,既然"凉"这个字是"冰凉无温"的意思,那么,我们仔细会意,鲁迅先生让孔乙己喊出"温两碗酒"、"温一碗酒",有什么寓意呢?

其寓意,大概可理解为:"我要温热,我要温暖,我要温情!"

对于文中多次出现的"茴香",很多人并未在意,而韩老师从中国传统文化的视角对其进行了一番深究。他通过对茴香豆的来历、做法以及何以得名的全面了解,意识到"茴香"在作品中不只是一道简单的下酒菜。由于茴香豆是把生的、野味的蚕豆加入八角茴香煮熟，就有了醇香的味道，因此他认为："在《孔乙己》中，咸亨酒店充满邪恶之气、野蛮之气、凉薄之气，那么，茴香，就意味着回香，回到醇味、香味、正味，回归'人间正气'。"同时，"中国文化，'茴香'二字，就是谐音回乡、回香的意思"。那么，"鲁迅先生让孔乙己喊出'要一碟茴香豆'，大概寓意可理解为，'我要人间回香，回归醇香'"。

这无疑是一种独特的阅读感受。在语文教学中，这种独特而具有说服力的见解实在太少。而没有独特，就没有创造。

这是文本解读中追求深刻而至于险怪的例子。解读要深刻，这是对的；深刻而异化为臆断，那就不对了。

孔乙己是到酒店来消费的。他开场时到酒店喊"温两碗酒，要一碟茴香豆"，就是点明他想消费的东西。煮酒论英雄，温酒斩华雄，喝酒而煮而温，这是古来就有的事情，并非孔乙己的创造。小说开头就说："鲁镇的酒店的格局，是和别处不同的：都是当街一个曲尺形的大柜台，柜里面预备着热水，可以随时温酒。"可见温酒而饮，这是当地的一个习惯。而韩军分析"温两碗酒"，竟然有"寓意"。其寓意为："我要温热，我要温暖，我要温情！"这就拔高了。

至于"茴香"，韩军的分析是："茴香，就意味着回香，回到醇味、香味、正味，回归'人间正气'。"同时，"中国文化，'茴香'二字，就是谐音回乡、回香的意思"，"鲁迅先生让孔乙己喊出'要一碟茴香豆'，大概寓意可理解为，'我要人间回香，回归醇香'"，这样的说法确实让人大开眼界，然而已经不是正确的文本分析而是想当然的发挥了。请看小说开篇的一段：

做工的人，傍午傍晚散了工，每每花四文铜钱，买一碗酒，——这是二十多年前的事，现在每碗要涨到十文，——靠柜外站着，热热的喝了休息；倘肯多花一文，便可以买一碟盐煮笋，或者茴香豆，做下酒物了，如果出到十

关于钻研教材 | 077

几文，那就能买一样荤菜，但这些顾客，多是短衣帮，大抵没有这样阔绰。只有穿长衫的，才踱进店面隔壁的房子里，要酒要菜，慢慢地坐喝。

  这段文字非常仔细地对酒的价格，以及下酒菜盐煮笋、茴香豆和荤菜的价格，作了详细的说明。通过文本信息可知：第一，茴香豆是下酒菜。第二，茴香豆和盐煮笋最便宜。"要一碟茴香豆"，说明孔乙己买不起荤菜，只能买最便宜的来下酒，这意味着孔乙己相当穷困。"温两碗酒，要一碟茴香豆"，其中有"两碗"和"一碟"的数量对比。这个对比说明两点：第一，作为读书人的孔乙己，比"做工的人"更喜欢喝酒。做工的人"每每花四文铜钱，买一碗酒"，而孔乙己要的是"两碗"。第二，两碗酒比一碗酒需要更多下酒菜，而孔乙己要的是最便宜的茴香豆且只有"一碟"，说明他实在是很缺钱的。

  鲁迅是非常精明的大师，小说开始时孔乙己喊"温两碗酒，要一碟茴香豆"，临近结束时变成"温一碗酒"。孔乙己喝不起两碗酒了，最便宜的下酒菜也吃不起了。前后形成了对照性的呼应。

  孔乙己喊出"要一碟茴香豆"，其寓意可理解为"我要人间回香，回归醇香"吗？钻研教材文本，是要钻研这一文本中究竟蕴含着怎样的东西，通过文本中的信息我们究竟能够发现些什么。一切都要立足于文本，立足于对文本的分析，而不能立足于读者的臆测或想象。钻研教材，可不是钻牛角尖啊。

《愚公移山》的文本分析和评价鉴赏课

一、《愚公移山》的文本分析

下面是《愚公移山》课文原文:

太行、王屋二山,方七百里,高万仞,本在冀州之南,河阳之北。

北山愚公者,年且九十,面山而居。惩山北之塞,出入之迂也,聚室而谋曰:"吾与汝毕力平险,指通豫南,达于汉阴,可乎?"杂然相许。其妻献疑曰:"以君之力,曾不能损魁父之丘,如太行、王屋何?且焉置土石?"杂曰:"投诸渤海之尾,隐土之北。"遂率子孙荷担者三夫,叩石垦壤,箕畚运于渤海之尾。邻人京城氏之孀妻有遗男,始龀,跳往助之。寒暑易节,始一反焉。

河曲智叟笑而止之曰:"甚矣,汝之不惠!以残年余力,曾不能毁山之一毛,其如土石何?"北山愚公长息曰:"汝心之固,固不可彻,曾不若孀妻弱子。虽我之死,有子存焉;子又生孙,孙又生子;子又有子,子又有孙;子子孙孙无穷匮也,而山不加增,何苦而不平?"河曲智叟亡以应。

操蛇之神闻之,惧其不已也,告之于帝。帝感其诚,命夸娥氏二子负二山,一厝朔东,一厝雍南。自此,冀之南,汉之阴,无陇断焉。

（一）文本的内部分析

根据本文特点，梳理文本中的事实，我作出如下分析。这些分析完全约束在文本边界之内，不需要知人论世，未增加任何背景知识。

1. 移山工程之艰巨和移山能力不足的对比

（1）工程之艰巨。

工程浩大："太行、王屋二山，方七百里，高万仞"。

这是方圆七百里，高达万仞的两座山。

（2）移山的条件。

①人手不足："遂率子孙荷担者三夫"；"邻人京城氏之孀妻有遗男，始龀，跳往助之"。

愚公年老，能挑运土石的只有子孙三人；京城氏孀妻之遗男"始龀"，年龄太小。

②效率低下："箕畚运于渤海之尾"，"寒暑易节，始一反焉"。

文中构造这种对比性关系，是为了暗示说，靠人力移走这两座大山根本就是不可能的。

2. "智"与"愚"的对比

聪明和愚蠢是反义的，这是对比性关系。

（1）称愚蠢者为表示尊称的"公"，称聪明者为"叟"，暗含着褒贬的价值判断。

（2）除了愚公移山这一行为，文本中愚公的言语表现并无不正常之处，比如跟智叟的对话就具有显著的逻辑性。

（3）分析愚公和智叟的对话，可以看出：智叟"山不可能移走"的判断，是基于现实生活中的普通经验；而愚公"山可以移走"的判断，是基于子孙持续坚持移山的信念。

3. 如何看待山被移走这个事实

（1）山被移走是一个事实，这是故事的结局。同时要注意这个事实：山是被神移走的,而不是愚公移走的。

①人的信念坚定到某种程度,足以使神畏惧:"操蛇之神闻之,惧其不已也,告之于帝"。

②人的"诚"能够感动上天:"帝感其诚,命夸娥氏二子负二山,一厝朔东,一厝雍南"。

山被移走的事实说明:人自身是没能力创造奇迹的,而人类的信念之"诚",足以感动上天而创造奇迹。

(2)"智"与"愚"的比较的意义。

是愚公而不是智叟感动了上天创造了奇迹,由此可见,人的智力是不顶用的。奇迹跟人的智力无关,跟人的信念之"诚"有关。

(3)额外的启示。

受困于现实普通经验的人类(比如智叟),实际上是无法拥有真正的想象力的。愚公的信念使其超越了普通经验,从而具备了移走两座大山的非凡的想法。我们的智力不足以使我们想象,我们的信念使得我们超越认知局限。

(二)文本的背景分析

《愚公移山》选自《列子》。《列子》是道家著作,表现的是道家思想。在这个故事中,愚公坚信可以搬走两座大山,表现了道家"抱一"的观念。

"抱一"的观念原出自老子《道德经》。《道德经》说"道生一",又说"圣人抱一为天下式"。"道生一",就是说"一"是从"道"中直接分化出来的,混茫的、无限的、不可言说的"道"中分化出"一",意味着万物之始。"道生一",这是世界生成的开端;"道生一,一生二,二生三,三生万物",这是描述世界的展开程序。而人的行为要合"道",就要朝着"道"不断回归;归于"一",就几近于"道"了。"二"还是一个有分别的状态,"一"则是一个无分别的状态。老子说:"曲则全,枉则直,洼则盈,敝则新,少则得,多则惑。是以圣人抱一为天下式。"这就是说,圣人要使"曲与全,枉与直,洼与盈，敝与新"等二元对立范畴处于"抱一"的一致性状态。

"抱一"就是强调一致性。愚公的心思是一致的，就是要移山；在愚公的信念中，子孙也跟他一样挖山不止，这也是一致性。这是"抱一"在世俗意义上的表现形式。

本文的核心意义其实还不是"抱一"，而是"诚能通神"。道家是主张绝圣弃智的，所以智叟的"智"并不值得鼓励。愚公之诚，是一种"愚诚"，愚公毕竟还是一介凡夫，他的"诚"还不属于"明心见性"（佛家）或"明明德"（儒家）的境界。然而尽管如此，凡夫之精诚依然可能感动上天，从而创造出人力无法创造的奇迹。

常言道"傻人有傻福"，这话不完全对。我的意见是"傻人或有傻福"，当傻人能"抱一"而近于"道"，此时是有傻福的，但这傻福不是自身的智慧的结果，这福气不是稳固的。愚公就属于这种情形。智叟是聪明人，他在世俗经验层面上运用智力，很难"抱一"而"合道"；世俗的智力常常容易流于机巧，而机巧是损害福报的。至于"大智若愚"则属于另外的情形，那是装傻，根本不在傻人之列。

二、《愚公移山》的授课讨论

《愚公移山》是一个经典篇目，但我认为从来都没有被正确讲授。最大的问题是文本分析错谬。我曾在成都七中实验学校听了一节《愚公移山》，是我观察到的《愚公移山》所有课例中最好的。这节课的文本分析基本正确，殊为难得；教学设计则有得有失。下面简单地讨论我认为值得讨论的两个问题。

（一）梳理与探究：愚公愚不愚

文本信息梳理，是文本分析的必要步骤。这个环节，教师设计了一张表，分为"移山的困难""愚公的态度""其他人的态度"三栏，令学生填写。表格完成后，进入探究环节：愚公愚不愚？愚公的形象是怎样的？

用表格形式来梳理文本内容，这是教学中常常采用的方式。梳理的意思，是"梳"之使有条理，梳理的目的是便于观察文本信息的类别以及各类信息之间的关系，进而实现对文本的结构化的理解。这三栏表格的设置，只能实现信息的提取和归类，但还不能显示出三类信息之间的结构性关系，也就无法据此表格整合，推导出文本意图。这种情况，属于火候不够。

接下来让学生探究的问题，第一个是"愚公愚不愚"。学生有的说愚公愚，多数学生说愚公不愚。学生的发言也都有依据，教学场面相当热闹。这是一个"开放性问题"，似乎怎么说都是有道理的。那么，"开放性问题"就不需要求得共识吗？

在我看来，这个探究活动不仅不具备任何意义，反而会误导学生，令其步入歧途。无论是说愚——愚公不具备搬走大山的条件，还是说不愚——坚持下去在理论上存在可能，山到最后真的被移走了，这些辩论都是在世俗经验层面上说事，把《愚公移山》这个寓言故事当作现实故事来理解，完全偏离了"寓言"的实质。真正有意义的讨论，是要找出信念与智力的对应关系，进而揭发本寓言的寓意。

第二个探究问题是"愚公的形象是怎样的"。严格说来，这不是"探究题"，而是"分析理解题"。这个问题属于文本分析层面。

梳理，要注意梳理到位，要充分考虑梳理的目的是什么，梳理之时就必须同时想到整合。探究，要仔细斟酌探究任务、探究问题的设置是否合理，是否具备思维价值。这是我从这个教学环节中得到的启示。

（二）评价：请以不同身份评价愚公

本课最后一个环节，是要求学生以不同身份对愚公进行评价。

教师出示的问题是这样的：

请以下列不同身份评价愚公。

（1）历史学家；（2）哲学家；（3）政治家；（4）教育家……

这是一个有趣的题目，对于初中学生来说难度很大，但学生表现得也很活跃。我兴致很高，当时也顺便写了几条，出示于下，供大家参考。

（1）历史学家：世界是被那些闷头闷脑的笨人改变的。

（2）哲学家：你们自以为是上帝，其实不过是西西弗斯。

（3）政治家：愚公的利用价值最高，假如我能支配他的动机的话。

（4）教育家：教育究竟有无价值，值得怀疑。

我的评价语言有时过于犀利，读者不要当真，笑笑就好。

文本评价，以一个有质量的提问来引导思考，是相当重要的。本堂课的这个提问，我认为基本上符合我的期待——尽管我觉得或许更适合于知识积淀更为丰厚的高中学生。

话说回来，我是反对在文本分析课中掺杂评价鉴赏的。根据我的课型分类观点，文本分析和文本评价，作为不同能力层级的两个任务，不宜在教学中混同，因为分析的客观性和评价的主观性容易相互干扰。文本分析课就是要沉入文本，老老实实吃透文本；吃透文本后再来超越文本，以自我的立场对文本进行评价鉴赏。在我所观察到的教学中，吃透文本这件事做得透彻的教师很少，而孜孜不倦却又不着边际地评说文本的思想意义与艺术特色的反而很多。这很不正常。这恐怕是学生经历了多年的阅读教学，最后到考场上连文本理解都障碍重重的主因所在。把文本分析课和评价鉴赏课分开设置，确实是必要的。

三、《愚公移山》的评价鉴赏

文本分析课和评价鉴赏课是两种不同类型的课型，是阅读教学的两大主要课型。

文本分析课，是带领学生对文本进行还原性的分析理解，要忠实地理解文本，不对文本作出评价。文本分析课的追求，是培养学生客观、理性地分析文本的能力。

评价鉴赏课，是在忠实理解文本的基础上，对文本的思想情感作出评价，对文本的艺术形式进行评说。评价鉴赏课的追求，是建构学生的主体精神，它要求评价者持有自己的立场和观点。

文本分析课，必须严格约束在文本边界之内；评价鉴赏课，则依托于文本又可超越文本。

《愚公移山》的文本特质，在于思想内涵的深邃。因而它的评价鉴赏课，重点不在艺术形式的评说，而在思想内涵的挖掘。

经典文本可能提供许多启示。每一处启示，都是发展思辨力的机会。

"启示"和"理解"是不同的。"启示"从文本中获得，但同时超越了文本。"理解"受文本自身逻辑的约束，"启示"则突破了这个约束。"启示"所代表的，是独立的和自由的思考。

对《愚公移山》这一文本，我和武汉如水教育的盛琼进行过详尽的讨论。我们得出的结论是，评价鉴赏课对于思维空间的开拓，具有重大价值。从评价鉴赏课的角度来说，《愚公移山》中至少可以挖掘出如下几个具有启发价值的问题或要点。

1. 明智的行动：任何行动，应先有可行性研究，后有行动的具体方案

《愚公移山》中有一处问答：

> 其妻献疑曰："以君之力，曾不能损魁父之丘，如太行、王屋何？且焉置土石？"杂曰："投诸渤海之尾，隐土之北。"

愚公妻子提出的问题是两个，而第一个问题未被回答。

第一个问题是关于行动的可行性的，第二个问题是关于行动方案的。在未做可行性研究之前就策划行动方案展开行动尤其是大规模行动或长期行动，这种做法是值得探讨的。

由此我们可以拓展到关于人类行动的讨论。这时不再局限于《愚公移山》这一文本。

2. 知识在人生行动中的地位：知行合一才是最高境界

愚公：没有知识和常识的行动是愚蠢的，所以，他是愚公。

智叟：没有足够的智慧无法阻止愚蠢的行动，所以智叟所代表的人类智慧是有限的。

愚公代表愚蠢的人，无知而行。智叟代表聪明的人，智慧有限也无行动。

所以这都是对人类的讽刺。道家主张绝圣弃智（智叟徒有虚名）、顺其自然（愚公挑战自然）。

由此生发的讨论主题可以是"智慧和愚蠢""知行合一"等。

3. 智与愚的评估：智叟更聪明吗？

文中有一段重要的对话：

河曲智叟笑而止之曰："甚矣，汝之不惠！以残年余力，曾不能毁山之一毛，其如土石何？"北山愚公长息曰："汝心之固，固不可彻，曾不若孀妻弱子。虽我之死，有子存焉；子又生孙，孙又生子；子又有子，子又有孙；子子孙孙无穷匮也，而山不加增，何苦而不平？"河曲智叟亡以应。

对智叟和愚公这段对话加以分析，我们可以知道，愚公和智叟在思维上基本上处于同一平面，他们的分析推理行动，都是基于经验事实和粗糙的逻辑。智叟是基于现实经验说明自己观点的正确性的，他并不拥有高于经验层面的认识；愚公也是基于子孙无穷这一经验认识，而并未考虑到子孙移山的意愿是否会持续，也不考虑移山之外的人生利益。在这个意义上，"甚矣，汝之不惠""汝心之固，固不可彻"的相互指责都是有道理的，他们都不具备真正的智慧。

4. 最佳方案：移山，搬家，还是修路？

我们可以设想，移山做不到，搬家不愿意，修路则是人力能够达成的目标。

移山和搬家，属于极端措施，修路则是兼顾的产物。累积性的改进是真正的进步，而极端措施往往是有害的。

折中方案是妥协的产物，但在现实中往往最为明智。

这是与本寓言寓意不合的讨论话题，是在世俗故事的层面上讨论，而不是在寓言故事的层面上讨论。但这对我们看待现实是有启发性的。

5. 人与自然的关系：改造自然的可能性与人力的限度

马克思认为：哲学家们只是用不同的方式解释世界，而问题在于改变世界。

很明显，愚公是在努力改变世界。那么是否可以认为，愚公移山的行动触及最根本的人类问题？

马克思推崇"改变世界"，正确揭示了人的本质的诉求。马克思从思辨哲学转向实践哲学，是因为人的存在及其本质处于生成的状态，这种生成性只有通过改变世界的实践本身对人的存在的塑造才能被表征出来并得到确证。就此而言，实践是把握人的本质的唯一可能的视野和途径。

愚公移山的行动本身，客观上可以表现出人改变世界的意志与能力，但愚公在主观上并未对此有丝毫认知。他只是基于本能觉察到的需要而行动的；他并没有意识到其行动对世界和人自身的意义。

他也并未考虑到改造世界的成本。自然是无限的，而人改造自然的行动是有限可能的，在适应世界和改造世界之间，人需要寻求平衡点。

6. "诚"与"智"：我们依靠什么来创造奇迹？

奇迹因其罕有，才成为奇迹。太行、王屋二山最终被移走，这是奇迹。但这奇迹是神创造的。人能够创造奇迹吗？

人只能创造出人力所能创造的。在这个意义上，并不存在奇迹。

根据文本，是"诚"感动了上天，从而出现奇迹。如果"诚"总是能创造奇迹，就意味着对于人来说，一切都是有可能实现的，这显然不符合事实。

"智"也许无法实现我们想要的全部，但只有它才是人可依赖的凭借，因为只有它才是人的本质力量。

7. 依托于人生哲理的审视和评价

我曾提出五组"人生哲理关键词"（参见《高中作文要义：思维、材料、技巧》，华东师范大学出版社 2009 年版），包括：A. 生命意志和生命活力；B. 生命的成长和自我实现；C. 生命的伦理；D. 生命的美感和滋味（生命的诗意）；E. 生命觉悟和生命尊严。只要文本涉及人生问题，就可用这五组关键词，来检视文本中的人物行动和人生境界。这有助于我们发现文本中包含的人生意义。

以愚公为例：

（1）愚公移山，是生命意志的表达。愚公移山这件事本身证明了一个事实：意志冲动常常带有盲目性。理解生命意志的力量，使其有意义地服从于人生目标，这是重要的人生课题。

（2）愚公移山，是为了解决日常生活的现实问题，仍然停留在生存需要这一维度上，远远未上升到自我实现的高度，因此较难产生高级的人生意义。

（3）我们看不到愚公移山这个行为中有自觉的"爱与责任"的意识，因此，愚公移山所包含的伦理意义是淡薄的。

（4）愚公移山从行动的执著和坚持来看，在表面上具备刚性的生命美感。但由于缺乏对行动意义的自觉，因此这种刚性不是悲剧性的而是可怜的，因而可被认为是缺乏美感的。

（5）愚公的愚，意味着他是缺乏生命觉悟的，因而移山应被理解为顺应感觉的、非理性的行动。这样的行动无法凸显生命尊严，实际上，在文本中，愚公只是接受了"帝"的恩惠，唯有具备自主性的"帝"才是有尊严的。

以上分析，对文本评价鉴赏课的启发是：

第一，教师对文本必须有深度发现，要看到文本的思想价值、文化价值，据此设置思辨性问题。这是教学的关键。

第二，对每个问题，都要延伸到相关资料，这要求教师准备较多的文本。在核心文本《愚公移山》之外，提供与"智与愚"相关的更多文本，有助于学生通过文本阅读和思考，扩大认知边界，提出有价值的评价意见。

第三，教师须就每个主题准备答案；教学时要让学生有开放性讨论，要让学生记录下有价值的观点。

第四，评价不受文本所持的立场和所要表达的观点制约，可有效培养批判性思维；依托于文本的思想发现或主题发挥，实际上也是累积作文的思想资源，对于解决学生的写作问题，具有重大的意义。

阅读理解的基本规则

按照笛卡尔的方式，我拟出几条文本阅读理解的规则。这是阅读理解的普遍规则。

分析和综合是阅读理解的核心能力。分析与综合必须精细化。多数情况下，之所以会发生阅读理解的困难和偏差，是因为阅读并不精细。精细，也就要求分析须精准到位，综合须完整无缺。

规则1　完成理解之前：绝不承认任何解释为真，除非已经确认它确实为真。

文本是第一位的，对文本的解释是第二位的。因此，在完成对整个文本的解读活动之前，不得认可对文本的任何解释和判断。要谨慎解读，避免疏忽和成见。

"前理解"不可能消除，但要防止"前理解"干预对具体文本的理解，要防止阅读过程中个人经验的过度介入，要防止推理过度和引申失控。

规则2　阅读之中的分析：把每一复杂问题尽可能分解成细小的部分，以作为解释的基础。

阅读中可能遇到理解的难题。难题之所以难，是因为复杂。把一个难题分解成若干个微小的部分，使其单纯化，则难题也就迎刃而解了。单纯就意味着明显。要确定理解困难之所在及其范围；把复杂问题分解为单一的部分，以便逐一审视。

分析的主要任务，就是要找到最简单的部分。找到了最简单的东西并给出确定性解释，即是分析过程的完结。这个过程是通过对文本信息的分割来进行的。

文学表达中的修辞，应首先被分解为表意的部分和效果的部分，进而作出进一步的分析和诠释。

规则3　阅读之中的综合：由最简单的信息开始，一步一步地构造出整体的认识。

这条规则所讲的是综合。综合与分析是认识事物的两种程序：分析是逆溯的程序，旨在说明复杂信息是由哪些单纯信息组成的；综合是前进的程序，旨在说明单纯信息与其他单纯信息组合而成为的另一种信息。

当一个信息不能再分析时，就是分析的终结；当一个信息不能再容纳与别的信息的组合时，就是综合到了饱和点。在阅读理解中，分析与综合应当联合运用而成为一种程序——如果一个文本不是综合的，就不能有分析；如果一个文本不能分析，就没有综合的存在。

文本中要么存在着逻辑的程序，要么存在着情理的程序。这意味着文本信息之间存在着逻辑的或情理的结构。在我看来，文本信息结构化是文本解读关键中的关键。

规则4　阅读之后的复核：做普遍无漏的检查与周全无误的复核，直到确保没有遗漏任何文本信息为止。

这条规则保证理解的必然与完整。详细列出文本中的意义信息而无一遗漏，就可以保证文本信息被完整地置于分析与综合的范围之中，从而确保理解的必然性。

自然的阅读理解过程：我们是怎样理解文本的

——苏童《夏天的一条街道》阅读理解过程的思维描述

我们是如何读懂一个文本的？

一个自然的理解过程是怎样的？

这个过程中我们的思维经历了什么？

这都是渴望提升理解力的人们关注的问题。下面以对苏童《夏天的一条街道》理解过程的思维描述为例，尝试回答以上的问题。

街上水果店的柜台是比较特别的，它们做成一个斜面，用木条隔成几个大小相同的框子，一些瘦小的桃子、一些青绿色的酸苹果躺在里面，就像躺在荒凉的山坡上。水果店的女店员是一个和善的长相清秀的年轻姑娘，她总是安静地守着她的岗位，但是谁会因为她人好就跑到水果店去买那些难以入口的水果呢？人们因此习惯性地忽略了水果在夏季里的意义，他们经过寂寞的水果店和寂寞的女店员，去的是桥边的糖果店。糖果店的三个中年妇女一年四季在柜台后面吵吵嚷嚷的，对人的态度也很蛮横，其中一个妇女的眉角上有一个难看的刀疤，孩子走进去时她用沙哑的声音问你：买什么？那个刀疤就也张大了嘴问你：买什么？但即使这样，糖果店在夏天仍然是孩子们热爱的地方。

【理解过程·思维描述】

自然的阅读过程，是一个从前往后一句句读下去的过程。在这个过程中，我们不断在摄取语义信号，并试图把这些不同的语义信号关联起来。

我们首先注意到街上的水果店，店里的柜台、水果和女店员。继续读下去，会发现不写水果店了，写到了糖果店。这时我们会尝试了解水果店和糖果店有何异同，然后会发现基本上是"异"而不是"同"——主要区别是店员：水果店女店员安静、和善，糖果店女店员吵嚷、蛮横；水果店女店员长相清秀，糖果店其中一个女店员有难看的刀疤；水果店女店员是年轻姑娘，糖果店女店员是三个中年妇女。这让我们意识到：第一段结构段落的基本方法是对比。水果店寂寞冷清，而人们更喜欢去糖果店。

我们这时会开始猜测这样写的动机是什么。文本中表现水果店和糖果店的区别，目的是什么呢？我们不知道。不知道就不能妄加判断。只有继续读下去，它这样写的表达意图才会浮现出来。

在第一段的阅读中，我们的思维是这样的：

（1）我们总是在阅读时不断提取信息，总是在把叙述或描写性文字还原为或联想到具体的场景。此时，我们未必能发现场景的意义是什么。

（2）阅读过程中信息不断累积，带来理解的压力，这迫使我们整合信息，企图获得一个整体性的、被化简了的理解。

（3）在信息整合的过程中，我们会努力去确定不同信息的特征，并尝试把信息加以分组或分类。在这个过程中，意义开始浮现出来。

糖果店的冷饮柜已经使用多年，每到夏季它就发出隆隆的欢叫声。一块黑板放在冷饮柜上，上面写着冷饮品种：赤豆棒冰四分，奶油棒冰五分，冰砖一角，汽水（不连瓶）八分。女店员在夏季一次次怒气冲冲地打开冷饮机的盖子，掀掉一块棉垫子，孩子就伸出脑袋去看棉垫子下面排放得整整齐齐的冷饮。他会看见赤豆棒冰已经寥寥无几，奶油棒冰和冰砖却剩下很多，它们令人艳羡地躲避着炎热，待在冰冷的雾气里。孩子也能理解这种现象，并不是奶油棒冰和冰砖不受欢迎，主要是它们的价格贵了几分钱。孩子小心地揭开棒冰纸的一角，看棒冰的赤豆是否很多，挨了女店员一通训斥，她说：看什么看？都是机器做出来的，谁还存心欺负你？一天到晚就知道吃棒冰，吃棒冰，吃得肚子都结冰！

孩子嘴里吮着一根棒冰，手里拿着一个饭盒，在炎热的午后的街道上拼命奔跑。饭盒里的棒冰哐哐地撞击着，毒辣的阳光威胁着棒冰脆弱的生命，所以孩子知道要尽快地跑回家，好让家里人享受到一种完整的冰冷的快乐。

【理解过程·思维描述】

继续读下去，水果店在文中消失了，而继续写糖果店。那么这个文本是不是想重点写夏天这条街道上的糖果店呢？往下快速扫描一下就会发现，不是。后文中糖果店也消失了，而写到了街道上别的人事。这也意味着，此前我们觉得水果店和糖果店是对比，这种认知是有偏差的；它们之间是并列，它们都是夏天这条街道上的景象的组成部分。

由于文中所描述的上述景象或情境跟当今的城市生活情境显著不同，再联系本文标题，则基本上可以得出一个推测性判断：本文所写的，是带着某个时代特征的街道，通过这个街道上的人事物，来展现那个时代的城市生活风貌。

接下来自然就会观察和分析，这个街道究竟具有怎样的特点，猜想那是一个怎样的时代。

此时我们的思维是这样的：

（1）阅读进行到一定的篇幅，假如文本没有明确的写作意图提示，我们就会开始揣测文本的写作意图究竟是什么。

（2）揣测是不可靠的，确定性的理解要基于对文本信息的观察和分析，我们的理性开始发挥主导作用。这种分析具有综合性，它是"瞻前顾后"的。从文章开头至此，我们可以分析出：

①这不是一个自由经济时代：水果和糖果不是放在开放的自由市场里，而

是置于柜台之中，糖果店店员不在乎她的商品能否出售，对购物者显示出很大的不耐烦。

②这是一个物质相对匮乏的时代，人们是贫穷的：水果店里的水果品质低劣，人们也不愿进行水果的消费。奶油棒冰和冰砖因为贵了几分钱而不受欢迎，孩子非常在乎棒冰的赤豆是否多。

③孩子们的淳朴。他们拼命奔跑，是为了"让家里人享受到一种完整的冰冷的快乐"。家庭成员的关系是和谐的。

最炎热的日子里，整个街道的麻石路面蒸腾着热气。人在街上走，感觉到塑料凉鞋下面的路快要燃烧了，手碰到路边的房屋墙壁，墙也是热的。人在街上走，怀疑世上的人们都被热晕了，灼热的空气中有一种类似喘息的声音，若有若无的，飘荡在耳边。饶舌的、嗓音洪亮的、无事生非的居民们都闭上了嘴巴，他们躺在竹躺椅上与炎热斗争，因为炎热而忘了文明礼貌，一味地追求通风。他们四仰八叉地躺在面向大街的门边，张着大嘴巴打着时断时续的呼噜，手里的扇子掉在地上也不知道。有线广播一如既往地开着，说评弹的艺人字正腔圆，又说到了武松醉打蒋门神的精彩部分，可他们仍然呼呼地睡，把人家的好心当了驴肝肺。

下午三点钟，阳光发生了可喜的变化，阳光从全线出击变为区域防守，街上的房屋乘机利用自己的高度制造了一条"三八线"。"三八线"渐渐地游移，线的一侧是热和光明，另一侧是凉快和幽暗，行人都非常势利地走在幽暗的阴凉处。这使人想起正在电影院里上映的朝鲜电影《金姬和银姬的命运》，那些人为银姬在"三八线"那侧的悲惨命运哭得涕泗横流，可在夏天他们却选择没有阳光的路线，情愿躲在银姬的黑暗中。

【理解过程·思维描述】

这两段给读者突出的感受是夏天的炎热，以及人们在炎热中的各种表现。

读到这里，我们会发现这跟前文的内容，除了夏季，除了街道，它的文字并未聚焦于某一特定具体对象。它是在"面"上展现夏天这条街道上的情形。由此基本上可以明确判断本文的写作意图：通过这个街道上的人事物，来展现某个时代的城市生活风貌。

此时我们的思维是这样的：

当我们基本上能判断一个文本的写作意图时，就会开始思考各个段落或表意单元对整个文本的贡献是什么，它们能否聚焦于某一特定的意涵。

这时思考开始更加聚合，思维迅速进入简化的轨道。我们很快会捕捉到核心信息：这是中国改革开放前后城市的社会风貌——人们的娱乐是听有线广播，娱乐方式极为单调；广播的内容是传统题材"武松醉打蒋门神"的评弹；电影院里正在上映的是朝鲜电影。我们完全看不到这个环境中的现代性因素。

细心一点，还会看到这一时代的人们更丰富的生活信息。贫穷：人们穿的是廉价的塑料凉鞋；没有空调也没有电扇，只是躺在竹躺椅上"与炎热斗争"。缺乏文明礼貌习惯：四仰八叉地躺在面向大街的门边，张着大嘴巴打着时断时续的呼噜。

太阳落山在夏季是那么艰难，但它毕竟是要落山的。放暑假的孩子关注太阳的动静，只是为了不失时机地早早跳到护城河里，享受夏季赐予的最大的快乐。黄昏时分驶过河面的各类船只小心谨慎，因为在这种时候整个城市的码头、房顶、窗户和门洞里，都有可能有个男孩大叫一声，纵身跳进河水中。他们甚至于要小心河面上漂浮的那些西瓜皮，因为有的西瓜皮是在河中游泳的孩子的泳帽，那些讨厌的孩子，他们头顶着半个西瓜皮，去抓来往船只的锚链。他们玩水还很爱惜力气，他们要求船家把他们带到河的上游或者下游去。于是站在石埠上洗涮的母亲看到了她们最担心的情景：她们的孩子手抓船锚，跟着驳船在河面上乘风破浪，一会儿就看不见了，母亲们喊破了嗓子，又有什么用？

夜晚来临，人们把街道当成了露天的食堂，许多人家把晚餐的桌子搬到了街边，大人孩子坐在街上，嘴里塞满了食物，看着晚归的人们骑着自行车从自己身边经过。你当街吃饭，必然便宜了一些好管闲事的老妇人，有一些老妇人最喜欢观察别人家今天吃了什么。老妇人手摇一把葵扇，在街上的饭桌间走走停停，她觉得每一张饭桌都生意盎然。吃点什么啊？她问。主妇就说，没有什么好吃的，咸鱼，炒萝卜干。老妇人就说，还没什么好吃的呢，咸鱼不好吃？

天色渐渐地黑了，街上的居民们几乎都在街上。有的人家切开了西瓜，一家人的脑袋围拢在一只破脸盆上方，大家有秩序地向脸盆里吐出瓜籽。有的人家的饭桌迟迟不撤，因为孩子还没回来；后来孩子就回来了，身上湿漉漉的。恼怒的父亲问儿子：去哪儿了？孩子不耐烦地说：游泳啊，你不是知道的吗？父亲就瞪着儿子处在发育中的身体，说：吊船吊到哪儿去了？儿子说：里口。父亲的眼珠子愤怒得快暴出来了：让你不要吊船你又吊船，你找死啊？就这样当父亲的在街上赏了儿子一记响亮的耳光，左右邻居自然地围过来了。一些声音很愤怒，一些声音不知所云，一些声音语重心长，一些声音带着哀怨的哭腔，它们不可避免地交织起来，喧嚣起来，即使很远的地方也能听见这样丰富浑厚的声音。于是有人向这边匆匆跑来，有人手里还端着饭碗，他们这样跑着，炎热的夏季便在夜晚找到了它的生机。

【理解过程·思维描述】

这几段主要写的是孩子跳河游泳，中间穿插了晚饭时候的情景。这部分内容很容易概括。孩子们的勇敢、调皮，也是不难看出来的。

但此前既然有了关于文本主题意图的基本判断，我们就不会满足于此，而会着眼于"社会图像"这个概念，去尝试寻找其中关于社会特征的描述。

此时我们的思维是这样的：

（1）阅读到文本的中后段，我们的思维中会浮现出更强的"印证"意识。通常，阅读越到后面，文本的表达意图越清晰。整个文本的信息被不断整合、聚焦、收敛，读到文本后面部分时，我们通常是在频繁地寻找信息印证我们此前初步得出的结论。

此前得出的结论是：本文的写作意图是，通过夏季这个街道上的人事物，来展现改革开放前后那个时代的城市生活风貌。

能从这几个段落中补充出来的主要信息有：

①这里是水乡城市，随处有水，"在这种时候整个城市的码头、房顶、窗户和门洞里，都有可能有个男孩大叫一声，纵身跳进河水中""站在石埠上洗涮的母亲"，既说明了这里是水乡，也说明了这个时代的生活特点（看得出生活的贫穷，没有游泳池，少年们都只能下河游泳；母亲们没有洗衣机、洗碗机之类用以减轻劳动强度的家用电器）。

②人们的生活方式、人际关系是传统的。这里面有三个要素。第一，当街吃饭，老妇人最喜欢四处游走观察别人家今天吃了什么，说明城市中留存着缺乏私密观念的群体性和谐。第二，人们对生活的态度是乐观的——尽管没什么好吃的，但"每一张饭桌都生意盎然"。第三，城市中的人们保留了传统中国社会中爱看热闹的习惯。父亲打儿子耳光，左右邻居自然地围过来了，各种态度交织成"丰富浑厚的声音"。而文章末尾说这种凑热闹是夏夜的"生机"，则隐含着对这一时代精神生活之贫乏的暗讽。

（2）假如能顺利印证，我们会相信我们的理解是准确的；假如不能印证，发现了与初步结论偏离甚至背离的信息，我们只好重新开始阅读，尝试给出新的诠释。但我们所遵循的，依然是以上的方法和步骤。

上述分析表明，本文后面的信息能够印证此前的分析。我们的理解是靠谱的。

（3）阅读结束，我们会反观全文，统合此前的所有分析，尝试为全文找到一个整体性描述和整体性评价。

①可以得出如下主题结论，这个结论是能够覆盖全文信息的：

《夏天的一条街道》通过夏天街道上生活场景的描写，描绘了改革开放前后中国城市的"前现代社会"图像。

②阅读经验丰富的读者可以看出如下行文特点（这实际上已经属于鉴赏层面）：

全文的表达，总体上是冷静的，行文采取中立的态度，采用"去抒情化"的笔触。作者刻意去除情感的倾向性，但仍然在一些细节处理上流露出态度——有时是反讽的，如"饶舌的、嗓音洪亮的、无事生非的居民们都闭上了嘴巴，他们躺在竹躺椅上与炎热斗争""他们这样跑着，炎热的夏季便在夜晚找到了它的生机"；有时是含蓄且意味深长的，如"这使人想起正在电影院里上映的朝鲜电影《金姬和银姬的命运》，那些人为银姬在'三八线'那侧的悲惨命运哭得涕泗横流，可在夏天他们却选择没有阳光的路线，情愿躲在银姬的黑暗中"，暗示了人们对信息选择性供应的本能性抗拒。至于文章结尾，前文已有分析，不再赘述。

在一个自然的阅读理解过程中，阅读与思维的流程大致是这样的：

①最初进入文本时，我们一边阅读一边提取语义信息，这时我们获取的信息是零散的。

②随着阅读进程的展开，提取到的信息变得拥挤，我们便开始了信息的梳理与整合。

③这样的整合使得思维开始收敛、聚焦，我们会根据已知信息推测文本主旨，给出一个初步的主旨描述。

④当初步的主旨描述被给出，我们会在文本阅读的后半段，不断在文本中寻找信息来印证它，试图加以确证。

⑤假如初步的主旨描述被印证，我们会认为理解顺利完成；假如无法被印证，我们则会调整此前对主旨的描述，使其更为匹配文本。

⑥假如依然无法确证，我们会再度重复上述思考过程。

（注：本文是受武汉如水教育盛琼老师的启发而写的。盛老师认为，一个自然的阅读过程和理解时的思维状态被清晰地描述出来，对于阅读教学非常关键。我觉得这是了不起的洞见，故有此作。在此致谢盛老师。）

文本细读案例:《秋天的怀念》

本文以史铁生作品《秋天的怀念》为例,讲讲文本细读的问题。

很明显,无论我们平时的阅读是否精细,无论我们是否喜欢精细的阅读,语文课文的阅读常常必须是精细的。正是在这种精细的阅读过程中,脑力在文本中不断来回,不断激荡,从而变得强壮。精细的阅读是缓慢的,需要思考的耐心和观察的细致,正所谓"欲速则不达"。而我们许多人急切的心态和粗疏的习惯从未被有效对治,这是阅读理解能力长期难以增进的重要原因。

下面是课文原文。

秋天的怀念

双腿瘫痪后,我的脾气变得暴怒无常。望着望着天上北归的雁阵,我会突然把面前的玻璃砸碎;听着听着李谷一甜美的歌声,我会猛地把手边的东西摔向四周的墙壁。母亲就悄悄地躲出去,在我看不见的地方偷偷地听着我的动静。当一切恢复沉寂,她又悄悄地进来,眼边儿红红的,看着我。"听说北海的花儿都开了,我推着你去走走。"她总是这么说。母亲喜欢花,可自从我的腿瘫痪以后,她侍弄的那些花都死了。"不,我不去!"我狠命地捶打这两条可恨的腿,喊着,"我可活什么劲儿!"母亲扑过来抓住我的手,忍住哭声说:"咱娘儿俩在一块儿,好好儿活,好好儿活……"

可我却一直都不知道,她的病已经到了那步田地。后来妹妹告诉我,她常常肝疼得整宿整宿翻来覆去地睡不了觉。

那天我又独自坐在屋里，看着窗外的树叶"唰唰啦啦"地飘落。母亲进来了，挡在窗前："北海的菊花开了，我推着你去看看吧。"她憔悴的脸上现出央求般的神色。"什么时候？""你要是愿意，就明天？"她说。我的回答已经让她喜出望外了。"好吧，就明天。"我说。她高兴得一会儿坐下，一会儿站起："那就赶紧准备准备。""哎呀，烦不烦？几步路，有什么好准备的！"她也笑了，坐在我身边，絮絮叨叨地说着："看完菊花，咱们就去'仿膳'，你小时候最爱吃那儿的豌豆黄儿。还记得那回我带你去北海吗？你偏说那杨树花是毛毛虫，跑着，一脚踩扁一个……"她忽然不说了。对于"跑"和"踩"一类的字眼儿，她比我还敏感。她又悄悄地出去了。

她出去了，就再也没回来。

邻居们把她抬上车时，她还在大口大口地吐着鲜血。我没想到她已经病成那样。看着三轮车远去，也绝没有想到那竟是永远的诀别。

邻居的小伙子背着我去看她的时候，她正艰难地呼吸着，像她那一生艰难的生活。别人告诉我，她昏迷前的最后一句话是："我那个有病的儿子和我那个还未成年的女儿……"

又是秋天，妹妹推我去北海看了菊花。黄色的花淡雅，白色的花高洁，紫红色的花热烈而深沉，泼泼洒洒，秋风中正开得烂漫。我懂得母亲没有说完的话。妹妹也懂。我俩在一块儿，要好好儿活……

这里所说的"文本细读"，仅指对文本精细的阅读，没有别的含义。文本细读，是为了实现对文本信息的充分、饱和的理解。逐句阅读，逐句理解，这是基本要求。当然，逐句阅读并不代表必然要割裂文本，孤立地理解句子。在这个过程中，读者常常会自发地观察某个句子与周围的句子之间的语义联系，从而去约束或框定自己的理解。

文本细读可以克服理解的粗疏，这是精读所必需，是阅读课文所应具备的好习惯。

下面是我对史铁生《秋天的怀念》进行的细读。为分析的方便，我作了拆解，打破了原文的段落切分。

双腿瘫痪后，我的脾气变得暴怒无常。望着望着天上北归的雁阵，我会突然把面前的玻璃砸碎；听着听着李谷一甜美的歌声，我会猛地把手边的东西摔向四周的墙壁。

第一句是概括性叙述，"双腿瘫痪"是脾气"暴怒无常"的原因。
第二句是对第一句的具体化，是给出"暴怒无常"的两个典型细节。
两个细节都表现了在本来安静的状态中"我"突然做出的反常举动，以此突出"暴怒"和"无常"的意思，展现"我"随时可能出现的不稳定的愤怒情绪。
在第一个细节中，"天上北归的雁阵"意味着天气转暖，这是生命开始走向繁盛的时节，这触发了双腿瘫痪的"我"的痛感。在第二个细节中，歌声的"甜美"则触发了"我"的悲感，"猛地把手边的东西摔向四周的墙壁"带着绝望的情绪。

母亲就悄悄地躲出去，在我看不见的地方偷偷地听着我的动静。当一切恢复沉寂，她又悄悄地进来，眼边儿红红的，看着我。

这两句都是写母亲对"我"暴怒无常的反应。
第一句中，"悄悄地躲出去"，折射出对儿子情绪的理解，她知道劝慰是无用的；但她关心儿子，担心儿子，所以"在我看不见的地方偷偷地听着我的动静"。
第二句中，"眼边儿红红的"说明母亲躲在一边时流过眼泪，她对儿子的状态深感痛苦。
读到此处我们可以发现，母亲对儿子的病痛十分悲痛，对儿子的暴怒情绪十分理解和体贴。母亲的形象被初步勾勒出来了：这是一位为儿子痛苦着并隐忍着的母亲。

"听说北海的花儿都开了，我推着你去走走。"她总是这么说。母亲喜欢花，可自从我的腿瘫痪以后，她侍弄的那些花都死了。"不，我不去！"我狠命地捶打这两条可恨的腿，喊着，"我可活什么劲儿！"母亲扑过来抓住我的手，忍住哭声说："咱娘儿俩在一块儿，好好儿活，好好儿活……"

这几句主要是对话。这一串对话，主要内容是：母亲试图缓解儿子的暴怒情绪，把瘫痪的儿子推出去散心；儿子却不配合，依然处于绝望的情绪中无法自拔。

这几个句子中暗示的信息很重要，主要有：

"她总是这么说"——"总是"，表示母亲提议推着儿子去北海看花，已不止一次。

"母亲喜欢花，可自从我的腿瘫痪以后，她侍弄的那些花都死了"——母亲喜欢花，喜欢侍弄花，但她侍弄的那些花都死了，表示母亲完全放弃了自己的乐趣，把一切精力和关心都放在了儿子身上。

"母亲扑过来抓住我的手，忍住哭声说：'咱娘儿俩在一块儿，好好儿活，好好儿活……'"——"扑""抓"两个动词很有力度，表示母亲情感强烈，非常激动；"忍住哭声"表示母亲痛苦而隐忍。母亲的话，则暗示"活"是她关注的焦点，她对娘儿俩能否一块儿"活"，非常担心。

可我却一直都不知道，她的病已经到了那步田地。后来妹妹告诉我，她常常肝疼得整宿整宿翻来覆去地睡不了觉。

"后来"表示"我"当时并不了解母亲严重的疾病已经到了十分危重甚至随时可能死亡的程度。"一直都不知道"，表示母亲和妹妹都未告诉"我"。

母亲不告诉"我",是因为体贴儿子,不想让儿子担心;妹妹比"我"更小,她当时了解情况而不告诉"我",可推测是因为母亲对妹妹有嘱咐。

那天我又独自坐在屋里,看着窗外的树叶"唰唰啦啦"地飘落。母亲进来了,挡在窗前:"北海的菊花开了,我推着你去看看吧。"她憔悴的脸上现出央求般的神色。

窗外的树叶"唰唰啦啦"地飘落,表示这是叶落的秋天。母亲说"北海的菊花开了",也表示这是秋天了。这与前文"天上北归的雁阵"相呼应,表示季节已经从春天到了秋天。

母亲只说"菊花开了"而不是"花儿都开了",读到这里时我们才会注意到,前文"听说北海的花儿都开了"的意蕴是丰富的。"北海的花儿都开了"应该是春天,春天才有花儿"都"开的景象;"听说"则表示爱花的母亲并未亲自去看花开,她一直在家伺候瘫痪的儿子。

这几句话中,有几个重要信息:

"挡在窗前"——"挡"表示母亲不愿让儿子看到树叶飘落而引发伤感,而更宁愿推儿子去北海看菊花开放。

"央求"——含意十分隐微和丰富。首先,这表示对儿子情绪的极度担心,她渴望儿子出去看花,以缓解儿子的情绪。其次,联系到母亲对花的喜爱以及母亲自知病重,可以理解为看花也是母亲自身急切的需求——她知道自己快死了,她也盼着去看看花。

"我推着你去看看吧"——这是母亲的话语,跟此前母亲话语中"我推着你去走走"形成照应。前面的"走走"变成了"看看",这暗含着母亲对儿子的体贴和母亲心思的敏感——瘫痪了是无法"走走"的,所以细心、体贴的母亲改变了措辞。

"什么时候?""你要是愿意,就明天?"她说。我的回答已经让她喜出望外了。"好吧,就明天。"我说。她高兴得一会儿坐下,一会儿站起:"那就赶紧准备准备。""哎呀,烦不烦?几步路,有什么好准备的!"她也笑了,坐在我身边,絮絮叨叨地说着:"看完菊花,咱们就去'仿膳',你小时候最爱吃那儿的豌豆黄儿。还记得那回我带你去北海吗?你偏说那杨树花是毛毛虫,跑着,一脚踩扁一个……"她忽然不说了。对于"跑"和"踩"一类的字眼儿,她比我还敏感。她又悄悄地出去了。

这部分文字主要是对话。

这几句话中,有几个重要信息:

"喜出望外"——"什么时候"表示儿子对母亲的提议不再拒绝,母亲察觉到儿子情绪的好转,对此感到欣喜。接下来,还有"高兴""笑"等提及母亲的开心。

"絮絮叨叨地说着"——被母亲"絮絮叨叨地说着"的这部分内容是回忆。"絮絮叨叨"表示母亲对这个回忆中的场景十分留恋,但这恰好折射出她的悲酸——这段对儿子儿时的回忆看似寻常,却是母亲最美好的记忆,因为她的儿子不再能跑能踩了。

她出去了,就再也没回来。

邻居们把她抬上车时,她还在大口大口地吐着鲜血。我没想到她已经病成那样。看着三轮车远去,也绝没有想到那竟是永远的诀别。

"再也没回来",母亲再也没回家,表示母亲去世了。

"邻居们把她抬上车",表示母亲去世前是在自己的家附近。"大口大口地吐着鲜血",是描述母亲此时的病况。"看着三轮车远去",表示母亲是被三轮车拖去抢救的。

邻居的小伙子背着我去看她的时候,她正艰难地呼吸着,像她那一生艰难的生活。别人告诉我,她昏迷前的最后一句话是:"我那个有病的儿子和我那个还未成年的女儿……"

第一句话中,"她正艰难地呼吸着",这是母亲去世前的痛苦情形。"她那一生艰难的生活",这是对母亲悲苦一生的概括。

第二句话介绍了母亲临终所说的话。母亲临终的话,表示对孩子无限的牵挂和强烈的担忧,自己的孩子缺乏生存的能力,她放心不下。这时我们或许会注意到,全文看不到父亲。这个家庭中没有父亲——此时我们对"她那一生艰难的生活"的内涵会有更丰富的理解。

又是秋天,妹妹推我去北海看了菊花。黄色的花淡雅,白色的花高洁,紫红色的花热烈而深沉,泼泼洒洒,秋风中正开得烂漫。我懂得母亲没有说完的话。妹妹也懂。我俩在一块儿,要好好儿活……

本段描述的是母亲去世后的情形。本段中的重要信息是:

"又是秋天,妹妹推我去北海看了菊花"——"又"表示是母亲去世后的某个秋天。为什么不是"北海的花儿都开了"的春天去看花而是秋天去看菊花,这关联着前文。母亲死前有推儿子去北海看菊花的心愿,因而此处"我"和妹妹去北海看菊花,应有怀念母亲之意。这是暗点题目。

"我懂得母亲没有说完的话"——"母亲没有说完的话"是母亲临终前那句带有省略号的话。对北海菊花的描写,展现了菊花的鲜活烂漫的姿态,这是对"我懂得母亲没有说完的话"的解释:母亲渴望她的孩子能鲜活烂漫地活着(就像这北海的菊花一样)。

"我俩在一块儿,要好好儿活……"——这句话跟前文"咱娘儿俩在一块儿,好好儿活,好好儿活"相互呼应。前文的话是母亲带着悲苦的渴望,此处则代表着儿女决心满足母亲遗愿的信念。

读完之后,不难知道全文主要是描述母亲和"我"之间的关系(妹妹是文本中的次要角色）。分析母亲和"我"，会发现二者的对应：母亲和"我"，都是病人；"我"是残疾，而母亲是绝症。然而在这种情况下，母亲隐忍着痛苦，以将死之躯，全心全意去照顾她残疾的儿子。母亲自己即将死去，她所面对的是一个瘫痪的儿子和一个未成年的女儿——这是一位绝望的母亲，她看不到自己"生"的希望，也看不到自己的后代"生"的希望。这样去看她"好好儿活，好好儿活"这句话，我们才能更充分地理解她内心的挣扎和悲苦。

文本分析的几个要点
——以《岳阳楼记》的解读为例

我们要能读懂一篇文章，一定要先了解三点：

第一，要学会观察文本特征。

第二，要学会根据语境（上下文）去识别语义信息。

第三，要使文章中的语义信息结构化。

下面结合《岳阳楼记》简单地讲一讲。

岳阳楼记

庆历四年春，滕子京谪守巴陵郡。越明年，政通人和，百废具兴。乃重修岳阳楼，增其旧制，刻唐贤今人诗赋于其上，属予作文以记之。

予观夫巴陵胜状，在洞庭一湖。衔远山，吞长江，浩浩汤汤，横无际涯，朝晖夕阴，气象万千，此则岳阳楼之大观也，前人之述备矣。然则北通巫峡，南极潇湘，迁客骚人，多会于此，览物之情，得无异乎？

若夫淫雨霏霏，连月不开，阴风怒号，浊浪排空，日星隐曜，山岳潜形，商旅不行，樯倾楫摧，薄暮冥冥，虎啸猿啼。登斯楼也，则有去国怀乡，忧谗畏讥，满目萧然，感极而悲者矣。

至若春和景明，波澜不惊，上下天光，一碧万顷，沙鸥翔集，锦鳞游泳，岸芷汀兰，郁郁青青。而或长烟一空，皓月千里，浮光跃金，静影沉璧，渔歌互答，此乐何极！登斯楼也，则有心旷神怡，宠辱偕忘，把酒临风，其喜洋洋者矣。

嗟夫！予尝求古仁人之心，或异二者之为，何哉？不以物喜，不以己悲，居庙堂之高则忧其民，处江湖之远则忧其君。是进亦忧，退亦忧。然则何时而乐耶？其必曰"先天下之忧而忧，后天下之乐而乐"乎！噫！微斯人，吾谁与归？

时六年九月十五日。

一、要学会观察文本特征

很多人自以为具备观察能力，但实际上并不懂得如何去观察。观察不是简单观看，而是带着观念和知识观看。一篇文章，你不能闷头闷脑地看过去看过来，你得带着你已有的知识去察看。

譬如说，我们知道文章的标题很重要，标题通常需要映射进整个文本。这是已被我们了解的知识。带着这项知识来看《岳阳楼记》，我们会很惊讶地发现：文章标题点明本文是记岳阳楼的，但文中基本上没有直接写岳阳楼，没有"说此楼前此如何倾坏，如何狭小，然后叙增修之劳"（林云铭），似乎有点文不对题了。这就需要解释。根据文意的最终解释是：本文立意，并不在赞叹新修岳阳楼的功德，不在展现岳阳楼建筑的雄伟和周围景象的壮观，而在借此表现"古仁人之心"的格局和胸襟。了解到这一点，才算是观察到了这一文本的内容特征——这一篇"记"跟古文中普通的"记"的写法不同；它的写法超越了常规，作者想要借题发挥。

观察，是读文章时首先要做的事。要刻意去关注、努力地捕捉文本在内容与表达上的各种特征，运用相关知识来帮助观察。没有知识的观察通常是无效的，因此掌握关于文章的基本知识，对于观察文章很重要。

二、要学会在语境中识别语义信息

一个词语、一个句子，它的含义或内涵，要联系上下文来理解。这个道理显而易见，关键在有意识地加以运用。

《岳阳楼记》的开篇，就说"庆历四年春，滕子京谪守巴陵郡"。这句话有怎样的内涵？作者说这句话的意图是什么，或者说他为何要说这句话？这就要联系语境来理解。

"庆历四年春"，说明滕子京被贬的时间，看似是个简单的时间交代。但紧接着下一句说"越明年，政通人和，百废具兴"，联系起来想，这个时间交代就很有意思了。什么意思呢？说明滕子京能力很强。他被贬巴陵郡，次年就"政通人和，百废具兴"，短期内就达成了很高的治理绩效，这表示滕子京行政能力非同凡响。能人被贬，心头多半是愤懑的。进一步联系后文看，则可看出范仲淹有劝勉滕子京之意。文末的议论并非空发，范仲淹也在暗示滕子京放下一己之得失，怀着"古仁人之心"去心忧天下。

从局部说，语境包括邻近的语句；从整体说，语境包括全文，每个词句都是处在整篇文章这个大语境之中的。"谪守"表示受到了贬谪；滕子京被贬谪，他心头当然会不舒服。那么我们就可能会想：这跟下文"迁客骚人"有没有关系呢？"不以物喜，不以己悲""先天下之忧而忧，后天下之乐而乐"会不会暗含着对滕子京的劝勉呢？"微斯人，吾谁与归"是不是暗示滕子京要像"我"这样去追求"古仁人之心"呢？这样想下去，文意串联了起来，文本中的信息也就慢慢被整合到一起了。

三、要使文章中的语义信息结构化

要对文章形成整体理解，就必须整合全文语义信息，使其形成一个整体的结构。在这个结构中，信息之间彼此联结，可相互诠释。

整合信息，前提是发现信息之间的关联性。把握文章主旨，要特别关注在宏观结构上各个层次之间的语义关联，分析各个段落之间的联结关系。

在《岳阳楼记》的段落层面上，可以看出：

（1）"若夫"与"至若"两段，属于全文的主体性段落。

很容易观察到，标题是"岳阳楼记"，而这两段是关于岳阳楼景观的主体性语段，具体展现了岳阳楼上所能见到的景象。一段写久雨不晴、浊浪阴风的凄凉景象，以及"迁客骚人"此时登楼"满目萧然，感极而悲"的心情；一段写春和景明、皓月千里的和乐景象，以及"迁客骚人"此时登楼"心旷神怡，宠辱偕忘"的心情。

很明显，这两段虽然不是直接写岳阳楼本身，但都是扣住题目的，写的是登岳阳楼的所见所感。在景象和心情上，存在着对比性关系。但这个对比的意图是什么，仅看这两段无法得出结论。往下读到"嗟夫"一段，才能看出这悲喜都不是作者所认同的，都是作者的否定对象。因此从本质上说，这两段之间的逻辑关系，表面上是"对比"，实际上是"并列"。

（2）"予观夫巴陵胜状"一段的结尾说："迁客骚人，多会于此，览物之情，得无异乎？"这句话引发了接下来的两个文段。据此可以判断："若夫"与"至若"两段所写，虽有"悲喜"之别，但都是"迁客骚人"的心情。

"若夫"与"至若"这两个主体性语段，都是从"迁客骚人"这部分特定的登楼者的角度来写的，而不是从所有登楼者的角度来写的——这意味着本文的写作具有针对性，由此更能确认全文开篇处"谪守"一词在文意表达上的基础性地位。

（3）"嗟夫"一段，跟前两段形成了递转关系。"予尝求古仁人之心，或异二者之为"，对"若夫"与"至若"两段的一悲一喜（"二者"），发出了明确的否定信号。本段接下来申说"古仁人之心"的具体内涵，是超越一己之悲喜，是忧"民"忧"君"，是"先天下之忧而忧，后天下之乐而乐"。外部风景有变化，人生境况有变化，但先忧后乐的信念不随之而变。

与"迁客骚人"的"悲喜"相比，"古仁人"的"忧乐"，显现出超越小我、胸怀天下的格局、胸襟与度量。悲喜之情，被情绪支配，终归狭隘；忧乐天下，有博大胸襟，才是仁人格局。这种高远的境界，与第二段吞吐山河、气象万千的所谓"岳阳楼之大观"隐然呼应。分析至此，不难体会到《岳阳楼记》立意之深远与结构之严谨。

（4）最后可以归纳出全文主旨与思路。篇首"谪守"二字，是文意生发的立足点。面对贬谪，不能只纠结于自己的遭遇，而应具有仁人胸怀天下的大格局，这是本文的立意所在。所以本文题目是"岳阳楼记"，却避开写岳阳楼的建筑，而去写洞庭湖，写洞庭湖的不同景色所触发的迁客骚人的忧喜，以转出最后"古仁人之心"的襟抱——这样的行文思路，是表达主旨的需要所决定的。

文本信息的结构化

——以郑振铎《猫》的解读为例

郑振铎的《猫》，是一个叙事性文本。叙事性文本的主要解读路径，是分析文本中各个角色之间通过言语、行为建构出来的关系。通过这种关系的分析，就能把握文本所要揭示的人性的或社会性的内涵——叙事性文本的本质是对人的叙述，即使是常以动物为主角的寓言，也是如此。而对这种叙述的理解，则须聚焦于"关系"。这种关系是社会性的。

马克思说，"人的本质是一切社会关系的总和"。这就是说，人，应从人与他人的主体间关系中来规定和理解，应从"关系"出发对人的现实存在进行规定。叙事性文本对人的刻画与揭示，就是通过角色之间的"关系"来规定和实现的。

对于小说、叙事性散文等叙事性文本而言，角色及角色间相互关系的分析，是文本信息结构化的基本方式。通过信息的结构化，我们得以透视文本，把握主题。下面以郑振铎的《猫》为例，作一个简要的说明。

一、三只猫

本文以"猫"为题，猫是整个文本中的重要角色。先对文本中猫的相关信息进行梳理整合，是解读的必要步骤。

浏览全文即可得知，"我"和三妹对前面两只猫都很喜爱，这与对第三只猫的态度有着显著的区别。

对前两只猫的喜爱，以第二只尤甚。它比第一只猫"更有趣、更活泼"，还会捕捉老鼠。相形之下，第三只猫不讨人喜，它是捡来的而不是要来的，它忧郁而且懒惰，既不有趣，也不活泼。

这些信息通过简单梳理即可得知。这个梳理是理解文意的基础，不是把握主题的关键。

二、人与猫的关系

对这一叙事性文本的解读，最重要的是分析人与猫的互动关系，理解这种关系中表现出来的关于人性或社会性的内容。

（一）喜爱前两只猫的原因

喜爱第一只猫的主要原因，是它能带给我们"生命的新鲜与快乐"的感受。"生命的新鲜与快乐"是文本中现成的短语，如果抓住这个短语去理解三妹和"我"与猫的关系，我们将发现能自然地解释三妹和"我"对猫的情感与行为。简单地说，猫能取悦我们，这是我们喜爱它的根本原因。

喜爱第二只猫的主要原因，依然是它能取悦我们。由于这只猫比第一只猫"更有趣、更活泼"，它所带来的快乐更加凸显。除此之外，写这只猫还添加了另一因素："捉鼠"。"有一次，居然捉到一只很肥大的鼠，自此，夜间便不再听见讨厌的吱吱的声了"，这表示这只猫除了以活泼、有趣取悦我们，还能发挥猫的功能为我们解决实际问题——这只猫除了审美性还具备了实用性。它不仅可玩赏，而且还有用。

同时应该注意区分：我们对猫的喜爱，不是"爱"而是"赏玩"。爱是对所爱者付出，赏玩则是对自我的满足。文中并无"我"和三妹对猫的爱的行为的描述，这是值得留意的。

（二）对第三只猫的态度

对第三只猫的态度跟前两只不同，跟前文形成了对比。本文深刻的思想主要是通过这种对比来揭示的。这部分内涵较为丰富，须仔细分析。

1. 关系的内涵

（1）人的同情心。

收养这只"并不好看"的猫，是因为它"很可怜"，"我们如不取来留养，至少也要为冬寒与饥饿所杀"。这就是说，同情这个生命，是收养它的原因。

（2）人的自私、偏见与愚妄。

自私：这只猫既不好看，也不活泼，不能取悦我们。它"也不去捉鼠"，没有实用价值。因而大家冷落它，"不大喜欢它"，"对于它也不加注意"，它"是一只若有若无的动物"。简单地说，这只猫之所以不讨喜，是因为它不能给人带来好处。

偏见与愚妄：芙蓉鸟被咬死，"我"和妻在没有证据、没有调查的情况下想当然作出误判，冤枉这只猫，表现了人的偏见；在此基础上，妻责怪张婶、"我"怒打小猫，则表现出人基于偏见的愚妄的行动。有趣的是，作为弱势者的张婶"不能有什么话来辩护"，跟猫"不能说话辩诉"，形成了有意味的映照。

（3）人的良知。

当"我"发现这只猫被冤枉而挨打，感觉到"良心受伤"，这意味着人是有良知的。这只猫死后"我家永不养猫"，表明对自己过失的深刻的愧疚，同样也是表现人的良知。

2. 本部分小结

写第三只猫的这个部分，主要是通过"我"与猫的关系，对人性进行了检讨。我们发现，在郑振铎的观念中，人性具有复杂的两面性：人是自私的，很容易陷入偏见与愚妄中；同时人也有同情心和良知，具有自我反思的可能。这样分析下去还不难看出，郑振铎的立场，比较近似于传统儒家的荀子。

三、文本宏观结构中的意义统整

通过对前两只猫与第三只猫的态度不同的对比，主要揭示了人性中的自私。我们如果从猫那里能够得到满足，那就会喜欢它；如果不能，就会采取相反的态度。这种对比基于全文宏观结构，因而这是最主要的主题要素。

写第三只猫和人的互动关系，是文本中最详细的部分。这部分的分析如前所述，它既表现了人的自私、偏见与愚妄，也表现了人性中的同情与良知。但从宏观结构出发可知，"同情与良知"并非全文的表意重点。写人性中的同情与良知，是作者意图表明人具有觉悟的可能。因此我们综合考虑可以得出如下基本判断：本文旨在揭示人性中的自私、偏见与愚妄，并对此加以警示。

隐蔽着的意义

——《邮差先生》解读

《邮差先生》是不太为人熟知的现代作家师陀的作品。这个文本比较简短，抄录于下。读者可先读读这个文本，尝试给出自己的理解。

邮差先生

邮差先生走到街上来，手里拿着一大把信。在这小城里他兼任邮务员、售票员，但仍旧有许多剩余时间，每天戴上老花镜，埋头在公案上剪裁花样。因此——再加上岁月的侵蚀，他的脊背驼了。当邮件来到的时候他站起来，他念着，将它们拣出来，然后小心地扎成一束。

"这一封真远！"碰巧瞥见从云南或甘肃寄来的信，他便忍不住在心里叹息。他从来没有想到过比这更远的地方。其实他自己也弄不清云南和甘肃的方位——谁叫它们处在那么远，远到使人一生不想吃它们的小米饭或大头菜呢？

现在邮差先生手里拿着的是各种各样的信。从甘肃和云南来的邮件毕竟很少，它们最多的大概还是学生写给家长们的信。"又来催饷了，"他心里说，"足够老头子忙三四天！"

他在空旷的很少行人的街上一面走着，一面想着，如果碰见母猪带领着小猪，便从旁边绕过去。小城的阳光晒着他花白了的头，晒着他穿皂布马褂的背，尘土极幸运地从脚下飞起来，落到他的白布袜子上，他的扎腿带上。在这小城里他用不着穿号衣。一个学生的家长又将向他诉苦："毕业，毕我的业！"他将听他过去听过无数次的，一个老人对于他的爱子所发的这种怨言，心里充满善意，他于是笑了。这些写信的人自然并不全认识他，甚至没有谁会想起他，但这没有关系，他知道他们，他们每换一回地址他都知道。

邮差先生于是敲门；门要是虚掩着，他走进去。

"家里有人吗？"他大声在过道里喊。

他有时候要等好久。最后从里头走出一位老太太，她的女婿在外地做生意，再不然，她的儿子在外边当兵。一条狗激烈地在她背后叫着。她出来得很仓促，两只手湿淋淋的，分明刚才还在做事。

"干什么的？"老太太问。

邮差先生告诉她："有一封信，挂号信，得盖图章。"

老太太没有图章。

"那你打个铺保，晚半天到局子里来领。这里头也许有钱。"

"有多少？"

"我说也许有，不一定有。"

你能怎么办呢？对于这个好老太太。邮差先生费了半天唇舌，终于又走到街上来了。小城的阳光照在他的花白头顶上，他的模样既尊贵又从容，并有一种特别风韵，看见他你会当他是趁便出来散步的。说实话他又何必慌张，他手里的信反正总有时间全部送到，那么在这个小城里，另外难道还会有什么事等候他吗？虽然他有时候是这样抱歉，他为这个小城送来——不，这种事是很少有的，但愿它不常有。

"送信的，有我的信吗？"正走间，一个爱开玩笑的小子忽然拦住他的去路。

"你的信吗？"邮差先生笑了，"你的信还没有来，这会儿正在路上睡觉呢。"

邮差先生拿着信，顺了街道走下去，没有一辆车子阻碍他，没有一种声音教他分心。阳光充足地照到街岸上、屋脊上和墙壁上，整个小城都在寂静的光耀中。他身上要出汗，他心里——假使不为尊重自己的一把年纪跟好胡子，他真想大声哼唱小曲。为此他深深赞叹：这个小城的天气多好！

　　一般读者会迅速了解到，本文以邮差先生的所见所闻所思，展现了小城宁静、悠闲、舒缓的生活情调。邮差先生送信时的悠然自得，他善良温厚、乐观开朗的性格，可能是留给读者的主要印象。

　　我想说的是，这可能是大部分学生的理解所能达致的解读结论，还远未触及文本内核，未能体现出"合格读者"应有的理解水平。更坦率地说，这未能真正洞察文本。《邮差先生》并不只是想展现一个邮差的温良与一个小城的安宁和谐，它企图揭示更深刻的东西。

　　深刻的，总是隐蔽着的。

　　文本中隐蔽着怎样的意义？我们如何才能发现这些意义？实际上，只要作者试图在文本内埋伏某些东西，那就一定能从文本内搜出寻觅的线索。从创作的角度说，作者隐蔽表达动机的目的并非遮蔽而是发现，他期待着用心的读者发现他的匠心。因此作者的遮蔽必定是有限的，他必定在文本中提供理解的线索。

　　邮差先生是送信的人，他的工作是送信件。这提供了信息搜寻的基本范围。第一，信件是些怎样的信件。第二，邮差先生送信时有些怎样的表现。而这两方面的信息，已经直接呈现在文本中——所以我们所要做的不能只是搜出这些信息进行一个简单的概括，更要分析这些信息表现出来的特点，进而探求文本呈现这些信息的动机。

　　"为什么要写这些"——这是思考的焦点。一个文本中写了些什么，常常是显而易见的。这个文本所写的为什么刚好是"这些"而不是别的"那些"，才是真正值得反复琢磨的问题。

　　写作是一种选择，它不会写出某一情境中的全部，这就是说，呈现于文本的内容总是具有特定的考虑，跟作者的表达意图密切相关。关注"写了什么"，有助于概括文本信息，但未必能理解提供这些信息的目的；关注"为什么要写这些"，才能更有效地捕捉写作动机，从而更准确地理解"写这些"的意义。

思考"为什么要写这些"这一问题的基本路径，则是观察和分析文本中已知信息的独特性以及这些信息之间的关联——无论表达的动机多么隐秘，手法多么曲折，作者都只能借助文本来表达。深刻的意蕴是隐蔽的，但无论多么隐蔽，它毕竟隐藏在眼前的这个文本里。

一、这是些怎样的信件

邮差先生"手里拿着一大把信"，"各种各样的信"，这些信件中"最多的大概还是学生写给家长们的信"，也有"在外地做生意"或"在外边当兵"的人写回来的信。这说明小城与外部世界是不乏联系的。

然而，这些信件都具有一个共性：除了关于钱的来往，它们几乎都不传递关于外部世界的新信息。我们会注意到，即便是在外求知的学生写回来的信，也并未提及这些信带给了小城关于外部世界的知识，我们看不到外部世界对小城产生有意义的影响的可能性。这些信件的核心内容是钱——学生来信是向家长"催饷"，在外地的商人或士兵来信是给家里寄钱。这意味着，这些来信不可能让小城看到一个新世界——事实上，这同时意味着，从小城抵达外部世界的那些人所生活的世界，也未必是一个具有现代意义的新世界。

二、邮差先生送信时有些怎样的表现

（一）邮差先生不止是良善

邮差先生是连接小城与外部世界的人。相对于小城中别的人，邮差对外部世界拥有更多的了解。文中这一段比较有意思：

"这一封真远！"碰巧瞥见从云南或甘肃寄来的信，他便忍不住在心里叹息。他从来没有想到过比这更远的地方。其实他自己也弄不清云南和甘肃的方位——谁叫它们处在那么远，远到使人一生不想吃它们的小米饭或大头菜呢?

从本段可看出两个重要信息。第一，邮差先生缺乏关于外部世界的知识，"弄不清云南和甘肃的方位"，也缺乏对新的生活方式的想象力。"远到使人一生不想吃它们的小米饭或大头菜"——邮差以为外部世界的生活也跟自己一样，是吃小米饭或大头菜；"吃"是关注点，除了食物，邮差并未关注别的东西，他没有对精神生活的关注与想象。第二，邮差先生的（文化）性格是保守的，缺乏想象力的。他从来没有想到过比云南或甘肃更远的地方，他没有了解外部世界的兴趣和动力。

这就意味着，邮差先生和小城的这种悠闲、和谐，本质上是基于无知。他们对外部世界缺乏了解，也没有动力去了解。这个意思在全文结尾，表现得也非常明显。

（二）邮差先生在路上的所见所闻

1. 小城的环境

文中点缀着一些邮差先生在路上看到的景象。"如果碰见母猪带领着小猪，便从旁边绕过去"，说明这个小城带着鲜明的农村气息，这不是一个现代城市；"邮差先生拿着信，顺了街道走下去，没有一辆车子阻碍他，没有一种声音教他分心"，说明这个特别安静的小城并无发达的工商业，甚至可能没有车子。这个小城并不是现代意义上的城市，本质上只是一个农民的聚居地。

这座小城确实是安宁的；城里的人们，对不安是本能地回避的。"虽然他有时候是这样抱歉，他为这个小城送来——不，这种事是很少有的，但愿它不常有"，就通过邮差先生的心理活动表现了小城中人们对变故与不幸的忌讳。

2. 贫穷与对钱的关注

学生家长收到要钱的信，老太太收到可能有钱寄来的信，这些信都是关于钱的。邮差、家长和老太太所关注的都是钱。学生家长的诉苦怨言，老太太关心钱的多少，可看出这里的人们是比较贫穷的，生存是最重要的主题。

3. "爱开玩笑的小子"

"爱开玩笑的小子"是唯一出现在文本中的身处小城的年轻人。他拦住邮差问有没有他的信，是在开玩笑。这就是说，这位年轻人明明知道，他不会获得从外面寄来的信。外部世界没有要传递给小城年轻人的信息。对于年轻人来说，这座小城与外部世界是隔绝的。

值得注意的是，文章结尾处写到邮差先生的愉快和赞叹，表现了他这种基于对外部世界无知的满足感。尽管邮差先生是小城与外部世界的联系者，但他却没有任何动力去了解和理解外部世界。这个结尾意味深长，暗含着作者对中国社会难以改变的悲观预期和深刻洞察。

三、结论

在《邮差先生》中，我们如果仅仅看出小城的平静悠闲、人际关系的友善和生活节奏的舒缓，就远未触及文心。师陀本文的用意绝非赞美；他其实是试图勾勒出一个封闭落后的、对外部世界无知且缺乏想象力的中国社会图像。

《昆明的雨》文本解读

一、文本内容的初步梳理

整体性理解散文的基础，是对文本内容进行梳理。完成这项梳理，须对全文各个表意单元的大意进行较为准确的概括。

这篇散文的主要内容，按照文本中出现的顺序，可大致概括如下：

（1）通过为宁坤作画一事，讲出"我"对"昆明的特点"的理解。在"我"看来，代表昆明特点的有两样东西：仙人掌，菌子（青头菌、牛肝菌）。其中，仙人掌的特点是生命顽强：容易存活，而且很多。菌子的特点是"味极鲜腴"。除了与"雨季"相关，二者似乎没有别的关联。

（2）昆明的雨季是"明亮的、丰满的，使人动情的"，"人很舒服"。

（3）昆明雨季的菌子极多，"连西南联大食堂的桌子上都可以有一碗"。菌子大多好吃，呼应了前文的"味极鲜腴"之说。

（4）昆明雨季的果子是杨梅，雨季的花是缅桂花。杨梅大且好吃，缅桂花大且香。写杨梅和缅桂花的部分，写到了昆明的人。卖杨梅的女子娇美柔和，房东送花让人心软温暖。

（5）昆明的雨引发淡淡乡愁。作者用四十年后写的一首诗，表现了当时无聊、无奈、低沉的心情。

（6）文章最后一段呼应第二段，"我想念昆明的雨"，这是首尾呼应，强调"想念"的情感。

至此，文中内容已基本上被完整描述。但这些内容之间的逻辑关系，情理的内在联系，尚未浮现出来。上述梳理只是第一步，只有对内容的爬梳，而内容之间的条理尚不清晰。于是需要下一步：对文本内容之间的结构性关系加以分析。

二、内容之间的结构性关系

文本各个局部内容之间必须存在结构性关系，这是保障文本内部统一性的基础。

一个简单的答案是：既然全文首尾都说"我想念昆明的雨"，那么，文本内的全部内容，统一在"想念"这一情感之下。本文的思想情感，用"对昆明的雨的想念"即可概括。

这不无道理，然而这样的概括是粗疏的，甚至是空洞的。所有的回忆，都可被视为"想念"；所有的回忆性散文，都含着"想念"这样的情感。如果把《昆明的雨》的主旨概括为"对昆明的雨的想念"，同样地，也可把《秋天的怀念》的主旨概括为"对母亲的想念"，这实质上回避了对文本真正内涵的挖掘。需要在此回答的问题是：为什么"我"会"想念昆明的雨"？为什么"我"所想念的，偏偏是昆明的雨，而不是山东的雨或故乡的雨？为什么"我"所想念的昆明的雨，不是和平时代的昆明的雨，而是战乱时期的昆明的雨？

这就需要进一步分析文本内容的特殊性，研究"我"究竟是在想念什么。

文中各部分的这些内容，是否能够相互联结起来，寻求一个更具体且有整体感的解释呢？

读者容易感到，文章后面写"淡淡的乡愁"，跟全文所回忆的昆明的美好，似乎并不存在情感上的一致性。那么，我们就先来观察这个段落，看看跟全文有无打通的可能。

雨，有时是会引起人一点淡淡的乡愁的。李商隐的《夜雨寄北》是为许多久客的游子而写的。我有一天在积雨少住的早晨和德熙从联大新校舍到莲花池去。看了池里的满池清水,看了着比丘尼装的陈圆圆的石像(传说陈圆圆随吴三桂到云南后出家,暮年投莲花池而死),雨又下起来了。莲花池边有一条小街,有一个小酒店,我们走进去,要了一碟猪头肉,半市斤酒(装在上了绿釉的土瓷杯里),坐了下来。雨下大了。酒店有几只鸡,都把脑袋反插在翅膀下面,一只脚着地,一动也不动地在檐下站着。酒店院子里有一架大木香花。昆明木香花很多。有的小河沿岸都是木香。但是这样大的木香却不多见。一棵木香,爬在架上,把院子遮得严严的。密匝匝的细碎的绿叶,数不清的半开的白花和饱涨的花骨朵,都被雨水淋得湿透了。我们走不了,就这样一直坐到午后。四十年后,我还忘不了那天的情味,写了一首诗:

  莲花池外少行人,野店苔痕一寸深。

  浊酒一杯天过午,木香花湿雨沉沉。

下面是简要的分析。

(1)本段所写的是乡愁,这是明确的。

(2)"李商隐的《夜雨寄北》是为许多久客的游子而写的",主要是指《夜雨寄北》中"君问归期未有期"一句。因为"未有归期"的语义跟"久客"相关。

(3)对莲花池的描写,没有风景的展开,却强调了着比丘尼装的陈圆圆的石像。原句是"看了着比丘尼装的陈圆圆的石像(传说陈圆圆随吴三桂到云南后出家,暮年投莲花池而死)",这句话值得研究。

①强调了陈圆圆"比丘尼装",亦即出家。出家是看破红尘,了结俗缘,然而括号中的内容,指出陈圆圆暮年投水而死,表明陈圆圆并未放下内心的愁苦。陈圆圆是被愁死的。

②本段说乡愁,而陈圆圆是战乱中从外地流落到昆明的,"我"也是战乱中从外地流落到昆明的,这种对应关系,暗示了"我"内心是极为愁苦的。

③本段紧接着说下去的内容,确实是在表现当日"我"思乡而不得归的愁

苦。这印证了上述分析的合理性。

（4）酒店喝酒的细节。

①凡是回忆中的细节，都属于回忆者的关注点或触动点。四十年前的细节如今被细致呈现，意味着这些细节在四十年前的当时就深刻触动了回忆者。喝酒一节属于全文中少有的表现个人活动的、有过程的真切的细节，值得关注。

②本处的过程性细节有三。

第一，"要了一碟猪头肉，半市斤酒（装在上了绿釉的土瓷杯里），坐了下来。雨下大了"——吃的什么，吃了多少，盛酒的容器的样子，都记得，这表示对当天的这个经历，记忆犹新，深刻而清晰。

第二，"酒店有几只鸡，都把脑袋反插在翅膀下面，一只脚着地，一动也不动地在檐下站着"——这是一个意味深长的细节。这个细节不是关于自己正在做的事——喝酒，而是描写屋檐下避雨的鸡的无聊的形态。这个细节之所以触动了"我"，是因为具有象征意味。鸡把脑袋反插在翅膀下面，如果跟人对应起来，则意味深长：把脑袋藏起来，暗示什么事都不用想——联系到本段主题"乡愁"，即战乱期间流落昆明，想家也是白想，那就干脆不想好了。

由此我们发现了本段跟前文深刻的关联：前文之所以写各种菌子好吃，杨梅好吃，这都是"我""把脑袋反插在翅膀下面"的结果——在昆明的"我"实际上是非常思念家乡的，然而战乱期间，归家绝无可能，与其日日思乡，不如用"吃"来分散或转移思乡的愁苦。

第三，写木香。"密匝匝的细碎的绿叶，数不清的半开的白花和饱涨的花骨朵，都被雨水淋得湿透了。我们走不了，就这样一直坐到午后。"——这是描写雨湿木香花，借此表现当时低沉的心情。接下来的诗表现的是无奈、无聊和低沉的情绪，而文中明说这首诗是表现当日情味的。

根据上述分析可得出初步结论：本文整体上表现的隐含情感，实际上是当日流落昆明的乡愁。

那么，这个结论能否解释一些可能的疑点呢？

疑点1："雨，有时是会引起人一点淡淡的乡愁的。"明明说"有时"，这就意味着乡愁不是情感主线，在昆明的"我"多数时间是没有"乡愁"的。

答："雨，有时是会引起人一点淡淡的乡愁的。"实际上是说，乡愁是"有时"才会鲜明地表现出来的。而"我"在西南联大、在昆明的其他时候，不是没有乡愁，而是乡愁被自己刻意遮蔽了。"我"在战乱期间流落异乡，为了转移愁苦，故而特别关注异乡的美好，欣赏昆明的菌子和杨梅，感受异乡人情的美好。

为什么作者说这乡愁是"淡淡的"？恰好因为这种乡愁在一定意义上被昆明的雨滋润出来的菌子、杨梅以及昆明美好的人情抚慰了。这就是说，文中花了大量的篇幅所写的菌子、杨梅、房东等，都是用一些美好的、温暖的东西来表现昆明对乡愁的抚慰。

疑点2：写仙人掌的部分，跟乡愁看起来没有关系。这怎么统合到乡愁这个主题理解之下？

答：写仙人掌，重点突出它的容易生长、生命顽强。而这跟全文的主要内容是相关的。战乱期间流落异乡，内心愁苦，而"我"不断地在异乡找到种种心灵的安慰，恰好就是生命顽强地生存的表达。

疑点3：既然全文实质上是表现当日思乡愁苦以及寻求安慰的，那么为什么说"我想念昆明的雨"？愁苦是值得想念的吗？

答：普希金《假如生活欺骗了你》这首诗中的一句即可回答："一切都将会过去；而那过去了的，就会成为亲切的怀恋。"

更何况，文中有大量对乡愁的安慰的内容：美味的菌子和杨梅，美好的卖杨梅的姑娘和善待房客的房东。这些曾经抚慰过我们的愁苦的，都是值得想念的。

由此可知，本文的初步结论是正确的。乡愁是本文的内在情感，而多数笔墨所表现的，则是昆明的美食和温暖的人情对乡愁的抚慰。这种抚慰，恰好是作者想念昆明的雨的重要原因。

三、引文的研究

本文中有两处引文，可适度关注。

（1）城春草木深，孟夏草木长。

两句诗前后相续，从春到夏。

"城春草木深"是杜甫的诗句。此句的前句是"国破山河在"，所以引用此诗句有暗示当时国破流离的意思。"孟夏草木长"是陶渊明的诗句，描写夏天景象。文中的这两句诗前后相续，不止于季节相连的时间逻辑，也存在着内在隐含的情感逻辑——从杜甫的忧国伤时，到渊明的自求心安。全文呼应了这种逻辑。对于国破不能归家无能为力，转而通过对食物和人情的欣赏来化解思乡的哀痛。

（2）李商隐的《夜雨寄北》。

这是暗引，引文没有直接出现，是因为作者预设读者都了解李商隐这首诗，没必要把诗句明确地引用出来。

此处引用有两个关键处。一是"君问归期未有期"，表达内心思念的愁苦，暗示自己作为"久客"他乡者的归家无望。这个引用所在的语段，后续内容恰好就在表现作者归家无望的心境。二是"却话巴山夜雨时"，呼应了四十年后写作时回味当年的怀念的心境。

四、结语

本文的情感内核是乡愁。不了解这一点，就很难说读懂了这篇文章。

本文中大量的内容是"我"在乡愁中对愁苦的化解，这种化解来自昆明的美好人事物对"我"的愁苦的抚慰，也暗含着"我"在彼时愁苦中顽强生存的努力。这是"我想念昆明的雨"的根本原因。可以说，"我"所怀念的与其说是"昆明的雨"，不如说是自己在那个国破流离的时刻的一段特殊的人生。（事实上，文中真正写雨的笔墨是非常少的，更频繁出现的词是"雨季"。）

　　经由对文本"内容"的分析，我们也进一步观察到文本的"形式"——内容与形式是紧密联系在一起的；通过分析文本在"说什么"，我们了解到了它在"怎么说"。在对文本内容的分析过程中，我们开始了解到作者的行文风格。文中的情感表达方式，不是"表现"而是"流露"，甚至是刻意"淡化"和"遮掩"。"表现"是直接的、强烈的；"流露"是间接的、弱化的。这使得文字显现出云淡风轻的特点，这也是汪曾祺散文的一个特色。表面上云淡风轻，实际上内涵深邃，这就形成一种文字的张力，看似无心，却是有意，不易读懂，却耐咀嚼。平淡而隽永，大概就是这样的吧。

关于鉴赏课：由一个教学设计想到的

这是一个并不典雅的标题，尽管冯胜兰老师教学设计的题目是"典雅之美：遣词造句的艺术"。相对于教学设计而言，我的分析并不典雅，但对于理解怎么处理鉴赏课，或许还是有价值的。

一、这是一个具有开拓性的教学设计

在我的课型分类构想中，文本分析课和评价鉴赏课是分开进行的。文本分析课要尽可能摒除带有主观性的评价，以避免对文本信息的还原性理解构成干扰；评价鉴赏课则重在思想的建构和审美力的培养，此时不必拘泥于文本，重在主体精神的发扬。当然，无论是文本分析课还是评价鉴赏课，都必须始终保持理性，确保心智的清醒、分析的合理和判断的明智。

评价鉴赏课分为评价课和鉴赏课两种。评价课侧重于对文本思想内蕴的发掘与评说，鉴赏课侧重于对文本艺术形式的分析与欣赏。鉴赏的本质就是对艺术形式的评价。

当前的语文教学中，课型杂糅的现象十分普遍。说得好听一点，是体现了语文课的综合性；说得难听一点，是语文课上得杂乱无章。独立成课的鉴赏课是几乎没有的。教学中固然有鉴赏的成分，但几乎都是支离破碎的，随文取点，遇到比喻讲比喻，遇到炼字讲炼字，看不出系统性的教学构思；也几乎看不到对鉴赏对象符合学理的深入的分析，只要是比喻就说"生动形象"，只要是拟人就说"人格化",终而至于滑向答题套路。这样的"鉴赏",是无法真正培养学生的审美力的。

冯胜兰老师这个教学设计选择的是初中语文的一个单元,这个单元由《三峡》、《短文两篇》(《答谢中书书》《记承天寺夜游》)、《与朱元思书》《唐诗五首》组成。这是鉴赏课,根据《三峡》《答谢中书书》《与朱元思书》三篇课文的语言特点进行了整合,鉴赏点是欣赏其语言的"典雅之美"。语文教师对"品味语言"这一说法非常熟悉,也致力于在教学中带领学生去品味语言;但是能像这样围绕一个语言风格主题展开系统性的语言品味学习,却并不多见。在我看来,本课的主要贡献在于,它开拓了"品味语言"教学的想象空间,对如何设计鉴赏课是一个具有启发性的示范。

二、对鉴赏知识点的学理分析

每一个鉴赏点,都需要与艺术形式相关的知识来支撑。教师鉴赏课的备课阶段,在根据单元文本特质确定鉴赏点之后,就需要对相关知识进行研究。

本课涉及的知识是"典雅"。典雅是一个风格概念。那么,什么是典雅呢?从"典雅"的构词上来说,"典"就是有典据,有根柢,有文化底蕴;"雅"就是纯正,规范庄重,不浅俗。我认为这就是评判典雅与否的基本标准。

作为风格概念,刘勰和司空图都对典雅有所论说,而他们的看法并不一致。

关于典雅,刘勰是这样解释的:"典雅者,熔式经诰,方轨儒门者也。"(《文心雕龙·体性》)刘勰的解释完全吻合"典雅"在构词上的含义。"熔式经诰",就是要有典据,语言规范,措辞雅正;"方轨儒门",就是思想内容符合儒家义理,庄重不俗。《文心雕龙札记》说"义归正直,辞取雅训,皆入此类",意思就是文章所表达的意义要正确真实,所使用的语言要规范雅正。显然,刘勰的"典雅",是依据文化传统的权威所塑造出来的经典化表达范式。

刘勰在《文心雕龙》里把文学风格分为典雅、远奥、精约、显附、繁缛、壮丽、新奇、轻靡等八种，并把这八种风格分作具有对立互补意味的四组："雅与奇反，奥与显殊，繁与约舛，壮与轻乖。"

典雅——新奇
远奥——显附
繁缛——精约
壮丽——轻靡

在刘勰的分类中，典雅与新奇是相对的。什么是新奇呢？刘勰说，"新奇者，摈古竞今，危侧趣诡者也"，所谓"新奇"就是摒弃传统的表达范式，以新为贵，专求奇巧，意必矜创，词必研新。由此反观，我们可以确定：典雅是依循传统的而非刻意求新的，是措辞庄重而非措辞新巧的。从审美印象上来讲，典雅是稳健保守的。

司空图《二十四诗品》对"典雅"是这样描述的：

玉壶买春，赏雨茆屋。坐中佳士，左右修竹。
白云初晴，幽鸟相逐。眠琴绿阴，上有飞瀑。
落花无言，人淡如菊。书之岁华，其曰可读。

司空图不是像刘勰那样使用学术性语言，而是使用艺术性语言来描述典雅，因而他的描述较难把握。但我们仍然能够清楚地看出，司空图所理解的"典雅"，是优雅超然的审美意趣。与刘勰相比，司空图对于典雅之"典"相对忽略，而凸显了典雅之"雅"；而这个"雅"的内涵也不再是儒家所指的纯正庄重，而是与世俗相对立的放纵野逸的情怀。

刘勰是南朝梁人，跟《三峡》《答谢中书书》《与朱元思书》三篇课文的时代相近。因此，品鉴这三篇课文语言的典雅之美，采用刘勰的观点比采用唐人司空图的观点更为恰当。而我们今天赏析古代诗文，既要研究前人的定义，厘清概念的脉络，以期符合学理；亦不必太过拘泥，以在符合学理的前提下让学生有所收获。据此，我个人的意见是：讲语言的典雅之美，重在分析品鉴书面语言的纯正有据、高雅精致。在这三篇文章中，骈俪的四言句法具有悠久的传统依据，是其一；词语的修饰，是汉赋以来书面表达中重要的文化习惯，是其二。这两点在南北朝文章中的表现非常突出，整个教学设计在"典雅"这一知识概念上，大致是经得起推敲的。在教学设计之初，执教者把比喻等修辞手法也列入典雅的范畴，我给出了删除的建议。因为很显然，比喻也可能造成新奇的风格效果，除了用典、引用经典等方式，比喻等修辞手法并不能决定语言的典雅与否。

三、鉴赏点选点的合理性

鉴赏课落实到怎样的鉴赏点来做，是根据两个要点来决定的。一个是文本特质，一个是学生语文学习的发展需求。

关于单元课型分类，预习课、文本分析课、评价鉴赏课是最基本的课型（如有必要，还可加上文学史课）。这是依据学生认知发展规律、按照单元整合思路来构想的。这个课型分类，跟讲读、教读、自读，精读、略读、导读等传统课型概念迥乎不同。我认为传统课型分类是形式上的，不触及语文学习的实质性内容，因而不能对学生的语文学习造成实质性影响，很难发挥出不同课型应有的作用。

预习课、文本分析课、评价鉴赏课分开进行，各种课型目标清晰，章法井然；而最终构成覆盖单元学习各个方面的有机的整体。鉴赏课所处理的是阅读教学中涉及审美判断和审美品位的高级部分，这个部分与写作学习也具有高度相关性，因而鉴赏点的选择应相当慎重。

对于鉴赏点如何选择这一问题，语文教材尚不足以提供明确且合理的答案。这需要教师自主研究。从这个教学设计来看，我认为语言的典雅之美这个鉴赏点，是相当合理的选择。首先，这符合本单元这几篇课文的文本特质，这是明显的；其次，这也符合学生语文学习的发展需求——这个学段的学生需要开始建构关于语言风格的知识，而语言风格的理解需要先从典雅入手。

刘勰说，"童子雕琢，必先雅制"。他又说，"夫才量学文，宜正体制"。语言学习，先要掌握书面语言和表达规范；写作学习，必须以正确的体制、健康的风格作为基础。与较能凸显创造性的新奇相比，典雅未免显得保守；然而如果没有典雅作为基础，新奇则容易流于诡异险怪，从而养成病态的审美趣味。知"正"之后，乃可以求"奇"，进而奇正相兼；得"雅"之后，乃可以还"俗"，方能雅俗共赏。语文学习要先学会欣赏典范的书面表达，才能走上正确的道路。选择典雅作为鉴赏点，不仅能充分发挥这几个文本的教学价值，也有利于为初中生的语言品位奠定一个良好的基础。

就当今中学生的语言表达水平而言，典雅是相当欠缺的。不规范、不雅致的口水话，触目皆是。我们的学生做不到典雅，甚至不适应典雅，这是亟待解决的现实问题。我想，这也是这一教学设计选择"典雅"作为鉴赏点用意深远的表现。

四、补充意见

下面简要谈两点意见，作为补充。

第一，品鉴语言的典雅，引入"藻饰"这一概念，是非常明智的，符合学理的。古典诗文中，像兰舟、玉露、蛾眉之类的语词，在今天看来似乎成了不值得鼓励的模式化"套板"，然而也正是造成语言典雅印象的一种通行方式。我们应该知道，语言学习阶段，这样的"套板"其实是具有极高的学习价值的。

我认为，从相关文本中找出"绝壁""孤峰""绿嶂""青崖""森壁""幽岫""深溪""幽居"等词语，这是设计者对语言的敏感，值得充分肯定。而教师若能进而归纳出这些词语的共性，即名词前面总是存在一个修饰语以赋予该名词特定的审美印象，则更有利于引导学生体会词语藻饰的功能，以及古人书面措辞的文化习惯。

第二，用"替换法"体会用词的精准，这是很精彩的语言赏析教学，对学生无疑是有益的。但这是不是严格意义的典雅，或许可以商榷。

题目	赏析例句	赏析点
《三峡》	清荣峻茂	形容词的精准
《答谢中书书》	晓雾将歇，猿鸟乱鸣；夕日欲颓，沉鳞竞跃	动词的感情色彩
《与朱元思书》	急湍甚箭，猛浪若奔	形容词和名词的搭配

在上面的表格中，赏析形容词的精准、动词的感情色彩、形容词和名词的准确搭配，都能有力地推进学生对语言表达效果的认识。但在我看来，措辞的精准、词语的感情色彩和搭配的合理，并不见得是语言典雅的必要条件。

总的说来，这个教学设计已经突破了当前语文教学的常规，凝结着设计者对语文教学的深刻认识，具有极大的参考价值。这样的教学一定是真正具有"语文味"的，能真实有效地落实对祖国语言文字的学习。沿着这样的思路走下去，将使得语文教学越来越接近它的本质。

"托物言志"的教学评一致性

——基于《〈白杨礼赞〉"教学评一致性"学案》的探讨

一、《白杨礼赞》的教学价值点

《白杨礼赞》是茅盾的散文。这篇散文虽然并不能代表茅盾的文学成就,但其"托物言志"手法的运用,是比较典型的。

这篇散文,文气很盛。然而我一直觉得它的文气有些过盛了。在《答李翊书》中,韩愈提出"气盛,则言之短长与声之高下者皆宜"。"气盛"则"言宜",意思是说只要精神内气旺盛,则文章无论句子长短或声调高下,均能得宜。很显然,文气的本质是内在精神的充盈,而不是在语句上拉高腔调、掷地有声。

而《白杨礼赞》却是在语句上的腔调十分铿锵,文中分布着大量的惊叹号或表示反问的问号。我们不能说此文内在精神不强劲,但语句层面的表达却气势太足,不符合韩愈"言之短长与声之高下者皆宜"的主张。最典型的如:

当你在积雪初融的高原上走过,看见平坦的大地上傲然挺立这么一株或一排白杨树,难道你就觉得它只是树?难道你就不想到它的朴质,严肃,坚强不屈,至少也象征了北方的农民?难道你竟一点也不联想到,在敌后的广大土地上,到处有坚强不屈,就像这白杨树一样傲然挺立的守卫他们家乡的哨兵?难道你又不更远一点想到,这样枝枝叶叶靠紧团结,力求上进的白杨树,宛然象征了今天在华北平原纵横决荡，用血写出新中国历史的那种精神和意志？

连续的反问构成排比，力道十足。一连串"难道"拉动的长句，直接呼告着"你"，如暴风骤雨，不容"你"质疑，其中"启发思考"的意味较淡，而"强迫接受"的意味很浓。

本文的文本特质，在"托物言志"。把白杨的特点映射向人，假托白杨来表现抗战军民的精神意志，这种表达技巧的运用，比较典型，是最具教学价值的地方。

二、"托物言志"的教学评一致性

"教学评"三者的一致性，是对课堂教学的正当要求。

"教"，基本问题是"教什么"。就是确定什么教学内容，所确定的教学内容的价值是什么。这是根据语文课程的性质以及文本的特质来决定的。"教什么"首先要符合语文学科课程的目标，同时要看特定文本能够挖掘出的教学内容是否具备（有别于别的文本的）独特性。

"托物言志"是八年级语文学习中需要掌握的一个知识，也是《白杨礼赞》突出的特质，因而把"托物言志"确定为本课的教学内容是恰当的。

"学"，基本问题是"怎么学"。教学内容确定之后，焦点就是怎样才能让学生理解和掌握教学内容。基于学生的认知背景，按照认知规律和知识内在逻辑来设定合理的教学环节，这是关键。

"评"，基本问题是"如何确定学生已经掌握所学内容"。"评"是对"教"与"学"的成效的检测，而检测需要合理的检测材料和科学的检测方法。以"托物言志"教学为例，"评"首先需要检测材料，教师可用另外一篇运用了"托物言志"的文本作为检测材料；而检测方法则须依据"托物言志"这一知识的内在构成，拆分成若干检测项来进行。这些检测项所需要的能力，则须在《白杨礼赞》的教学过程中已经得到训练。

"托物言志"手法的"教学评",均应触及如下项目,这些项目是根据"托物言志"的知识内在构成和表达逻辑设置的:

(1)识别并提取文本材料中关于"物"的主要特征的描述。
(2)对"物"的特征信息加以整合。
(3)从文本语言中识别并提取关于"志"的表达。
(4)找出"物"的特征与"志"的表达之间的映射关系。
(5)理解这种映射关系得以成立的机制。

学习"托物言志"的初级阶段,最后一个项目不是必需的。托物言志中"物"与"志"的映射关系,涉及联想与想象的思维机制,涉及"隐喻思维""移情作用"等复杂概念。这不宜成为初中阶段的学习内容,高中阶段则可考虑。

以上五个项目,是理解"托物言志"手法必须涉及的几个方面。要据此"教",据此"学",据此"评"。"教学评"均围绕这些主题任务展开,具有一致性。

三、课型与教学设计的合理性

《白杨礼赞》"托物言志"的教学,是关于艺术手法的教学,属于评价鉴赏课中的鉴赏课。

评价鉴赏课原则上应该以单元为单位进行,把该单元中的各个篇目贯通起来,加以比较、评价、赏析。如果某篇课文的思想情感内涵特别丰厚,主题特别重大,或艺术形式独具一格,鉴赏点众多,评价鉴赏课也可以单篇实施。如果学生学习《白杨礼赞》是初次接触"托物言志"手法,那么,单篇进行"托物言志"的教学也具备合理性。

棠湖中学空港校区的《〈白杨礼赞〉"教学评一致性"学案》,总体设计水平较高，教学思路清晰，能清楚地说明本设计的课程标准依据、教材依据和学情依据，并提供适度拓展的教学资源。这是优点。此外，对于这份设计，我认为还有几点可探讨或改进。

（一）"教"的课型：教学任务的聚焦问题

课型要纯粹，要集中突破核心目标。语文课最容易搞成大杂烩，到处设点，任务分散，全面用力，焦点模糊。

本设计的第一个环节，生字词的注音、成语的解释，都不是阅读教学内容，而是字词教学内容。这些内容都宜置于预习课中，由学生自主解决；而不宜放在以"托物言志"手法为目标的评价鉴赏课中。

本设计的第四个环节，要求学生"当堂练笔"，赋予小草、粉笔、蜡烛、落叶、荷花、太阳等以象征意义，用"我赞美……就因为它不但象征了……尤其象征了……"的句式写一段话。这个任务也应该剔除。首先，这一任务本质上是一个写作的仿写任务而不是阅读的评价鉴赏任务；其次，通过这一任务，学生固然能够实现简单的模仿，但并不能据此检测出学生是否理解"托物言志"的手法运用要点（套用句式而已），也不能借此深化学生对"托物言志"这一手法的认识，不符合"教学评一致性"的设计初衷。

（二）"学"的实效：让学生有真实的获得

教学的目的就是要让学生有收获。

本设计的第二个环节是"赞白杨"。学生的活动是快速浏览课文，勾画出文中直接赞美白杨树的句子。这些句子是直抒胸臆的，语义十分明确，情感特征十分鲜明，在实际教学中，学生很容易就找到了。接下来要求学生齐读这些句子，读出情感的变化，再借此明确本文的情感走向。

这一环节的设计，是合理的。这其实就是对"志"的捕捉，也是对全文脉络的梳理——这个梳理是必要的，因为"托物言志"就是在这一脉络中被运用的。

本设计的第三个环节是"品白杨"。这一环节也是必不可少的，其本质是分析这个文本是怎么"托物"的。具体任务是通过完成下列表格，概括出白杨的"不平凡之处"。

不平凡	特点（从文中找出相应的词语）
生长环境	
外部形态	干： 枝： 叶： 皮：
内在气质	

任务完成方式，是小组合作。在本课的实际教学中，教师抛出问题后，就立即进入了小组合作学习，学生展开了热烈的讨论。

从"学"的角度而言，这是有待改进的。小组合作学习，不能一开始就"合作"；在小组的"合作"之前，必须先有每个学生的"自主"。在所有学生都自主完成上述表格后，才可以开始合作。这样，每个学生才有机会反思——哪些地方自己是怎么思考的而他人又是怎么思考的，他人有什么特点，自己有哪些不足。如果一开始就是集体讨论，很可能把"合作学习"搞成一场"拼凑答案"的集体活动，你说一点，我说一点，他说一点，最后得出的结论也许是完整的且正确的，但每个学生实际上都无力给出完整而准确的答案。这实际上掩盖了学生的问题。这样的活动没什么价值。

实际上，这一环节有无必要安排"合作学习"，我认为也是可疑的。我认为这个任务的难度不大，多数学生应能正常完成。就"托物言志"手法来说，找到"物"与"志"之间的映射关系，依托课文来分析在文本中是如何映射的，才是真正关键和困难的部分。这才是需要"合作学习"的地方。课堂上的学生活动不宜盲目，应在最有活动价值的地方安排学生活动。

对我而言，观课是一个思考的机会。深入课堂观课，是教学研究者必须经常做的一件事。我在讲台上站过 23 年，无疑具有丰富的一线教学经验；如今作为教研工作者,我仍然对脱离一线教学的风险有高度警觉。教学是一项实践活动,教学研究绝对不能脱离教学实践,徒有高大上的教育教学理论是不顶用的。感谢棠湖中学空港校区邀请我来参加这次"磨课",我名义上是来指导的专家,但实际上是一个观察者和学习者。通过这次磨课,我体会到了更多的东西。

"手法"：非常规的和非直陈的
——关于文学作品的"手法"

评价鉴赏课需要关于"手法"的知识。在语文考试中，文学类文本阅读（包括古典诗歌阅读），也常常涉及"手法"的辨认及其效果的辨析。而这方面的概念、知识相当混乱，许多教师对此深感困惑。本文提出的是我对"手法"概念的理解，未必恰当，仅供参考。

一、我们如何知道某处有"手法"存在？

首先，我们需要理解，为何会成立"手法"这个概念。

理解这一点非常重要，这是前提，有助于帮助我们以怎样的标准去辨别是否存在手法之运用。

下列两个相互关联着的事实，决定了"手法"的必要：

第一个事实是：语言是用来表情达意的。假如情意能直接表达出来，我们就会直接表达；假如不能，我们就需要采用更多的表达策略，以使情意被表达出来。

第二个事实是：语言是用以沟通的。假如直接陈述情意就能达成交际目的，我们就会直接陈述；假如不能，我们就需要采用（自以为）更好的语言策略，以说服或感染受众，实现有效沟通。

如此则存在如下两种情形：

其一，情意（指"情"或"意"，情感或意义，下同）深婉复杂，普通的语言很难表达出来，或者很难表达清楚，在此情况下，我们需要借助更为复杂的语言形式来表达。例如比喻、比兴等，目的是使其情意变得可感和清晰。

其二，由于某种情境中存在禁忌，对直接的情意表达有所顾忌，于是，我们需要采用特别的方式来表达。例如《近试上张水部》，实为试探对方的态度；《岳阳楼记》实为规劝对方（滕子京）勿以贬谪而悲喜，要怀有"古仁人之心"。

例如借景抒情。情感是现成的，直接讲出情感，未必能引发共鸣。借用景物来营造一个比较直观的、与情感特征匹配的体验场景，诱导受众产生类似的情绪或情感，这是一种曲折的表达与沟通策略。

例如排比。排比是一种强化表意密集度的手段，在一定意义上，它是一种强制性沟通策略——让受众来得及听而来不及思考，更来不及辩驳，以此达到雄辩的效果。

《邹忌讽齐王纳谏》《触龙说赵太后》，都是婉转劝诫的例子，都是沟通策略的运用。邹忌和触龙，都以自身的事例构建了一个经验模型，便于受众参照并理解其自身的经验。

在文学表达中，作家常常厌恶语言被漫不经心、大而化之地使用。有的作家甚至以为，不具个人色彩的、日常的普通表达会导致语言的自动化反应，这是语言的瘟疫。为此，他们寻求"语言的陌生化"。韩愈所谓"惟陈言之务去""辞必己出"，大概也就是这个意思。这种方式实质上是要创造表达的鲜活性，以避免麻木无感的表达与沟通。

这些做法势必显现出与日常普通表达的显著差异。而其效果，通常可以用下列套话来描述：使直观（生动），使丰富，使鲜明，使雄辩（有力）……

在上面所提及的情形下，"手法"的概念就成立了。

如此，判断一个文本中是否存在"手法"的思路就清楚了——当文本中的表达存在跟日常表达的显著差异，表现出表达的"非常规性"和"非直陈性"，那么，该处就存在"手法"的运用。

二、有哪些"手法"?

"手法"在表情达意上具有"非常规性"和"非直陈性"。这种"非常规性"和"非直陈性",是文本的所谓"艺术感"的重要来源。

在文学文本中,一切具有"非常规性"和"非直陈性"的"手法"都是"艺术手法"。它们属于表达的技巧运用,因此"艺术手法"也可叫作"表达技巧"。据此,手法包括两类:

(一)修辞手法

修辞手法是为句子表达的优化而采取的表达策略。

(1)实质性修辞:对语句内涵具有实质性影响的修辞手法。这些手法包括:比喻、夸张、借代、比拟、用典等。

(2)非实质性修辞:对语句内涵没有实质性影响的修辞手法。这些手法包括:

①强化感觉形式感的修辞:对偶、排比。

②强化情感表现的修辞:反语、反复、反问。

③强化诱导性的修辞:设问。

④诉诸权威的修辞:引用。

(二)表现手法

表现手法是(在句子以上层面,通常是篇章层面)为更好地表现情意而采用的表达策略。主要包括:

(1)各种文学类文本中都可能存在的:象征,抑扬,伏笔与照应,对比与衬托、烘托(侧面映衬),借古讽今。

(2)多见于古典诗歌文本中的:起兴、借景抒情(寓情于景)、托物言志、动静辩证(化动为静、动静结合)、虚实辩证(虚实相生、虚实结合)。

以下是补充说明。

①表达方式。我的看法是：五种表达方式——记叙、描写、抒情、议论、说明，是所有语言表达的基本方式，其自身并不包含艺术性要求。它们不属于艺术技巧，不属于表现手法，不在讨论之列。五种表达方式的运用过程中，不排除有技巧的使用，例如在描写人物或景物之时采用修辞手法或表现手法，在此情形下，才存在表达的艺术性问题。

②联想和想象。这是思维方式或思维机制，不属于艺术表现手法。所谓联想，就是由一事物想到另一事物的心理过程；所谓想象，就是在原有感性形象的基础上创造出新形象的过程。它们的运用，固然可以使内容更丰富，形象更丰满，增添艺术表现力，但其本身属于思维的运作机制，不属于手法概念。比喻、比拟、夸张等背后，也有联想或想象；叙事性文本中的回忆部分，也属于联想。如果把联想和想象作为艺术手法概念，会导致手法概念的混乱。

③以小见大。这是用小题材表现大道理，不属于艺术手法。我们甚至可以说，所有主题深刻的文学文本，都是"以小见大"的。

④铺垫。一般的理解是：铺垫是为了让后文的意思表达得更清楚、更形象而进行的烘托，是为了表现主要写作对象而提前进行的基础性描写。这一解释，意味着铺垫跟衬托或烘托是相同的手法。此外，如果"基础性描写"仅仅是事件进程的一部分，那么，它就属于叙述的一个环节，并不属于手法的运用。

三、不同"手法"的效果是什么（修辞手法）？

不同手法的效果不同。先说简单的，也就是修辞手法。修辞手法不涉及篇章层面，仅仅涉及句子层面。

（一）实质性修辞

除了下列修辞手法，其他修辞手法对语义表达均不产生实质性影响。

1. 比喻

比喻的背后是联想的思维机制在起作用。当我们把一个事物（本体）比喻为另一个事物（喻体），会将喻体的语义实质性带入本体，进而影响我们对本体的认知。

它的修辞效果通常是：化平实为生动（"叶子出水很高，像亭亭的舞女的裙"），化深奥为浅显（"母亲啊，你是荷叶，我是红莲"），化抽象为具体（"问君能有几多愁，恰似一江春水向东流"），丰富意蕴（"一树梅花一树诗"）。

2. 夸张

夸张是以极大地扭曲比例的方式来放大事物特征。这种扭曲使得普通经验被改写（放大或缩小等），从而对意义产生实质性影响。

它的修辞效果通常是：刺激想象（"力拔山兮气盖世"），强化感受或情感（"白发三千丈"），讽刺或幽默（"眼光正像两把刀，刺得老栓缩小了一半"）。

3. 借代

用事物最具特征和代表性的部分来替代该事物，主要功能是把受众注意力集中在事物最具特征和代表性的部分，从而达成表达者希望的效果。

比如，"孤帆一片日边来"，让人更多注意到船上"帆"的部分；"白领"，让人更多注意到职场人士的穿着特征；"上面坐着两个老爷，东边的一个是马褂，西边的一个是西装"，更直观地表现传统老爷形象和西化老爷形象。借代是以部分篡改作为整体的所借代的事物，把复杂事物简化了，因而也属于实质性修辞。这种手法不具备复杂性，缺乏考查价值，基本上不被考查。

4. 比拟

比拟分为拟人和拟物。比拟和比喻一样，都以万物相似相通为理念。和比喻不同的是，比拟重在"拟"，用模拟的方法刻画人或事物的情状，使一个事物具有它本来不具有的另一种事物的特征。比喻是名词的联结，比拟则是动作化的。

它的修辞效果通常是：自然事物人格化而使得情态丰富（"密集的芦苇，细心地护卫着脚下偷偷开放的野花"，拟人），生动形象的想象刺激（"衔远山，吞长江"，凸显洞庭一湖的阔大和气势，拟物），鲜明地表达情绪（"我见青山多妩媚"，拟人，且属用典"唐太宗评魏征'妩媚'"）。

5. 用典

引用古籍中的故事（事典）或词句（语典），为用典。用典会将历史意涵带入当下语境，对所要表达的情意产生实质性影响。效果是：可以含蓄地表达有关内容和思想，措辞简洁雅致，内涵丰富（形成互文本）。

用典多属于修辞手法而不是表现手法。如果在篇章层面上使事用典，则多半属于借古讽今。

（二）非实质性修辞

1. 对偶、排比

对偶、排比是不涉及语义的实质性改变的、强化感觉形式感的修辞。对偶强调视觉的形式感，排比强调听觉的形式感。这两种方式较少被考查。

对偶的效果主要是：使词句有节奏感（平仄变化使其有韵律感）；形式整齐，有对称的形式美感，表意凝练。

排比的效果主要是：内容集中，条理层次清晰；节奏鲜明，增强气势；长于抒发饱满情绪。

2. 反语、反复、反问

反语、反复、反问是不涉及语义的实质性改变的、强化情感表现的修辞。这几种也很少考查。

反语、反复、反问，或强化喜爱的情感，或强化愤激、反感的情绪，都不涉及语义的变化。

3. 设问

设问是不涉及语义的实质性改变的、强化诱导性的修辞。通过设问，句子带上了诱导性。设问是自问自答，但实际上说话人并不存在疑问，采用这种方式主要是诱发听话人注意所提及的问题。

4. 引用

引用是讲道理时诉诸权威的修辞。

引用与设问，是否属于修辞手法，我认为是值得商榷的，因为这两种手法并不形成显而易见的艺术效果。

四、不同"手法"的效果是什么（表现手法）？

表现手法是为优化情意表达而采用的表达策略，它的运用是在句子以上层面，可以在句群（语段）层面，也可以在篇章层面。通常是篇章层面。

（一）各种文学类文本中都可能存在的

1. 象征

象征是借助具体物象来表现某种抽象的概念、思想或感情。中国传统中的"托物言志"可以简单地等同于象征。如果要强说区别，那么，象征和托物言志的区别在于：作为中国传统手法的"托物言志"，"言"意味着"志"一般会在文本中被明确地说出来；而象征是以"象"来"征"，用"物"来表露"意"的某种迹象，所要象征的东西一般不会在文本中被明确地说出来。象征的特点就是"托义于物"，效果是含蓄不露，隐而不晦，形象感强。

象征和比喻很相似，区别在于：比喻是句子层面的，象征是篇章层面的。比喻可以出现本体，象征一般不出现"本体"。

2. 抑扬

可以是先抑后扬，也可以相反。它的特点是造成反差，效果是引发惊奇和思考。

3. 伏笔与照应

这是一组概念。前有伏笔，则后有照应。

在叙述中，伏笔是埋伏在前面的细节，言语不多，有隐含性，不注意看不出来。照应则是跟前文的伏笔的关联情节。例如《林教头风雪山神庙》中，林冲进了山神庙，"入得庙门，再把门掩上。旁边止有一块大石头，掇将过来靠了门"。这个细节描写为下文"用手推门，却被石头靠着了"埋下伏笔，陆虞侯等人只好站在庙外边看火边说话，林冲躲在庙内听得一清二楚，了解到事情的真相。又如，莫泊桑的《项链》前部分写借项链时，佛来思节夫人把项链放在很显眼的地方，暗示它并不贵重；丢项链后向珠宝店老板打听时，老板称只售出了匣子，未售出项链；至结尾处才说项链是赝品。显然，伏笔就是在前文给出的必要的暗示。

伏笔与照应的效果通常显现在照应的部分，照应处通常引发惊奇；此时回顾伏笔，恍然大悟，方知伏笔的巧妙。伏笔与照应的配合，往往使读者感到叙述有波澜。

有两点需要注意：

第一，照应有时仅指前后有关联，并无伏笔在前暗示。例如"首尾照应"等，此时只有文章结构上的作用。

第二，铺垫。铺垫通常指为了表现主要写作对象而提前进行的基础性描写。这一定义实际上等同于"烘托"或"衬托"，因而不必成为一个独立的概念。

4. 对比与衬托、烘托（侧面映衬）

对比的特征是"对"，也就是相反相对，它的效果是鲜明有力，引人深思。衬托、烘托的特征是"托"。衬托是用次要的去映衬主要的，使主要的更加突出；除了使主要形象更加鲜明外，还会使表意曲折含蓄。烘托是用近旁的事物侧面渲染，来形成某种环境氛围，形成某种基调。（凡是用以表现人物形象的场合，都是衬托而不是烘托，如《陌上桑》衬托罗敷外貌之美："行者见罗敷，下担捋髭须；少年见罗敷，脱帽着帩头。耕者忘其犁，锄者忘其锄；来归相怨怒，但坐观罗敷。"）衬托是就对象之表现而言的，烘托是就环境之氛围而言的。

对比和衬托都属于比较，具有很多的相同点，但是二者在以下方面是不同的：

第一，在对比中，参与比较的二者在逻辑上是平等的，尽管正负符号不同；衬托则有主次之分，次要的为表现主要的服务。

例如，李煜的《望江南》："多少恨，昨夜梦魂中。还似旧时游上苑，车如流水马如龙，花月正春风。"这是对比还是衬托呢？

尽管写梦境的篇幅看起来很大，但现实才是立足点，梦中回忆往昔繁华快乐的景象，是用来反衬梦醒后自己处境的失落凄凉。离开了现实这个立足点，写梦境就失去意义了。

为什么这不是对比呢？因为二者是不对称的。用以反衬的梦中景象，作为如今的回忆被呈现，主要目的是解释现实中"多少恨"的内涵与原因。如果把它理解为对比，就会造成过去与现实的对垒，文本统一性将被撕裂。（其实这里还涉及"虚实结合"的问题。梦境是虚，现实是实，这首词中是以虚来反向折射现实的凄凉。）

第二，对比一般出现在显示理性的观察与思考的场合。如梅尧臣的《陶者》："陶尽门前土，屋上无片瓦。十指不沾泥，鳞鳞居大厦。"鲜明的对比，表现了对当时社会贫富悬殊的理性观察。衬托、烘托（侧面映衬）则多属描写场合。

5. 借古讽今

借古讽今的特点是"讽"，主要效果是含蓄委婉。由于中国是一个文化禁忌、政治禁忌很多的国度，所以借古讽今的手法比较多见。

（二）多见于古典诗歌文本中的

1. 起兴

起兴，意思是由外界景象触发想法或情绪。效果是：增强诗歌的生动性和鲜明性，增加韵味和形象的感染力。

《诗经·周南·桃夭》："桃之夭夭，灼灼其华。之子于归，宜其室家。"朱熹《诗集传》："故诗人因所见以起兴，而叹其女子之贤，知其必有以宜其室家也。"姚际恒《诗经通论·诗经论旨》："兴者，但借物以起兴，不必与正意相关也。"

按：娶得该女子，其家则如桃花之鲜亮。这是兴中有比。而根据姚际恒之说，未必可解释为有比喻。有无比喻，要看具体情况。

"兴"本质上是联想思维活动，这与比喻、象征类似。因而它们有时候难以区分。唐代以后的诗歌分析，一般不谈比兴。

2. 借景抒情（寓情于景）与托物言志

"借景抒情"与"托物言志"，都是借助某种景物来达成抒情达意的目的。但"借景抒情"中所借之景都具有临时性，一般是触目所见的景。

"托物言志"有两种情况。一种是所托之"物"，具有文化上约定俗成的性质，其内涵精神是传统中已有的，而且带有一定的人格化色彩。比如梅的凌寒不凋、竹的虚心节操、松的孤高坚韧、莲的高洁不染等。陆游的《卜算子·咏梅》："驿外断桥边，寂寞开无主，已是黄昏独自愁，更著风和雨。无意苦争春，一任群芳妒。零落成泥碾作尘，只有香如故。"托"梅"的孤高来表达人的情志，而梅的这种象征性内涵，在传统中早就具备。

第二种是所托之"物"的象征性内涵，是临时赋予的。杜荀鹤的《小松》："自小刺头深草里，而今渐觉出蓬蒿。时人不识凌云木，直待凌云始道高。"小松象征着一种出身寒微但终成大器的抱负，这种意涵是被临时赋予的，传统上松树并无这种约定俗成的含义。本诗主旨其实并不在于赞扬"小松"而在于讽刺世人无眼，这种情况下实际上存在着讨论空间（亦即有人可能不认同本诗是托物言志的）。

无论哪种情况，都要注意两点：第一，托物言志的"志"，倾向于志趣，与"情"相比，有更多的理性色彩。第二，托物言志所用的是象征手段。从篇章上看，托物言志与象征，必然是在篇章层面上使用的，也就是全文反复集中在所托之物上落笔；而不是像借景抒情那样写的具体景物较多，每个景物基本上都是一点而过。

区分的关键，首先是看笔墨是否集中于某一特定对象。若是，则基本上可以判断是托物言志。其次，是看里面所包含的有无理性的思考或追求，亦即所抒发的是不是"志"。

如果先有景物再有情感，情感由景物触发而起，是借景抒情；如果景物描写中带着明显的情思，是寓情于景；如果景物描写中没有明显含有主观感情色彩的词语，是融情于景。

特别说明：广义地看，由于诗歌的意图是抒情达意，景物是抒情的媒介，写景只是为此而施设的手段，因此，上述所有手法可以说都属于借景抒情。借景抒情、寓情于景、融情于景这几个短语，经常被随意使用，很多高考答案对此都有骑墙的倾向，就是这个原因。

3. 动静辩证（化动为静、化静为动、动静结合）

这是写景的动静搭配问题，容易理解和掌握。"蝉噪林逾静，鸟鸣山更幽"之类，其实不过是感觉的写实；这种方式能否被称为艺术手法，我认为也值得商榷。但这种提法被太多人采用，所以姑且列入。

4. 虚实辩证（虚实相生、虚实结合）

"虚—实"是中国传统中的一组辩证概念，覆盖的范围甚广，具有哲学意义。虚与实是相对的。有者为实，无者为虚；客观（眼见）为实，主观（内心）为虚；具体为实，隐者为虚；当前为实，未来为虚；已知为实，未知为虚；等等。

在诗歌文本中，虚实结合多指把眼前现实生活的描写与回忆、想象结合起来。如毛泽东《沁园春·雪》："山舞银蛇，原驰蜡象"是实景，"须晴日，看红装素裹"是虚景。

严格地说，虚实辩证（虚实相生、虚实结合），作为表现手法来理解是不妥的。"虚—实"是中国传统思想中一个普遍的概念，作为表现手法来理解会导致这一概念的"泛化"。例如，所有眼见为实的景象都是"实"，所有思想情感活动的部分都是"虚"，那么在文学文本中，虚实就无处不在了。但由于以此为表现手法的说法甚多，这里姑且保留。

怎样上语文综合实践课

——评《鸟"雨""花"香,"醉"成都——品少陵诗,吟成都情》

谢谢各位老师,今天成都七中万达学校"2020年教学研讨会"这三堂课听起来很愉快。三位老师都表现出了非常优秀的教学素养。从这个角度来讲,都是好手,都很优秀。

很多人觉得,评课就要说场面话,皆大欢喜。但我认为,这不应该是讨论语文教学应有的态度。教学讨论会就是要讨论,就是要来研究怎样提高语文教学水平。只有直面问题,探讨如何改进,才能为今后的教学提供正确的方向。这才是评课的基本立意。我经常讲,人都是通过直面和修正自己的缺陷而进步的。每个人都有长处,每个人又都有短板,这固然是事实;但若我们有心把教育教学当成专业和事业来做,就必须追求完美。完美很难达到,或者说根本无法达到,但我们可以不断趋近。

预设教学任务需要首先考虑的是,一节课教师想让学生收获什么,学生实际能获得什么,这是很重要的一个思考点。想让学生收获什么,这是教学的出发点;学生能实际获得什么,这是教学的落脚点。务必让学生有真实的收获,这是在落实学生的受教育权,是教学的伦理责任。

一、这是一堂令人愉悦的语文综合实践课

《鸟"雨""花"香,"醉"成都——品少陵诗,吟成都情》,这堂课听起

来很愉快。这是诗歌教学，教的是"诗"，诗要重视涵泳。在这堂课里面，有朗读、有吟诵、有歌唱。这堂课的最后一环，音乐老师欣然上台给语文老师当"附庸"，歌唱杜甫的《春夜喜雨》，让我们听得很享受。《诗大序》讲，"言之不足"，"故永歌之"。诗本来就是一种有声音的艺术，在古代，诗和乐是一体的。古代的诗是可以唱的，也就是说，音乐的旋律，至少是音乐的节奏，是诗歌理所当然的构成要素。散文、说明文、议论文的教学可能不需要读，但诗的教学一定要读，甚至是唱，一定要发出声音。这堂课上我们听到了很多声音，各种形式的声音，这就非常好。

一堂语文课，邀请音乐老师来共同完成，这是很有创意的。如果有机会，语文课能否邀请其他学科的老师合作完成？比如《梦回繁华》《山水画的意境》，可否请美术老师来一起完成？《过秦论》《六国论》，可否请历史老师来一起完成？

这样的合作可能很麻烦，但学生收获到的东西是不一样的。虽然我很坚持学科边界，但这并不等于排斥学科融合的可能。教学嘛，就是"一切为了学生"。这样做出来的课，很多老师也许觉得不再是纯正的语文课了。但是，我不这么认为。首先，这堂课确实不是大家印象中常见的那种语文课，但即便不是纯正的语文课，偶尔上这么几次，我觉得也没有太大关系。在我看来，不管什么学科的课，多上几节，少上几节，其实都无关大局。只要能真正触动学生，让学生真实获益，那就是很有功德的事。其次，我认为这其实是纯正的语文课，它属于"语文综合实践活动课"这种课型，我经常也称之为"语文综合实践课"。它的目标是语文的，它的方式也是语文的。古典诗歌语言本来就具有音乐性，这堂课中的音乐部分并不是指向音乐，而是指向对"诗歌语言的音乐性"的体会和理解，这是语文学科的范畴。我刚才开玩笑说音乐老师是语文老师的"附庸"，这是寓庄于谐，并不完全是玩笑。

这堂课本身就应该是愉快的。这是因为语文综合实践课丰富的课堂元素，决定了它很可能是愉悦的。这堂课上有学生的吟诵，有老师的歌唱和学生的跟唱，诗歌材料都是杜甫关于成都的诗篇，而这些诗篇的内容都是花、鸟、春、雨、饮酒这些愉快的景物或情事。语文课堂上能低吟浅唱，吟唱的又都是美好的事物，这大大增加了学生开心的可能性。

语文综合实践课有很多种落地方式，基本的要求是要有综合性、实践性。就综合性来说，这堂课有多文本的配合，有诗歌和音乐的配合，有文本学习和具身学习的配合，做得很不错。就实践性来说，这堂课则表现得不够充分，因为它受到时空的限制。首先是空间限制，学生在教室这个空间里，不可能漫步成都街头赏花听雨，当然更不可能饮酒作乐。其次在时间上也受限，一节课40分钟的时间太短。假如时间更长，或许可以让学生尝试为杜甫的诗谱曲，或许可以让学生尝试写诗，这就能体现鲜明的实践性了。刚才的分析实际上也引发出另一个思考，那就是语文综合实践课需要改变目前的课堂格局，需要提供给学生更大的空间和更多的时间。在这种格局无法改变的情况下，如果能让课堂多一点综合性，我觉得就已经相当不错了。

二、教学落点要顾及学科学习价值

语文综合实践课的主要风险，是学生的实践活动脱离学科学习价值。因此，从语文学科的知识与能力角度出发，明确此课型的教学落点，是非常重要的事。

学科教学必须考虑学科学习的利益，这种利益必须使学生有效地获得。以杜甫在成都的诗歌为素材设置专题性的语文综合实践课，在课题设置的时候，就先要想清楚：这个具有专题学习特点的语文综合性实践任务，它的语文学习价值是什么？然后要细化，进一步想清楚：落实到学科知识与能力层面上，这堂课是要让学生获得哪些知识，提升什么能力？若是提升能力，它提升的是学生的文本理解力，或是分析综合力，或是评价鉴赏力，或是文化理解力，或是语言表达力？把这些问题想清楚，才会有精准的教学落点。

这堂课企图让学生去建构出什么呢？"鸟'雨''花'香，'醉'成都"，选了杜甫的四首诗，这有点"群文阅读"的意识，涉及多个文本。在课堂定位上，究竟想让学生在知识或能力方面的哪个点位上有所收获？这堂课是要进行文本分析，还是要进行评价鉴赏，或者文化理解？我觉得并不那么清晰，也就是课堂定位模糊。这是一堂愉快的语文课，学生肯定有感受上的欢喜；但从理性上考虑，从学科知识和学科能力两个方面去考虑，学生是在知识上增进了，还是能力上提高了？

"教学落点"是指学科学习中知识与能力的具体点位。具体点位，就要高度清晰、不可模糊。比如这堂课，既然这么费力请来了音乐老师，我认为"把握诗歌语言的节奏感和韵律感，使得学生能以恰当的节奏和韵律来读诗或吟唱"，就是一个清晰的点位。这节课提供了诗歌文本，对文本的分析能力的培养，也是一个清晰的点位。多文本提供的目的是什么？如果是要理解杜甫当时的心境，分析杜甫感受世界的方式，那就涉及评价鉴赏的点位。具体点位的确定很重要，否则教学目标就会分散和模糊。一节课的点位不宜多，最好是一个。致力于某个点位，增大压强，寻求突破，这是提升教学有效性的最佳路径。

三、对教学材料要有严谨分析

教学落点是什么，决定了教学材料的选择。教学材料一旦确定下来，就必须在备课时深入分析，一再斟酌。

这堂课是阅读教学，使用了几首杜甫的诗。那么，首先就触及文本分析的问题。

教师选择这几个文本，很用心，这值得表扬。"鸟'雨''花'香,'醉'成都"，这样的选材符合语文阅读的基本方向，包括成都中考的方向。近年的成都中考，阅读题选材的地域特征比较突出，比如现代文阅读材料《草木的理想国》(2014年)、《诗与成都》(2015年)、《巴山夜雨》(2019年)、《成都的卖水人》(2020年)，比如文言文阅读材料《合江亭记》(2017年)、《扬雄传》(2018年)、《万里桥记》(2019年)、《重修杜工部草堂记》(2020年)，比如诗歌鉴赏阅读材料《锦江思》(2015年)、《过摩河池》(2020年)，都是如此。

选出教学材料之后，就要对这些材料进行分析研究，这是绝不可以含糊的。第一个材料是杜甫的《春夜喜雨》：

> 好雨知时节，当春乃发生。
> 随风潜入夜，润物细无声。
> 野径云俱黑，江船火独明。
> 晓看红湿处，花重锦官城。

拿到一个文本，我会先观察大貌。首先看它的标题，是如何跟正文取得联系的。这首诗内容中有"春"——"当春乃发生"，有"雨"——"好雨知时节"，有"夜"——"随风潜入夜"，唯独没有标题中的"喜"字。我们经常教学生读古诗要"看标题"，那么这个"喜"在诗歌正文中是怎么体现出来的？诗人究竟是在"喜"什么？这其实就是在引导学生怎么读懂这个文本。标题里面这个"喜"，奠定了这首诗的感情基调。"喜"如此重要，正文中竟然看不到，那就必须寻求解释。

其实这首诗的情感基调是"喜"，立意却不只是简单的一个"喜"字。"好雨知时节，当春乃发生"，这雨下得正当时，而"时"是一个重要概念，孟子称孔子是"圣之时者也"。在孟子的观念中，时机是重要的。雨是"好雨"，就是因为它"当春乃发生"，恰逢万物需要滋润，这雨恰好适时而至。而这雨又很低调，"随风潜入夜，润物细无声"。它"润物细无声"，润泽万物，利济苍生，有利生之德；它"随风潜入夜"，而且"无声"来润泽，这就很有些"天何言哉"而"百物生焉"之意。这也是儒家思想。总体来说，这首诗表现了"适时的智慧"和"利生之恩德"。这就是杜甫之所"喜"，里边有儒家知识分子的气息。

诸位不能小看杜甫，杜甫是一个有情怀的士人，他不仅仅是个诗人。鲁迅之所以是伟大的文学家，是因为他首先是伟大的思想家。鲁迅的文学作品并不很多，却被认为是20世纪中国最伟大的作家。他为什么这么牛？因为他首先是思想家。文学首先需要有思想。杜甫也同样如此，他并不是说下雨了我很开心，所以我要写首诗来快活快活。一流的诗人首先是思想家，他的世界观、人生观、价值观投射在他的作品中。"适时之智，利生之德"，理解到这里，才是把这首诗读懂了。

第二个材料是《江畔独步寻花·其五》：

> 黄师塔前江水东，春光懒困倚微风。
> 桃花一簇开无主，可爱深红爱浅红？

同样地，在这首诗的正文中，"江"也有，"花"也有，"独步寻"在诗中应该有却都没有。"桃花一簇开无主，可爱深红爱浅红"，桃花在那里盛开，看花的人一会儿看深红，一会儿看浅红，他的眼光在浅红和深红之间游移，其中就有一个"寻"的意思。"无主"的意思是无人照管和玩赏，而此时这一簇桃花却被"我"看见，这也就有了"独步"的意思。这是这首诗写得含蓄的地方，学生读不出来，教师就应该引导学生去发现。学生把诗读了几遍，对诗句可能只有表浅的理解，他们的脑袋仍然可能是昏的。不善于分析的脑袋，通常都是昏的。这个时候，教师就要引导学生来分析。为什么学生的文本分析能力通常不足？这是因为很少经历过真正的文本分析训练。语文学科一定要有纯粹的文本分析课，要更有力地训练学生的理解力。

第三个材料是《遭田父泥饮美严中丞》（节选）：

> 步屧随春风，村村自花柳。
> 田翁逼社日，邀我尝春酒。

这是节选。尽管如此，我们仍能通过标题跟正文的联系发现，杜甫此诗的用意是颂扬严中丞。"美严中丞"就是杜甫的写作动机所在。他要赞美什么呢？我批了几个字："美中丞之良治。"杜甫这几句诗写成都的春风花柳、社日春景，并不是单纯地在描述春天的景象；他写老农请他一起喝春酒，也不是单纯地讲述民风的淳朴和人情的温暖。这些内容跟赞美严中丞这位长官有关吗？

当然有。我们可以回忆一下《醉翁亭记》。

《醉翁亭记》中的太守，不去上班，跑去喝酒，以普通的观点来看，是不务正业，"不作为"。而这篇文章最深邃的地方也就在这里，那是"无为而治"。你治理这个地方，不就是为了民生幸福吗？不就是为了大家都能活得开心吗？现在已经达到这样的境界了，太守已经有闲暇与治下的人们同乐了，这便是最好的治理了。他不扰民，不是"不作为"，而是"不乱作为"，这让大家都过得开心。欧阳修其实是在说他这个地方官当得好。

杜甫这首诗中也一样，其实在说这里被严中丞治理得很好了。你看，村村都是"春风花柳"，一片田园祥和情调。临近社日了，农民老头还请我喝春酒，说明大家过得很自在快活。不是"四海无闲田，农夫犹饿死"，也不是"南村群童欺我老无力"，在严中丞的治理下，村庄美丽，人情温暖，真是一幅美好画卷，这就是在"美严中丞"。这不是低水平的拍马屁，而是通过对美好图景的描绘来侧面表现对治理者功绩的赞美。

以上所说的就是对这几则材料的分析研究。既然选择了这些东西作为教学材料，就要在备课之时把它们"吃透"。只有这样，教学才能走向深入，才能把学生引入有效的分析流程。阅读教学的出发点就是文本解读，教师首先要把文本弄懂。

把这几首诗分析清楚了，备课还没结束。教师要再度审视这些材料，以怎样的方式来使用，究竟能不能使学生真实获益。这涉及很复杂的因素，这里就不多说了。

四、教学活动的设计要符合学理

最后简单说说教学活动的处理问题。

课堂上当然需要学生活动。尤其是语文综合实践课，更要以学生的活动为主。教师在设计学生的课堂活动之前，一定要先想清楚，这个活动对学生的价值是什么。比如最后一则材料是杜甫的《客至》中的两句，"肯与邻翁相对饮，隔篱呼取尽余杯"。这堂课上教师安排了一项学生活动，让两位男生来表演这两句诗的内容。虽然表演确实可以制造课堂的活跃气氛，但是很不得体。全班学生都笑起来了，但我以为这样的笑不是因为体会到了诗句中的心境，而是因为表演中的滑稽。扮演杜甫与邻家老头的这两个学生的年龄，并不足以使他们理解杜甫带着几分窘迫的温厚友善的情感。学生的表演活跃了课堂的气氛，却造成了对诗意的破坏，这也就为课堂增加了"风险"。教师在计划这项学生活动前，应该预想学生可能会表现出什么效果，这也就要求教师在教学设计时对各环节进行充分的评估。我们的活动设计是否合理，这样的活动对学生是否有益，都需要反复琢磨。

又比如 PPT 上，《春夜喜雨》部分有一处问题设计："我从 ＿＿＿＿ 中，读出了这是一场 ＿＿＿＿ 的成都春雨"。这个提问"公式"似曾相识，有些名师似乎也偏爱这个公式。这个问题设置的好处在于，能让很多学生都有话可说。但弊端在于，不能帮助学生整体把握文本。"我从什么中，读出了这是什么"，只要学生摘取文本中部分信息就能有效回答；然而，真正核心的问题是"你从整个文本中读出了什么"，回答这个问题需要具备整体把握文本的能力，需要避免肢解文本。

有学生说，这是一场"轻柔"的成都春雨；有学生说，这是一场"曼妙"的成都春雨；有学生说，这是一场"无声"的成都春雨；有学生说，这是一场"恰到好处"的成都春雨。每个答案都是对的，同时每个答案都不完整。很多时候，学生做阅读题，不是完全答不出来，而是很难答得完整，原因就在于在平时的教学中，让学生寻找信息、筛选信息的训练很多，整合信息的训练却很少。只有经历了完整地整合文本信息的过程，学生才能具备对文本整体性观察、系统性分析的能力。

语文综合实践课，要求学生积极调动、综合运用他所具备的各种能力。这种实践活动能否达到较高的水平，取决于学生综合运用各种手段去解决问题的能力。实践活动是显性的，只是形式和载体；综合才是内在的，是本质和关键。语文教学要高度关注综合能力的培养，一刻也不要放松。

关于教学设计的一些思考
——评说明文写作教学课《畅游魅力宽窄，领略成都风物》

这是说明文写作教学课。我很少听过说明文写作教学课，这堂课让我有机会思考一些问题。这堂课引发出来的思考较丰富，或者说我的想法很杂乱。下面主要围绕教学设计，谈谈我的看法。

一、要全面考虑教学设计要素

这个教学设计我很喜欢，我在印发出来的教学设计单上写了一句话："设计要素丰富，值得参考学习。"教学研讨不一定只探讨上课时的教学呈现，还可以探讨上课前的教学设计。

通过这个课题，我们就能看出执教者的设计思想，它显示了执教者把"文化的传承与理解"与写作活动结合起来的努力。这是一个动了脑筋的设计。而在具体的教学设计中，执教者列明了"深度解读教学内容""准确把握学情""教学的核心目标""大概念""核心问题与核心任务""深度整合教学策略"等项目，每个项目下都罗列出较为丰富的解释说明。这些都直观地显示出这是一个考虑周全的教学设计，执教者所考虑的教学设计要素相当完备，相当系统。

反观我们平时的教学设计，哪里会考虑这么多。大多是从教学参考书上找点东西，然后在网络上搜罗一批资料，理出一个顺序，做几张PPT了事。如果我们平时都像今天的公开课这样精心准备，老师们可能会想到更多的东西，学生也可能学到更多的东西。我们平时的语文课还是太草率了，随意性太强。当然，这不能完全责怪我们语文老师。当今的教育环境不太友好，老师们平时劳累不堪。如果每节课都这样备课，教师要付出多少时间和精力呢？在当前这种环境下，教师要成长很难。你没有闲暇读书，没有精力思考，青年教师还没长高，别人就来抽你的汁水了。教师长期陷入的状态不只是物质的营养不良，还有精神的营养不良。

不过，尽管如此，我们还是要保持努力生长的意志，努力思考语文教学。把书教好，不仅关系到我们的饭碗，也关系到我们对学生的良心。说得高远一点，还关系到国家的前景和民族的未来。所以看到这么用心的教学设计，我很感动。尽管这个设计中有很多我并不认同的东西，但这无法阻止我的感动。

二、要深入研究教学内容

教学设计要有恰当的整体构思，更要深入研究教学内容。

这堂课的整体构思，很有文化特色和地域特色。这涉及语文学科素养中的"文化传承与理解"。"盖碗茶""宽窄巷子"，包含着地域文化的概念。学生觉得亲切有趣，因为他们都是成都人，都在成都的文化氛围中长大。

写作的对象出来了，接着要对这个对象作深入的思考和挖掘。我觉得还可挖掘出更深广的东西。"文化传承与理解"，需要有深度的分析。

"盖碗茶"属于所谓"茶文化"。以前在成都，盖碗茶很流行，街头巷尾，院坝公园，随处可见。如今不常见了，人们仍然喜欢喝茶，但基本上都上茶楼喝去了。我喜欢喝茶，但很少喝盖碗茶。我自己在家里泡茶，买了些紫砂壶茶具、陶瓷茶具，还有金丝楠木的茶台。我也接触到一些喝茶颇为讲究的人，红茶、绿茶、白茶，茶叶不同，泡茶的紫砂壶不同，都是专用的。盛茶汤的杯子也不同，有的是紫砂杯，有的是瓷器杯，有的是玻璃杯，使得茶汤的颜色可以被欣赏。有的甚至还要燃香，来配合品茶的氛围。这样一比较，再看"盖碗茶"，你马上就可以判断出盖碗茶所代表的是一种"市井文化"。

"市井文化"，就是说这种文化具有平民性。

首先，盖碗茶的茶具很简单，但功能齐备。它有三个部分：一个茶托，一个茶碗，一个茶盖。真正喝茶讲究的人，泡茶的是壶，喝茶的是杯，茶壶、茶杯还要分各种各样的，如此等等。盖碗茶的特点是，泡茶的是茶碗，盛茶汤的也是茶碗；避免端杯烫手的是茶托，可以游走时也能喝茶的也是茶托；遮挡灰尘杂物的是茶盖，保持茶水温度的也是茶盖。盖碗茶茶具简单但功能齐全，完全不是品茶的架势，适合平民百姓，市井性很强。

其次，喝盖碗茶的环境是简陋的。一般是露天喝"坝坝茶"，或者是在场子很大却很简陋的茶园喝茶。喝盖碗茶的花费很便宜，这也具有平民性。从前喝盖碗茶的茶园里有时还有说书，那也是平民的精神娱乐方式。成都一些喝茶的地方还有表演耍茶壶，类似杂耍，跟川剧的"变脸"差不多，激发的是普通人的好奇，品位并不高雅，并非贵族的娱乐形式。盖碗茶无处不显示其平民味，它的"市井文化"特色非常鲜明。

既然并不"高级"，那它为什么能被称为"文化"呢？广义地看，文化是人类创造出来的物质的和精神的东西的总和，盖碗茶当然也不例外。狭义地看，文化大概是超越纯粹的物质需求的东西，它具有精神性。我如下的这个说法更直截了当且通俗易懂：狭义的文化，常常就是因"吃饱了撑的"而创造出来的那部分东西。

茶文化为什么是文化？因为喝茶已经越过了填肚子这个最原始的生存层面。不喝茶不会死人，对不对？对于人的存活来说，喝茶并不是必需的。这就是说，喝茶已经包含着某种享受的因素了。吃饭也是这样，光是填肚子不饿死这个层面，还不涉及狭义的"文化"这个范畴；当你能够填饱肚皮，你想着饮食能不能讲究一下搭配，能不能吃起来更舒服一点，甚至于更好看一点，这就是所谓"饮食文化"了。我总结了一条很简单的道理——凡是有享受的部分，就有审美的存在，"文化"就有了。这是我对盖碗茶文化的简单理解。

我不是文化研究者，所以这些看法未必正确。我主要是想说明，"文化传承与理解"常常并不是一件容易的事，教学若涉及这个部分，教师先要做好功课，不能仅仅停留在有趣的现象层面。

这堂课固然"有趣"，但它不够"有用"。我很务实，我去观课，会思考这节课究竟对学生有没有用，如果有用是什么用。教师考虑教学，要同时关照"有用"和"有趣"两个方面。"有用"则能让学生得到真实的发展，"有趣"则能让学生有动力投入学习过程。"有用"为主，"有趣"为辅。如果没用，没有学科学习价值，有趣还有什么意义呢？有的老师很风趣，课堂上善于插科打诨，固然可能让学生欢喜，但如果不能促进学生语文学习的利益，那么这样的教学就是无益的。教师必须深刻理解教学内容的学科学习价值，对教学内容应该反复斟酌，反复权衡。

三、要使教学具有鲜明的学科属性

这堂课最重要的是什么？这是一堂写作课，最重要的当然是聚焦于写作。写作训练是一种表达训练，要落实到语言操作、文字布局上。这是语文课，语文课要有语文性。了解盖碗茶并不是语文学习所必需的，因此，无论学生对了解盖碗茶的兴趣多么浓厚，语文教师都不必用语文课的时间给他们讲盖碗茶。一个具有强烈好奇心的学生可能对世界万物都有兴趣，你都去教？你都能教？那些事对于学生来说或许是重要的，也是有益的，但那未必是教师的事，那需要学生自己去了解和探索。至于那是不是语文教师的事，要看它是否属于语文的学科范围。

这堂课相当多的时间用在了对盖碗茶茶具功能的了解上，很有趣，满足了学生的好奇心或求知欲，但这并不属于语文的范畴。虽然盖碗茶是说明文的写作对象，了解这个对象是此次说明文写作的前提，但我们要明白，即便如此，了解盖碗茶依然不属于语文的学科范畴。用准确的逻辑、合理的方法、恰当的文字来说明盖碗茶，才是语文的范畴。因而这堂课所呈现的内容，更多的不是指向了写作，而是指向了写作的前期准备。要写一篇关于盖碗茶的说明文，在学生写作之前，需要先了解盖碗茶的特征；学生要写宽窄巷子，需要先对宽窄巷子有所观察。这是必要的，但这是写作的前期准备，而不是写作过程中该做的事情。

据此我认为，这堂课其实不是"说明文写作教学课"，而更像"语文综合实践课"。即便是"语文综合实践课"，这堂课的主体性内容也必须具备鲜明的语文要素。作为写作课，一定要考虑写作活动的要素是什么，学生在写作发生之时需要哪些东西的支持。在教学设计之初，我们就要对此保持清醒。

四、关于学科阅读及"整本书阅读"

刚才这席话涉及语文教学的学科性问题。既然讲到这里了，干脆多发挥几句。

语文是基础性学科，是因为语文是母语。汉语是我们思维的语言，也是我们教学的语言。在这个意义上，语文学科是基础学科。但这并不是说，语文是其他学科的基础。语文就是语文，它不是为其他学科垫底的东西。

一直以来，语文学科担负的内容太多。有些不讲道理的数理化教师甚至说："你们语文在教些什么？学生连题意都读不懂！"我认为这不是语文教师有问题，而是其他学科的课程设计有问题。我的观点是，学生读不懂数理化题目，应归因于数理化课程设计有缺陷。多年以前，我就倡导"学科阅读"的概念，我认为所有学科都应该开设阅读课，每个学科的教师都有责任指导学生阅读教材、理解教材，甚至带领学生开展该学科的科普读物、经典读物的阅读活动。我甚至认为，中考、高考的数理化考试，也应该有阅读题的测试。数学学科要有数学阅读，物理学科要有物理阅读。数学课堂上，为什么不可以带领学生阅读《几何原本》？物理课堂上，为什么不可以带领学生阅读《自然哲学的数学原理》？学生学习数理化，难道不该多读一些数理化经典著作吗？这些著作难道应该由语文老师带着学生去读吗？你就等着语文老师来教学生读数理化书籍？学生多读些数理化书籍，他们怎会读不懂数理化题目？

学科教师作为该学科的专家，应该向学生示范该学科的书籍怎么去阅读，该学科的题目怎样去理解，让学生适应该学科的语言规范与思维方法，使学生成为该学科领域内兼具读写能力的思考者。

我们一定要尊重学科之间的界限。学科之间没有壁垒，但有界限。跨学科融合，不是指语文老师去教数学或物理、历史或体育。我经常说，为什么要让语文老师带领学生阅读《红星照耀中国》？这是现代史著作，难道不应该由历史老师带领学生去读吗？语文老师带领学生去读历史著作，你不觉得这很奇怪吗？顺便说，初高中语文教材中多数文言文是散文而非史传，高考文言文却偏考史传，造成严重的"学考脱节"。史传为什么不放到历史学科的高考中去考？真是太奇怪了。现在专家们倡导"整本书阅读"，却似乎根本不考虑"整本书"的学科属性。专家们考虑过学生阅读这些书对于语文学习的必要性没有？从学理上论证过没有？

即便是在语文学科中，整本书的选择，也要慎重，也要有一定的开放性。我来讲一个很痛苦的经历。1983年我就买来《红楼梦》，如今我都快退休了，这本书我仍然没有通读过。那时我读高中，住校，每周只有一块钱生活费。为了省钱买书，我顿顿吃咸菜；也舍不得赶汽车（坐一趟车要1角6分钱），背着大米和红薯步行30多里路去上学。语文老师有次对我们讲："《红楼梦》是我国古典小说的巅峰！"老师一说巅峰，我立马就疯癫。《红楼梦》啊！三块多钱一套啊！好不容易凑足了钱，把《红楼梦》买回来了。那时读小说是冒险的，父母认为读闲书是不务正业，这是要挨打的，我只好把《红楼梦》藏在床角的蚊帐下。但我很兴奋，我终于拥有了"巅峰"。可是没读完三回，我就再也读不下去了，《红楼梦》一点都不刺激。它不是我这种男人喜欢的作品，我喜欢的是《水浒传》《西游记》《三国演义》《封神演义》这类书。后来我当了语文老师，觉得有责任读《红楼梦》，但每次翻读几页，依然读不下去。我最后的结论是：读书是看缘分的，书待有缘人来读。不是《红楼梦》这本书不好，也不是我不喜欢读书，但我就是无法喜欢《红楼梦》。而你现在要把它纳入课程，强迫学生去读，结果使得本来喜欢读书的人厌恶读书了，那罪孽很大啊。

话说远了，回到正题。我们做教学设计，首先要想到是否能够真实、有效地促进学生的语文学习。不管是整本书阅读，还是每一堂课的教学，它究竟能让学生收获什么，学生实际收获到了什么，这是必须严肃考量的问题。我们务必真实地触动学生、改变学生，使他们获得语文学习的利益。

对文学史课的几点看法

——评文学史课《走近李白》

一、文学史课要具备语文学习的价值

　　学科教学的基本要求，是促进学生学科知识的掌握和学科能力的形成。教师在构思一节课的时候，首先要思考的是，这节课能够让学生收获什么。任何语文课都必须面对如下问题：通过这个课题的学习，是要让学生在知识方面有所扩展，还是在能力方面有所提升？是要让学生在阅读方面得到跃升，还是在写作方面得到提高？

　　本堂课课题是"走近李白"，这是一堂文学史课。文学史课也是语文课，不是要让学生去学历史，要让文学史课有语文的学科学习价值。通常，文学史课都与"评价鉴赏"有关，而"评价鉴赏"又与写作有关。评价鉴赏能力是写作中最重要的能力。就"评价"这个要求来说，写议论文，议论就是评价，就是要分析评价人物、现象或观点；写记叙文，文章的主旨或中心思想，就是作者对人物或现象的评价或看法。就"鉴赏"这个要求来说，写文章怎么处理语言、安排结构、设置风格，与写作者的鉴赏力或审美品位有关，你喜欢怎样的文字就可能写出怎样的文字。文学史课的重要内容，是把经典文本、重要作家放到文学史框架下来讨论，通过这样的讨论，我们可以教给学生对作家更深刻的理解，培养学生对文学更具品位的鉴赏力。而这样的能力，会在学生的写作中发挥决定性作用。所以，文学史课还是要往阅读与写作的方向去引领，最终

往写作的方向去落实,这样才能明确说出文学史课的语文学习价值在哪里。如果只是了解僵死的"文学常识",这样的课就将失去价值和意义。

二、评价要讲依据,要以理解为基础

文学史课必然涉及评价鉴赏。

评价要讲依据。这节课也是通过李白的一些诗篇去"走近李白"。这就要求教学的前期准备必须充分,教学设计必须合理。比如说这堂课讲到了《将进酒》,这是高中教材的内容,而今天是给初中生授课。那么,这些初中生是不是已经学了《将进酒》?他们对这个文本熟悉吗?如果学生对《将进酒》根本不熟悉,他们如何通过《将进酒》走近李白?这就会在教学逻辑上出现障碍。

如果课前印发了《将进酒》给学生学习,那么引入这个材料也是合理的。但如果学生对这个材料的消化不到位,就势必引发教学过程推进的困难。

课堂上我听到的是,学生对《将进酒》的普遍印象就是"豪放"。李白在喝酒,在不顾一切地喝酒。没酒喝了怎么办?"五花马,千金裘,呼儿将出换美酒"——"五花马"拖去卖了换酒喝,"千金裘"拿去卖了买酒喝,确实是不顾一切地要喝酒。学生认为这就是"豪气",由此得出《将进酒》的核心就是"豪放"。

我认为这很片面。伟大的诗人都是立体的和深厚的,不是平面的和浅薄的。学生只看到"豪放",此时教师就要带领学生看看《将进酒》到底在讲什么。"君不见黄河之水天上来,奔流到海不复回。君不见高堂明镜悲白发,朝如青丝暮成雪。"标题是"将进酒",酒还没喝,先讲这番话是什么意思?"黄河之水天上来",奔流到海去,再也不会回来了,因为水不会倒流;"高堂明镜悲白发",头发早上还是黑的,晚上就变白了。在这里,李白把黄河迅猛的流水不再回来,与人生迅猛的流逝不再回来相提并论。他把整场喝酒置于人生迅速衰老的背景之下。青春很快消逝,时间一去不返,人终难逃一死,在这种背景之下,李白感到很恐慌,他想要逃避;逃避的方法,就是用酒来刺激自己,让自己获得一种"生"的兴奋,"生"的快感。这就是他为什么要不顾一切地去喝酒。诗的最后,李白说"与尔同销万古愁"。什么是"万古愁"?"万古愁"就是人类永远无法摆脱的哀愁,也就是诗的开头所说的"高堂明镜悲白发,朝如青丝暮成雪"。人生苦短,那才是人人难免的"万古愁";当不了官,发不了财,做不了圣贤,这些都不叫"万古愁",而只是一人一时一地之愁。李白的愁是一种生命意识。这首诗是不是只有所谓"豪气"?不是!豪气的下面更有一层悲感,他的快乐是以生命悲感为背景的快乐。他明知"万古愁"不可能逃避,但他仍然企图逃避,通过喝酒来逃避。这种逃避,恰好也是对"万古愁"的拒斥或反抗。其实李白很纠结。

而学生很难通过他们自己的分析,抓出上面所说的这些东西。他们只看到大词大句,"黄河之水天上来",气势啊;"天生我材必有用",自信啊;"会须一饮三百杯",豪放啊;"呼儿将出换美酒",洒脱啊……这些不顾整体、只抓住文本局部信息加以评说的方式,是不合理的,想当然的。教师要在教学内容上斟酌,要考虑到学生的知识背景和能力水平,当我们企图让学生去品味李白、欣赏李白,总得先看清楚那个人是不是李白。人都没找对,那个人根本就不是李白,或者说是你想象出来的李白,你怎么可能走近李白?对李白进行评价的前提,就是了解李白。评价必须以理解为基础,没有正确的理解就没有正确的评价。

三、教师要勇敢面对学生提出的一切问题

文学史课要有讨论,而讨论总是开放性的。在开放的讨论中,一定会冒出很多问题,教师要作好心理准备。教师要帮助学生解决问题,要提出有价值的问题让学生解决,也要有勇气面对学生在教学过程中提出来的一切问题。教师是教学的引导者,当学生在课堂的动态过程中生成出问题时,我们要勇敢面对,而不能有选择地对待。

比如这堂课有一个教学环节:试着在"气"字前面加上一个字,概括李白

独特的气质和强大的气场。学生在黑板上分别贴出各自小组的答案，如"霸气""豪气""仙气"等。有些答案，如"酒气""豪气""稚气"等，教师处理了；而"灵气""啸气""仙气"这几个答案，教师就没处理。这都是学生经过思考提出来的答案，还经过了小组讨论，教师不能回避，不能假装没看见。"啸气"这个词本身就极为生硬，内涵很难界定，这意味着学生暴露了可能存在的问题。学生暴露出问题，就是教学的契机。教学需要学生暴露问题，发现了问题，教学才更有针对性。教学中经常存在着这样一种现象：学生在课堂上的提问如果超过了教师课前准备的范围，教师就假装没听见也没看见。一次两次，或许可以；长期假装，就会露馅。学生就会觉得这位教师无力解决问题，这会严重损害教师的教学权威。教师要随时想到自己也是学习者，要不断学习以提升自己的学科能力。要不然，遇到学生随时可能提出的问题，被学生问住了，脸面上挂不住啊。教师帮助学生提升，学生迫使教师进步，这就是"教学相长"。学生在认真提问（不要觉得他很荒谬），就说明他在认真思考，这就是好学生，我们要对得起他们。

在这个教学环节，还欠缺一个整合。"霸气""豪气""灵气""稚气""啸气"等，每个"气"都不一样，但人是一个整体，这么多"气"如何统合起来？李白身上这么多"气"，如果练"六脉神剑"这些"气"不能整合就要走火入魔。最后，教师找到一个"浪漫主义"，认为这就统合起来了。这里有两个问题。第一，这些"气"都是浪漫主义的表现形式吗？第二，这些"气"之间有没有结构性关系？有没有一致性？这是更深刻的学理性问题，思考这样的问题将会带给我们增进学科修为的机会。

四、教师要有文学史眼光，探究问题要讲学理

文学史课，要求教师具有一定的文学史眼光。语文教师在大学都学过文学史，具备文学史知识，但未必具备文学史见识。

教师在课堂上抛出一个问题：李白为什么会有浪漫主义精神？这个问题把

我问傻了。"李白为什么会有浪漫主义精神"，不就因为他是李白吗？我觉得李白的气质中较多地混合着多血质和胆汁质，他活泼、热情、豪爽、敏感，缺乏耐心，情绪很不稳定，做事自由而盲目。气质是天生的，他生来就是这样一个人，改变不了，奈何不得。

同一个时代的诗人，比如杜甫、孟浩然，他们有没有浪漫主义精神？如果都有，那么浪漫主义是什么？如果没有，那又是为什么？"浪漫主义""现实主义"等概念是从西方传入的，我国传统的文学评论中没有这样的概念。我觉得妥帖的用词，与其用"主义"，不如用"情怀"。在我看来，诗人都是有浪漫情怀的，一个毫无浪漫情怀的人不可能成为诗人。至于浪漫情怀能不能称为"主义"，我觉得不是一个具有探讨价值的问题。

为什么李白有浪漫主义精神？教师在课堂上总结出了以下四点：家境富裕、气质独特（道家思想影响）、恃才放旷、盛唐时代。

然而这四点是不是就是李白具有浪漫主义的原因呢？比如另外一个被认证了的浪漫主义者，他叫屈原。第一条，屈原家境是否富裕我不晓得，但屈原是贵族，你说他富裕我不打算反对。第二条，道家思想，这需要存疑，屈原是否接触过道家思想，有待考证，但靠谱的几率很低。第三条，恃才放旷，屈原是有那么一点，至于恃才放旷是否必须同浪漫主义捆绑在一起，我认为也可怀疑。第四条，时代盛况，肯定不对，屈原所处的时代很衰。一个不繁荣的时代就不能有浪漫主义了吗？

这样的思考会使得很多问题浮现出来。而这些问题对教师本人极为珍贵，可能诱发我们重新来思考：浪漫主义究竟是什么？是什么导致了浪漫主义？

这就是所谓从学理上进行探究。教师在课堂上呈现任何观点或结论，都要反复斟酌它站不站得住脚、有没有破绽。要是听课的人当场站起来反驳，怎么办？下面听课的老师，不见得都是你的粉丝或朋友，有可能是你的对手或敌人。你要竭尽全力去避免漏洞。即使没人来听课也要这样，不要以为学生都是傻瓜。要把学生当成聪明人，要把他们视为有可能质疑你的教学的人。要这样去想，让自己站得住脚。

五、评点文字可以华美，但不能失去理性

本堂课设置有"评点李白"这个写作环节。学生的这些评点文字，包括教师引用的评点李白的文字，都比较华美，比较煽情，而理性色彩不足。这些评价文字很好看，但很空洞。比如教学中引用了余光中评李白的一句诗，"绣口一吐，就半个盛唐"。我认为这是诗性的、夸张的文字，不是严肃的评论文字。这样的文字用来写诗可以，用来评论不行。

对文学、文人和文学史的评论，永远是一件理性的事情。所谓"才高八斗"，天下之才曹植独得其八，这样的评论看似高妙，实则荒谬。你要写诗，怎么热烈甚至狂热都是允许的，但评论需要的是冷静和理性。

在保持理性的前提下，写评论当然也可以有热情和激情。考虑到学生这种年龄独具的感性和热情，或者说，考虑到学生的单纯与幼稚，他们写出来的评论性文字热情而有文采，当然是可以接受的甚至是值得欢迎的。我们不用奢望他们拥有超越这个年龄阶段的能力。但教师务必明白，真正的评论必须鼓舞理性的思考，促进理性的认知。从整体构思来讲，这堂课企图构建一个对李白合理的整体性认识，但从实际效果来观察，我认为没有达到目的。何以如此？原因大概在于，写评论的时候学生都关注文采去了，而对评价理性的关注相当不足。

六、文学史课的三项基本功能

我认为文学史课具有三项基本功能。

第一项是知识上的功能，即通过文学史课让学生获取比较完整的文学史知识。

文学史课的对象是文学史。不一定只是李白，也可以讲授教材这个单元内所涉及的几个作家，或同一时代的许多作家，或不同时代具有可比性的作家。比如把李白、杜甫等同时代大诗人及其作品放在一起来介绍，包括诗人之间

的关系，包括彼此写给对方的诗。这会让学生看到，李白和杜甫并不是两个毫无瓜葛的诗人，而是两个有联系的诗人。这种文学史课有故事，可以上得很有趣，可以让学生获得新的知识。以前没有这种课，学生会觉得李白是李白，杜甫是杜甫，一个是浪漫主义，一个是现实主义，两人之间似乎还有一条浪漫主义和现实主义的鸿沟。其实他们是有交集的。那么有趣的问题来了：为什么他们没有因为存在交集而发生作品风格的趋同呢？文学史课的知识扩展功能，有可能引发进一步的探究。

第二项是评价鉴赏的功能，通过对作家和作品的评价鉴赏来提升审美判断力。

比如这个单元学到若干作者的作品，于是涉及一个问题：通过文学史课，串联若干作者及其作品，你是否能从这些作品里感觉到或观察出这些作者各自不同的个性？所谓"文如其人"，意思就是作品的特色与作者的性格、观念和审美倾向是有关系的。这是从作品中大致可以看出来的。

例如七年级上册同一个单元中选入了朱自清的《春》和老舍的《济南的冬天》，通过比较就会发现，不同作者操作文字的风格（偏好）不同。朱自清文字的精细周到，一板一眼，可以看出他是个老实人；他文字中的情感表达细腻温和，可以看出他的性格比较内向柔弱。《济南的冬天》也写景，但不像《春》写得那么繁复密集，文字很干净，有俊爽的味道。这就是审美判断力。语文考试几乎从未考过真正的鉴赏力，顶多就是对某种手法的理解，根本没达到鉴赏的层面。所谓鉴赏力，就是我给你一首诗，你能不能说出好坏？你能不能像《诗品》那样分得出上品、中品、下品？《唐诗三百首》中的诗都是好诗，你能指出每首诗各自好在哪里吗？如果不能，就说明你的鉴赏力堪忧。现在的鉴赏题考什么？"用了什么手法，有什么效果"，这不是真正的鉴赏题，这叫"手法理解题"。中考、高考皆如此。我们的眼光还应该更高远一点。

第三项是促进写作的功能，就是借助文学史资源推动写作的进步。

文学史课应向写作延伸，使文学史上的思想资源和经典表达成为学生的写作资源。学生写作文，比如要写一篇关于"酒"的作文，李白的"酒气"不就是很好的材料吗？李白当然也不止于酒气，这堂课学生发现了李白的各种"气"，这些"气"可能适合很多作文题目。学生将来到了高中主要是写议论文，涉及人生价值、人生选择的话题，李白、杜甫这些诗人的作品里就有不少可挖掘的东西。所以，文学史课可能让学生获取丰富的写作资源，这对学生将来的发展很重要。

串讲：一种传统的阅读授课方式
——以《定风波》和《生命》为例

串讲是传统的语文阅读授课方式，以教师对文本的提点、串联的讲授为主。"讲"是主体，以教师的讲授为主；"串"是方式，阐明并串通文意，勾连理清文脉。经过一再反复的语文教学改革，串讲早已被视为低级的、过时的授课方式了。但这是偏见。在我看来，串讲对教师水平构成了极大的考验，它不受待见的主因是它对授课者的要求太高。

当今善于串讲的语文教师不多。教师对文本研究不深入，对文本无所会心，找不到可讲的，于是越来越依靠对话式、合作学习等"先进的教学方式"以掩盖教师自身水平的不足，用学生的"学"来弥补"教"的缺位。这并不是说"对话式""合作学习"等方式有何问题，恰好相反，我是非常支持以这些方式来改进教学的。只不过，我并不认为传统的串讲真的有什么缺陷——任何教学方式本身，都只有功能的有限而并无所谓缺陷；有缺陷的只不过是教师自身的学科能力，以及灵活运用各种教学方式的智慧。"教无定法"，也包含着这层意思。

串讲适合的是理解难度较高的文本。在文本分析课中，文本理解难度较低，则适合学生自学自研；文本理解难度较高，则适合教师串讲。文本的精义，时常并非学生通过反复阅读或合作讨论就能发现，因此，教师的讲授，经常是不可避免的。

串讲是提点文意、串联文意的讲授，它的核心就是文本信息要点的提取及信息的结构化。串讲要串联文意，要拉出全文的理解线索，而在此过程中，学生的理解活动必须持续存在，也不需要完全排除师生的对话讨论。当然，若有必要，串讲也不排除一讲到底——只要能抓住要点、思路清晰、能吸引学生且能启发心智。

事实上，高品质的串讲本身就是文本分析的示范，它本身就带着鲜明的启发性。这样的串讲展示出教师的分析方法和分析思路，构成了师生之间的心智的"对话"。若把"启发"理解为向学生不断抛出问题，把"对话"理解为师生双方都出言发声，则是很低级的理解。

本文以古诗词《定风波》和当代散文《生命》为例，谈谈对串讲的一些粗浅理解。

一、苏轼《定风波》文意串讲

定风波

三月七日，沙湖道中遇雨。雨具先去，同行皆狼狈，余独不觉。已而遂晴，故作此词。

莫听穿林打叶声，何妨吟啸且徐行。竹杖芒鞋轻胜马，谁怕？一蓑烟雨任平生。

料峭春风吹酒醒，微冷，山头斜照却相迎。回首向来萧瑟处，归去，也无风雨也无晴。

（一）上阕的语义分析

"莫听穿林打叶声"，说明此时正有"穿林打叶声"。"穿林打叶声"进入了听觉，是一个不争的事实；而说"莫听"，则有避开这声音之意。"穿林打叶声"固然有，但不要听。

"何妨吟啸且徐行","何妨"是不妨的意思。要避风雨,就不能"吟啸且徐行"。而说"何妨吟啸且徐行",意思是说,在风雨中不一定选择躲避,也可以选择从容自在的态度。

"莫听""何妨",均为主观选择的表达,均有"刻意如此"的味道。"穿林打叶声"是存在的,但可以选择不听;雨中行走是艰难的,但可以选择"吟啸且徐行"。

这两句都涉及声音。"穿林打叶声"是外部环境的声音,"吟啸"是人自身发出的声音。这两句合起来意思是说,莫听外境,但发己声。心不为外境所转,才有更多的自在从容。

"竹杖芒鞋轻胜马,谁怕",这是自劝自慰之词。"马"是富贵者的坐骑,"竹杖芒鞋"是平民的行装。在风雨中徒步行走,是不可能"轻胜马"的。因此这里存在一个矛盾。"谁怕",意思是不怕。不怕什么呢?不怕风雨中的行走。为什么不怕呢?"竹杖芒鞋轻胜马"。然而竹杖芒鞋"轻胜马"在事实上是不可能的,这只是一个心理上的安慰、精神上的胜利。有了这种"精神胜利法",风雨就没什么可怕的了。在上阕的最后,苏轼表态说,"一蓑烟雨任平生",意思就是自己对富贵已经无欲无求,打算一辈子安于江湖、任由风雨了。

由下阕"料峭春风吹酒醒"可知,上阕在风雨中行走之时,正是酒酣而有醉意之时。趁着酒意而旷放吟啸,借着酒意而自我安慰,这是上阕的大意。借此我们也可观察出,苏轼文笔真的很好,他的表达很到位,上阕的话语是带着酒意的。不避风雨、"吟啸且徐行"的行为,"竹杖芒鞋轻胜马"的错觉,都是酒意的写照。

(二)下阕的语义分析

下阕写领悟。酒醒而见"山头斜照却相迎",构成了领悟的机缘。

"料峭春风吹酒醒,微冷",这时候酒醒了。而此时"山头斜照却相迎",太阳出来,风雨过了,有些暖意了。由风雨到夕阳,由雨到晴,阴晴不定,冷暖不定。世事无常,这不是人能左右的,随遇而安可也。这两句的主要内涵,是形象地揭示世间阴晴不定的辩证。

接下来是更深刻的领悟：过去皆成空，一切是幻境。"回首向来萧瑟处"，是指回顾过往的风雨萧瑟的经历。此时已是黄昏，该"归去"了。等到真的"归去"之后，再来回顾一路的行程，往昔的那些雨，不再有了；夕照下的晴，也不再有了。当时间流逝之后，当经历成为过去，那曾经的一切都不会再有，归于幻境了。

这就很有些佛家的意思。这是终极性的领悟，具有深刻的哲理。

（三）串讲的要点

如果说上阕是"趁酒意而旷放"的自劝，下阕便是"见夕阳而触机"的自悟。在此可以看出这首词的思路或结构逻辑：从自劝到自悟。讲清这一点，虽耗时不多，却是串讲中很关键的一环。串讲的关键是"串"，就是把文意勾连、串通起来。前后勾连，就是寻求语义的联结；整体串通，就是寻求文本的结构化理解。

以下两点，是这一文本的解读关键，也是串讲文意需要把握的要点。第一点，关系到讲述的关键点位；第二点，关系到整体把握文本的问题，即文本信息结构化问题。

1. 文本特质的把握

本词的特色，在于叙述和议论。这首词不是写景，是以人为中心展开的。这是最显著的特点，也是文本特质所在。如果按照诗歌理解的一般方式去分析意象，则不得要领。串讲要充分关注文本特质并引导学生注意到这一特质，确定正确的讲析点位。

2. 文本意义走向的观察和判断

叙述部分，展现了一个由雨中行走到天气转晴的过程。这一过程显示的阴晴不定，本身就是"世事无常"的一种现象。

议论部分，上阕侧重表现态度，下阕着重表现领悟。"莫听""何妨"，是人为作意；"竹杖芒鞋轻胜马"，有比较权衡之意，也是人为作意。不难分析出，上阕中看似旷达，实际上是一种自我安慰。这种被酒意激发出来的旷达洒脱的背后，其实颇有几分隐约的无奈。下阕的议论句"回首向来萧瑟处，归去，也无风雨也无晴"，是揭示自己所领悟的哲理，至此才算把人间事看穿看透。

串讲之时，要通过全词议论的意义走向分析，引导学生发现本词上下阕之间的心理变化过程，这个过程中存在着一个由自劝到领悟的跃迁，并不是"旷达"一个词所能简单涵盖的。

二、韩少功《生命》文意串讲

生 命

①你看出了一条狗的寒冷，给它垫上温暖的棉絮，它躲在棉絮里以后会久久地看着你。它不能说话，只能用这种方式表达它的感激。

②你看到一只鸟受伤了，将它从猫嘴里夺下来，用药水疗治它的伤口，给它食物，然后将它放飞林中。它飞到树梢上也会回头看你，同样不能说话，只有用这种方式铭记你的救助。它们毕竟是低智能动物，也许很快会忘记这一切，将来再见你的时候，目光十分陌生，漫不经心，东张西望，追逐它们的食物和快乐，它们不会注意你肩上的木犁或者柴捆。它们不会像很多童话里描述的那样送来珍珠宝石，也不会在你渴毙路途的时候，在你嘴唇上滴下甘露。它们甚至再也不会回头。但它们长久地凝视过你，好像一心要知道更多关于你的事情，好像希望能尽可能记住你的面容，决心做出动物能力以外的什么事情。

③这一刻很快就会过去。但有了这一刻，世界就不再是原来的世界，不再是没有过这一刻的世界。感激和信任的目光消失了，但感激和信任弥散在大山里，群山就有了温暖，有了亲切。某一天，你在大山里行走的时候，大山给你一片树阴；你在一条草木覆盖的暗沟前失足的时候，大山垫给你一块石头或者借给你一根树枝，阻挡你危险地下坠。在那个时候，你就会感触到一只狗或

一只鸟的体温，在石头里，在树梢里。

④你不再感到孤单的危险，你能感到石块是你的血肉，树梢是你的肢体，而你的一声长啸或大笑其实来自大山那边的谷地。你早应该知道，科学的深入观测已经证明：植物其实有感情，也有喜爱和快乐的反应——当你为之除虫或授粉；也有恐惧和痛苦的反应——当你当面砍伐它们的同类。它们在特殊的"心电仪"和"脑电仪"里同样神绪万般，只是无法尖叫着拔腿而逃罢了。你还应该知道，科学的反复试验还证明：大地同样是"活"物和"动"物，只要你给它们足够的高温，比方说给它们太阳表面的炽热，它们就会手舞足蹈，龙腾虎跃，倒海翻江，风驰电掣，同样会有大怒的裂爆或者大爱的聚合，其"活"其"动"之能耐，远非人类可及。它们眼下之所以看似没有生命的蛰伏，只不过是如同动物的冬眠和植物的冬枯——地球的常温对于它们来说过于寒冷，正是它们的冬天。

⑤你是人。其实人只是特定温度、特定重力、特定元素化合一类条件下的偶然。因此相对于大地来说，人不过是没有冬眠和冬枯的山；相对于植物来说，人不过是有嘴和有脚的树；相对于其它动物来说，人不过是穿戴了衣冠的禽兽，没有了尾巴却有了文字、职位、电脑以及偶尔寄生其中的铁壳子汽车。人是大地、植物、动物对某个衣冠者临时的身份客串，就像在化装舞会上有了一个假面。

⑥你抬起头来眺望群山，目光随着驮马铃声在大山那里消失，看到起伏的山脊线那边，有无数的蜻蜓从霞光的深处飞来，在你的逆光的视野里颤抖出万片金光，刹那间撒满了寂静天空——这是更大的一扇家门向你洞开，更大的一个家族将把你迎候和收留——只需要你用新的语言来与骨肉相认，需要你触抚石块或树梢的问候。你知道。

（一）分段串讲1

第①②两段分别以狗和鸟为例，讲低智能的生命对人的恩惠会有回馈。

这两段的写法很近似。两段都讲的是人去救助别类生命，且得到救助对象的回馈——"感激"或"凝视"。

"你"代表的是人，狗和鸟代表的是动物。两段都强调了动物跟人的区别：它们不会说话，低智能。

还有一个共同点是：在这两段中，人所救助的，都是困境中的生命。狗遭遇"寒冷"，鸟则是"受伤"。这跟第③段中，人在自然中遭遇危险是相互勾连的。

这两段的分析要点，是要注意到两段之间的整体架构的一致。串讲之时，要引导对这两段的结构特征的观察。由此观察，分段串讲就会免于机械，就会把两个自然段合并来讲。

（二）分段串讲2

分段串讲，要有勾连。第③段紧接着第①②两段，意思是说，低智能的生命由于智能低，无法长久记得人类的恩惠，它们只能短暂地表达出它们对施恩者的感激和信任。但是，这些感激和信任会投射在世界上，会让世界更温暖。你的善意和温情所引发的动物对你的"感激和信任"，会留存于这个世界。由于你给了别的生命温暖的情感，那么别的生命也会以温暖的情感回馈你。你将得到这个世界的回馈。

"感激和信任"在这个段落中比较引人注目。但应该注意到，"感激和信任"并非无端而起，是因为先有了人对狗和鸟的善意的救助。应该说，人之所以会救助寒冷的狗和受伤的鸟，是因为人有善意和温情（仁爱之心、恻隐之心）；动物（狗和鸟）之所以会"感激和信任"，是因为它们实际上也有善意和温情。"救助"与"感激和信任"都是外显的行为，这些行为的背后有一个共同的东西，就是内在的"善意和温情"。

第①②两段在第③段合流，文意继续向前推进。第③段文意比较含蓄和密集，因而需要比较细密的分析。下面是详细串讲。这一段的句意，分析如下：

> 这一刻很快就会过去。但有了这一刻，世界就不再是原来的世界，不再

是没有过这一刻的世界。

句意：施恩与感恩的温暖的这一刻，会很快过去；但有了温情的给予和对这温情的回馈，这世界因此被改变了。

感激和信任的目光消失了，但感激和信任弥散在大山里，群山就有了温暖，有了亲切。

句意：这一刻过去了，动物不再记得这一刻，但是它们的感激和信任会弥散开来，使这个世界充满温情。

某一天，你在大山里行走的时候，大山给你一片树阴；你在一条草木覆盖的暗沟前失足的时候，大山垫给你一块石头或者借给你一根树枝，阻挡你危险地下坠。在那个时候，你就会感触到一只狗或一只鸟的体温，在石头里，在树梢里。

句意：当世界具有温情，那些因我们的善意而引发的感激和信任，会让我们免于很多危险。此时，我们就会感到，那些具有温度的感激和信任，会无所不在地回馈我们。

这就是说，当我们施与善意和温情，则必得善意和温情的回馈。

句意分析，就是所谓"理解文中重要语句的含意"。这是一个重要的能力点，是一个考点。串讲之时，不仅要讲出句意，还要讲出句意是如何被分析出来的。基本操作方法是：根据语境，不增不减地转述原句语义，使其变得更清晰。这实质上是一种"翻译"。"翻译"的时候，须考虑这句话在文本中的位置，权衡它跟文中其他语句之间的关系。

方法的指示要清楚，分解要细腻。以末句为例："在那个时候，你就会感触到一只狗或一只鸟的体温，在石头里，在树梢里。"

"在那个时候"＝在施恩者遭遇危险而被化解的时候（根据上句得出）。

"你就会感触到一只狗或一只鸟的体温" = 曾给予善意和温情的施恩者，就会感觉到受恩者善意和温情的回馈（根据①②两段得出）。

"在石头里，在树梢里" = 那些善意和温情是遍布的（根据本段得出）。

整合起来，句意就是：在曾给予善意和温情的人遭遇危险而被化解时，就会感觉到带着善意和温情的回馈，遍布在自然中。

进一步整合，核心语义就是：有施必有报，善意与温情遍布在自然中。

揆诸前后文意，如上理解是准确的。

（三）分段串讲 3

第④段是说，当你发现你的善意和温情都能得到这世界的回馈，你就将感到，生命不是孤单的，这个世界是一体的。不止是动物（前文所讲的狗和鸟等），植物也有感情，大地也有感情，这一切都是有生命的，有感情的，有感应的。一言以蔽之，这个世界都是有感情的，是有生命的。

本段的理解要点，是要关注第一句和此后内容的关联性。这是表达连贯性和表意一致性的必然要求。第一句之后，"你早应该知道""你还应该知道"，从生命现象说到非生命现象的情绪与感应，是为了说明它们与人类相通，都是有生命的。

（四）分段串讲 4

第⑤段紧承第④段，进一步表达作者对人与世界的关系的理解。人是自然的产物，人与世界是一体的。人，同世界上跟人不同的别的部分，只有外在形态的差异，并没有内在本质上的区别。

本段的理解要点是提取核心信息，它整个是围绕着"人"来讲的。而具体内容，都是着眼于"人"和"非人"的联结关系来展开的。

（五）分段串讲 5

第⑥段的意思是说，人类应该超越狭隘的"家门""家族"概念。如果以更广阔的视野，把这个世界视为自己的家，我们就能更深地融入这个世界，就会看到"更大的一扇家门"，走向"更大的一个家族"。但这需要转变我们的观念（"新的语言"，代表新的观念），需要生命的倾情投入（"骨肉"，代表亲情等更亲近的情感），需要以温暖的情感去触及世界（"触抚"，代表带有温情的接触）。

这个段落中的理解要点，在实现对语义的准确提取。要注意剥离形象化表达的形象部分，提取其抽象部分。

（六）文意的整体串联

总说是串讲的纲要，或对分段串讲的总结，是揭示全文文意脉络的环节。

文章首先以狗和鸟为动物之例，来说明人类的善意和温情能够获得别的生命的感激与信任，而这种感激和信任，能够在人处于危险之际回馈给人。这种善意或温情的施与和回馈，会让人产生与万物一体的认知。

接下来，从动物扩展到植物和大地，阐明万物皆有生命情感的理念。万物的生命是相互联结的，本质上是没有区别的。人的生命形态看似特殊，实则与万物是一体的。

最后，文章指出，人们应该转变观念，突破狭隘的生命观，把整个自然视为自己的家，以更深厚的生命温情投入自然。

透过以上概述，可以窥见文本展开的三个层次。到最后，我们可以看出，本文以"生命"为题，旨在说明：人应以更广阔的生命观念、带着更丰富的生命温情，去对待这个世界。

三、串讲之要义

（一）串讲必须"撮要"

不能以为文意串讲就是按着文本的先后顺序一路密集地讲下去，那样会陷于琐屑。串讲首先是"撮要",要提炼要点来讲。

教师对所要串讲的文本,无论长短,都应该是先有分析的;在备课阶段,要提取文本各个部分的要点,并整合这些要点,求得文意的贯通。在此情况下,串讲的方式才能成立。

篇幅长度不一的文本,串讲时有不同的处理策略。所谓"长文短教",是指对于篇幅较长的文本,教学时要把要点提炼出来;所谓"短文长教",是指对于篇幅较短的文本,教学时要把深微的要义挖掘出来。前者重在"提要",后者重在"钩玄",这是教学重点的不同,而其宗旨都不外乎"撮要"。无论对于哪种文本,浓缩句段要点,最终提炼出主旨,都是串讲所必需的步骤。

《定风波》是短小文本,以"钩玄"为主,在每个诗句上都下功夫进行细腻的串讲——细腻不是繁琐,而是要通过细致分析语言表达的内在理路,进而揭示关键语义。通过上下阕的精细分析,最后揭示思路,概括主旨。《生命》这一文本相对较长,则以"提要"为主,重在各段要点的提取而非逐句的语义分析(有难点和疑点的段落除外),以免由于细节的纠缠而失去对文本的宏观观察。

为什么传统的串讲式教学不受学生待见?首先是因为教师的串讲抓不到要点,言不及义,乃至于你不讲我倒还明白,你越讲我越糊涂了。这常常是没做到"撮要",在细节上分不出轻重,绕来绕去所造成的结果。

(二)串讲需要落地

串讲要能落地,需要让学生切实领受,就需要在关键部位讲得细腻。所谓关键部位有二:一是教师自己研读文本时所发现的重点,二是学生阅读文本时感到不易理解的难点。

对于表达含蓄、言简义丰的文本,例如诗歌和一些具有象征性的文本,串讲尤其需要细腻。诗歌的表达通常比较含蓄,语句之间的跳跃性比较大,理解起来比较困难,这就要求串讲相应地更为细腻,才能有效引导学生的理解。对象征性文本中的象征的理解，需要采用与诗歌中的意象理解类似的方式，串讲应该对情意与形象之间的关联进行精细分析，便于让学生清楚地观察和理解。

古诗文都是短小文本，表意密集，学生的理解却容易粗疏。细腻的串讲有助于克服学生粗率地理解文本的习惯。《定风波》一词的串讲，就比较细腻，真正落实到了句子甚至字词的层面。

对于篇幅较长的文本，在某些部位也需要细腻的串讲。在文意串讲的过程中，很可能需要对某些具有理解难度的段落甚至句子，进行较为细密的分析。例如对《生命》第③段的分析，以及对第③段最后一句的解析。

（三）串讲重在勾连

串讲必须"串"，也就是要勾连。文本都是句子串联起来的，讲授也需要串联。凡是串讲，在句意、段意串讲的基础上，一定要有更简化的语言，对文意进行概括性的描述，对各个层次之间的关联性加以分析。通过这样的描述和分析，勾画出文章的思路脉络。从分段串讲到整体勾连，就是从分析到综合。这是理解文意的通行方式。《定风波》和《生命》一古一今，但都是依循了这样的方式。

对于表达跳跃性较强的文本，勾连是串讲的关键。比如诗歌，比如多数现代主义文学文本，在这些文本的串讲中，勾连具有至关重要的地位。表达的跳跃性意味着意义层次之间的断裂；勾连就是要填补断裂，在断裂的部分之间建立起语义通信。如果没有勾连，一个文本被整体理解就是不可能的。

串讲的勾连，就是维特根斯坦所谓的"综观"方式。在维特根斯坦看来，理解就在于"看到联系"。为了实现文本的理解，在串讲中发现和架设中间环节是极为重要的。对于任何现象，一旦觉察到它与别的现象的相似之处，我们都习惯于为它们寻觅某个共同的来源或原因。在文本中，我们把一个语言信息与其上下文语境相对照，使得这个信息与别的语言信息发生关联，进而才可能构筑出整个文本空间的景观。这其实也是文本理解最关键的路径方法。

(四)要讲出理解的路径方法

教师的串讲，涉及文本中的句、段、篇的含义。而学生困惑的往往是，教师的理解结论是如何得出来的。因此，需要在串讲的时候，讲出理解的路径方法。

文本理解的基本方法，不外乎语义识别和信息联结。懂得这个道理不难，难在这样的方法在具体文本中是怎样运用的。学生也正是通过教师对一个个文本不断的理解示范，而逐渐懂得这样的方法的。

在文本理解的过程中，信息的比对几乎是随时发生的。通过比对，发现信息的相同、相似、相反等相关性，进而联结各种信息寻求理解。信息比对，就是重要的理解路径。例如在《定风波》上阕前两句的串讲中，串讲的时候须揭示出许多信息的关联处。例如，讲到"吟啸"，就须指明这是一种声音，回头看"穿林打叶声"，也是一种声音，那么二者是有联系的。而"吟啸"是人自在抒发的声音，"穿林打叶声"是自然风雨的声音，这是区别；进而注意到"莫听"与"何妨"的关联，这是态度的区别，这就表示了诗人不管风雨而自在从容的态度。心能转物，不为物转，这意味着苏轼更多的不是关注外在的境遇，而是自己内在的心境。

通过在更大尺度上的信息比对，发现大块信息之间的联结关系，文本的思路和结构就浮现出来了。这是很重要的方法运用。例如在《定风波》中，通过上下阕之间的大致比对，不难看出上阕是"趁酒意而旷放"的自劝，下阕便是"见夕阳而触机"的自悟，如此则看出了在这首词中，情意的表达存在着清楚的跃进。

(五)要注意串讲的节奏

串讲不是以某个固定节拍一路讲下去的。

首先，串讲要根据文意理解的难度，分出轻重缓急。在特别难的地方，在文意的关键处，要缓慢、细致，务求学生明白。就像《庄子》中的庖丁解牛那样,"每至于族,吾见其难为,怵然为戒,视为止,行为迟"。在文意显豁之处,则应加快进度,避免废话。

其次,串讲应有学生活动的穿插。在文意较为浅近的地方,可让学生来讲,使其有所尝试;在文意较为艰深的地方,也可让学生来讲,暴露问题后教师再继续串讲。当学生活动穿插入串讲流程,教学的节奏此时会变得相对舒缓。

再次,串讲的教学语言要有讲究,教师要有恰当的情绪表达。生命是有温度的,教育教学也就必须有温度。一个人有血有肉,才会吸引和感动其他有血有肉的人。当教师串讲之时受到文中思想情感的感染,就要把感情投射出来感染学生。这样,串讲的节奏,也就随之富于抑扬变化。

四、结语

最后补充一点,但也许是最重要的一点。串讲有两个基本前提:第一是教师的学科修为精深,第二是教师的学情理解通透。所谓学科修为精深,是指教师学科功底厚实,思维深刻敏锐,解读精准透彻。所谓学情理解通透,是指教师能深刻理解学情,对文本理解的盲点与易错点、文本的学科教学价值、学生的知识与能力背景、学生的思维特点与理解路径、学生可能出现的思维障碍与处置方法,都达到了然于心的程度。具备这样的前提,教师就可以无所顾忌,大胆串讲。不难看出,串讲的要求极高,这就是为什么这种授课方式越来越被边缘化。读书较少、能力较弱、悟性较差的教师没法串讲;若硬要串讲,通常会把串讲搞成宣读教案或PPT的照本宣科。

本文是我对串讲的一些体会。我知道,为串讲正名,已经严重有悖于当今主流的教学主张,但我并不介意,因为没有哪个人是为了迎合他人而来到这个世界的。我相信,串讲作为传统的阅读授课方式必然有其自身的道理,而我30多年的教师生涯足以使我对这种方式的合理性作出判断。我得说,我完整地经历过90年代以来的教学改革,完全了解不断更新的教学理念都是些什么东西。我并不反对新事物、尝试新教法，而我的体会是，没有一种教学方法是"包治百病"的，每种授课方式包括串讲都有其方法的合理性和功能的局限性，运用之妙与不妙，全系于教者之水平——这就是为什么教学会是一种艺术。

串讲示例：《雨巷》《再别康桥》

这是同一单元中的两首现代诗。串讲主要解决诗歌理解的问题，兼及对学生写作的启示。

现代诗歌的文本理解，要注意几点：第一，关注诗歌中有哪些意象，诗人为什么选择了这些意象。第二，所有意象集合在一起，有何表意功能。第三，注意文本内的意象与意象之间、局部意义之间的语义响应关系。

阅读教学，在以文意理解为主的文本分析课之后，会有涉及文本形式探讨的评价鉴赏课。借鉴、吸收诗歌的语言表达形式，有助于提升审美眼光，优化书面表达能力。通常，应把文本分析课和评价鉴赏课分开进行。本文旨在说明串讲的流程，不考虑课型的分类实施。

一、戴望舒《雨巷》串讲要点

撑着油纸伞，独自 / 彷徨在悠长、悠长 / 又寂寥的雨巷，/ 我希望逢着 / 一个丁香一样的 / 结着愁怨的姑娘。

她是有 / 丁香一样的颜色，/ 丁香一样的芬芳，/ 丁香一样的忧愁，/ 在雨中哀怨，/ 哀怨又彷徨；

她彷徨在这寂寥的雨巷，/ 撑着油纸伞 / 像我一样，/ 像我一样地 / 默默彳亍着，/ 冷漠，凄清，又惆怅。

她静默地走近 / 走近，又投出 / 太息一般的眼光，/ 她飘过 / 像梦一般的，/ 像梦一般的凄婉迷茫。

像梦中飘过/一枝丁香的,/我身旁飘过这女郎;/她静默地远了,远了,/到了颓圮的篱墙,/走尽这雨巷。

在雨的哀曲里,/消了她的颜色,/散了她的芬芳,/消散了,甚至她的/太息般的眼光,/丁香般的惆怅。

撑着油纸伞,独自/彷徨在悠长,悠长/又寂寥的雨巷,/我希望飘过/一个丁香一样的/结着愁怨的姑娘。

串讲以提问的方式来推动。提问用以引发学生行动和诱发学生思考,提问后可有学生活动的介入。下面是提问及串讲要点。

(一)语义识别与整理

(1)"姑娘"是本诗中的核心意象。请找出诗中描述"姑娘"的全部形容性修饰语,通过概括其共性,来确定本文对"姑娘"的特征描述。

修饰语:"结着愁怨""哀怨""彷徨""冷漠,凄清,又惆怅""静默""太息一般的""像梦一般的""凄婉迷茫""丁香般的惆怅"。

共性概括(基本方式是,凡是不能合并的,就独立出来):愁怨、静默、迷茫。

(2)"姑娘"所在的环境(雨巷)有何特征?

"悠长""寂寥""颓圮的篱墙"(可置换为"衰败"等形容词)。

(3)"我"有怎样的特点?请找出:①能够表现"我"的情感特征的全部修饰语;②能够表现"我"的情感特征的全部动词。

①"冷漠,凄清,又惆怅"。②"独自彷徨","默默彳亍着"。

前者直接说明情绪状态,后者更多地以行动表达情绪状态。

(4)通过以上步骤,可以发现"我""姑娘""雨巷"三者之间存在着怎样的关系?

同质性很高。"姑娘"和"雨巷"都是凄清的;"我"和"姑娘"的特征也高度一致,"像我一样地/默默彳亍着,/冷漠,凄清,又惆怅"。

同质性是本诗最鲜明的特征。同一信息被反复强化,诗人通过突出同质性,构造出一个凄清、愁怨的画面,使得整个世界都呈现出某种单一且持续稳定的特征。这种方式有利于文本意义的高度聚焦。

(二)文意的探究

(1)"结着愁怨的姑娘"在雨巷中并不真的存在,却在本诗中处于关键地位,这如何解释?

"我希望逢着"和"我希望飘过",都表明这个"姑娘"并未真实地出现。很显然,这个"姑娘"是"我"的幻想的产物,是"我"的心象,并不是一个客观存在的对象。诗中反复强调"像我一样",强调"姑娘"与"我"的一致性,实质上暗示"姑娘"是"我"心境的投影。

据此推测本文的主题是:通过雨巷中"结着愁怨的姑娘",来表现"我"凄清、迷茫、愁怨的心境。

(2)从"我希望逢着"到"我希望飘过",诗人这样写有什么用意?二者能互换位置吗?

"逢着"是正面相对的遇见,"飘过"是不免虚浮的闪现。这样写,使得"姑娘"的形象越来越不可捉摸、虚无缥缈,表现了"我"的迷茫感和失落感的加深。因此,二者是不能互换位置的。

(3)既然"姑娘"并不能带来欢乐,她是凄婉迷茫的,为什么"我"依然"希望逢着""希望飘过"呢?如何解释?

这能够得到一个心理学的解释。当一个人孤独、哀伤、迷茫,他本能地会希望借由欢乐的活动来安慰自己;而现实中无法获得欢乐,他则可能转而通过与自己处境类似者的"同病相怜"来使自己获得安慰。在本诗中,通过一个虚拟出来的愁怨的"姑娘",把"我"的愁怨投射在"姑娘"的形象上,使"我"与其共鸣,由此获得心理的安慰。这是一种排解压抑的文学的方式。

（三）文本形式对写作的启示

本部分属于形式分析，是鉴赏课的内容。

1. 虚拟

用虚拟的意象、形象、故事来表现自我、展现现实或思考现实，是文学表达的重要方式。在神话、童话、武侠、玄幻等作品中，这是相当普遍的。大众较为熟悉的文本有：《西游记》《桃花源记》《皇帝的新装》《变形记》等。

虚拟可以帮助我们抛开现实的桎梏，赋予我们自由。根据自己的设想，构造一个比一切现实更为典型的场景、人物或事实（比现实中的真实更真实，或比现实中的荒谬更荒谬），以此更鲜明地表达我们的某种想法或情绪。在本诗中，这场虚拟的相遇，就使得现实中"我"郁结于心的愁怨变得格外直观和鲜明。

同时我们可以看出，虚拟也可使不可见的可见化。"我"的心境人们是看不见的；但作为"我"的心境的投射物，雨巷中的"姑娘"，人们能够见到。

2. 押韵

尝试押韵，努力使自己的书面表达具有韵律感。

押韵和节奏是生活语言艺术化的重要手段。要努力尝试，这是一种不难掌握的手段。多数时候，不是你没有这种能力，而是没有这个意识。尝试若干次，你就能做到。

3. 辞采

"太息般的眼光"有通感的意思，写得虚渺，可被视为运用了语言陌生化方法，除此之外，本诗其他部分的词句都没有多大创意。由此也不难看出，戴望舒在语言处理上的创造力其实是相对薄弱的——当然，这只是一个初步的判断，是否真的符合事实，我们需要阅读戴望舒更多的诗才能得出证据充分的结论。

这首诗显然吸收了中国传统诗歌的某些东西，"丁香一样的结着愁怨的姑娘"就是受到"丁香空结雨中愁"启发的结果。即便我们赞同叶圣陶说这首诗"替新诗的音节开了一个新的纪元"，我们也应知道，无论音节处理多么高妙也难以触及语义表达，它对表达力量的实际影响是有限的。

二、徐志摩《再别康桥》串讲要点

轻轻的我走了，/正如我轻轻的来；/我轻轻的招手，/作别西天的云彩。

那河畔的金柳，/是夕阳中的新娘；/波光里的艳影，/在我的心头荡漾。

软泥上的青荇，/油油的在水底招摇；/在康河的柔波里，/我甘心做一条水草！

那榆荫下的一潭，/不是清泉，是天上虹/揉碎在浮藻间，/沉淀着彩虹似的梦。

寻梦？撑一支长篙，/向青草更青处漫溯，/满载一船星辉，/在星辉斑斓里放歌。

但我不能放歌，/悄悄是别离的笙箫；/夏虫也为我沉默，/沉默是今晚的康桥！

悄悄的我走了，/正如我悄悄的来；/我挥一挥衣袖，/不带走一片云彩。

（一）意象的表意分析

本文的文本特质是文意清晰，因此不需要在文本分析方面多下功夫。本诗涉及较多意象性名词，需要对此澄清，可作为串讲重点。

（1）意象性名词与表意。

我不主张把意象限定为单个名词。把诗歌中的名词都看作意象，这是不妥的，容易导致支离破碎的分析，破坏表达的整体圆融。

在确定意象的时候，我认为有两点是重要的。第一，意象必须有"意"，没有"意"当然也就没有所谓意象。第二，一个事物或状态是处于特定语境中才成为意象的，特别是在画面中景物要素比较丰富的情况下，应着眼于画面和情意的整体感，对景物类名词加以整合。

《天净沙·秋思》："枯藤老树昏鸦，小桥流水人家，古道西风瘦马。夕阳西下，断肠人在天涯。"这里面有几个意象呢？文本中有12个名词，是不是每个名词都是一个意象？"小桥"里面有什么"意"在？"流水"包含着什么"意"？实际上，"小桥流水人家"合在一起，才能表达出宁静生活的意思，因而这三个名词必须合起来才能构成一个意象。孤立地看"小桥""流水""人家"单个词语，是不具备"意象"意义上的"意"的，或者说具备多种潜在可能的"意"。以"流水"为例，如在李煜词"流水落花春去也"一句中，"流水"表示的并不是村居的宁静，而是美好时光的变动不居。

所以，在《天净沙·秋思》中，可以认为有三个意象：带着末路情绪的"枯藤老树昏鸦"，唤起思乡情绪的"小桥流水人家"，刻画游子凄凉的"夕阳西下"时以"古道西风瘦马"为背景的天涯断肠人。

"看万山红遍，层林尽染；漫江碧透，百舸争流。鹰击长空，鱼翔浅底，万类霜天竞自由。"在这组诗句中，如果认为存在着"万山""层林""漫江""百舸""鹰""鱼"六个意象，那是失当的，是支离破碎的，这会破坏"象"的完整性与"意"的关联性，有悖于画面整体感的维持。这个诗句中，我们可以认为存在着两个意象：一个是作为生命活动场景的"万山红遍，层林尽染；漫江碧透，百舸争流"，这是一个热烈有动感的关于环境的意象；另一个是以"鹰""鱼"为代表的生命活动主体的意象。那么，"万山""层林""漫江""百舸""鹰""鱼"这六个名词是什么呢？我称它们为"意象性名词"。这些带着某种情绪色彩的名词，是构成意象的基础，但最好不要把它们视为六个不同的意象，而应根据表情达意功能对意象性名词进行适当合并，以确定意象。

在保持意象的"意"的一致性的前提下，可以这样划定一个标准：意象的"象"可被视为"构成整体场景或整体画面的相对独立且相对完整的图像单元"。

这里的问题是：《再别康桥》中有哪些意象性名词？它们包含着怎样的"意"？

由此诱导进入下列串讲：

第一诗段:"西天的云彩"——告别的对象。根据诗题,告别对象应该是康桥,此处的置换,一是诗意化、浪漫化,二是暗含中国古诗"浮云游子意"的意味。

第二诗段:"河畔的金柳""波光里的艳影"——这与中国古典诗中写柳的情绪特征不一致,有新意。"金柳""艳影"比较光亮,色彩感也强。特征是情绪比较明朗,有喜悦。

第三诗段:"软泥上的青荇""康河的柔波里的一条水草"——柔顺是其特质。表现康桥的温柔,也折射出对康桥的顺从和留恋。

第四诗段:"榆荫下的一潭清泉""浮藻间彩虹似的梦"——前实后虚,由实入虚。全诗由此从写景抒情,转换到下面的以情带景。"天上虹"暗示梦的美好与虚幻。"揉碎"表示当初的梦想已然破灭。

第五诗段:"一船斑斓的星辉"——当初的梦不可寻,只留下斑斓的追忆和灿烂的回响。

第六诗段:"悄悄的笙箫""沉默的夏虫和康桥"——黯然和低徊的情绪,无声的景象。

第七诗段:"一片云彩"——响应第一诗段。"不带走一片云彩",云彩其实是谁也带不走的,所以诗句看似洒脱,实有无奈和感伤。

总结:本诗意象的共同特征是柔软轻和。没有强硬的事物。这与诗人内心的低徊、温情的留恋相关。

(2)首尾两个诗段中的"轻轻""悄悄"能否互换?为什么?

不能,存在着情感层次的浅深。"轻轻"是外部动作,"悄悄"则是内心动作[《诗经》"劳心悄兮"、《赤壁赋》"苏子愀然(悄然),正襟危坐而问客"]。如此,则全诗表现了由外而内的情感表达结构。

(二)篇章分析

1. 景物要素的分布与文本结构分析

任何老练的诗人,都不可能割裂写景与抒情,遵循前半写景、后半抒情的机械的套路。他必须考虑情景关系，必须以情意为依据，随着情意的变化来设置场景、安排景物。通过对本诗中的景物要素的分布，可以分析出文本的结构。

宏观观察本诗的景物因素和人的因素，我们可以初步观察到景物（作为客体的"物"）与人（作为主体的"我"）在全诗中的交错分布。以下是分段的观察。

轻轻的我走了，/正如我轻轻的来；/我轻轻的招手，/作别西天的云彩。（我—物）

那河畔的金柳，/是夕阳中的新娘；/波光里的艳影，/在我的心头荡漾。（物—我、外—内）

软泥上的青荇，/油油的在水底招摇；/在康河的柔波里，/我甘心做一条水草！（物—我、外—内）

那榆荫下的一潭，/不是清泉，是天上虹/揉碎在浮藻间，/沉淀着彩虹似的梦。（物—我、实—虚）

寻梦？撑一支长篙，/向青草更青处漫溯，/满载一船星辉，/在星辉斑斓里放歌。（我—物、虚—实）

但我不能放歌，/悄悄是别离的笙箫；/夏虫也为我沉默，/沉默是今晚的康桥！（我—物、物—我）

悄悄的我走了，/正如我悄悄的来；/我挥一挥衣袖，/不带走一片云彩。（我。最后一句中强调的是"我"的态度。首尾呼应，有变化的呼应。）

"物—我"表示从景到人，"我—物"表示从人到景。

总的来看：由物及我，由我及物；由外而内，由内而外。如是循环往复，渐次推进。

2. 情感内容和特征分析

首先是情感内容的分析。《再别康桥》一诗，潇洒而又忧郁，很有情味。离愁别恨是中国传统诗歌的重要题材之一，在传统诗歌中，这种题材的诗篇，写得洒脱的较为少见，像王勃的《杜少府之任蜀州》说"无为在歧路，儿女共沾巾"，可算是较为通脱的一例，更多的则写得充满哀愁。既潇洒而又不失一往情深的留恋诗篇，是不多见的。《再别康桥》当然不是人与人的离别，它写的是人与地的离别。诗人故地重游之后，又要离开，也可以说是此刻的我与往日的我告别；他告别的不仅是负笈求学过的康桥，还包括已经成为过去的一段人生。因此，离别在这里有更为深刻的含义。诗人显然有着非常深情的留恋，而其中也包含自己作为一个理想破灭的过客的无奈的慨叹，以及一分淡然挥手的飘逸和从容。

其次是情感特征的分析。全诗总的方向是由明朗渐渐归于黯然。离别的基调是怅惘的。但意象的美好轻柔、氛围的安静沉默，使得情感呈现出"哀而不伤"的特点。

（三）文本形式对写作的启示

本部分属于形式分析，是鉴赏课的内容。

1. 首尾照应

本诗与戴望舒《雨巷》一样，都运用了首尾照应的写法。这种写法很普遍，为什么会这样？是因为这能够形成一种"完成感"——开头的某种因素在结尾处重现，让人感觉到完成了一个表达的循环。这在音乐中也比较普遍。文章的首尾照应是必须的，只不过照应可以有很多种具体的方式。

2. 内部结构

我们常常把"结构"理解为"过渡、呼应"或"并列、层进、总分、对照"等显见的形态，这种理解是狭隘的，也是不深入的。

根据前面的篇章分析，我们能够看出，本诗的"物我关系""虚实关系"是重要的结构元素，带有一定的哲学意味。这才是本诗更深层的意义结构。理解这一点，有助于帮助我们摆脱对结构的理解的肤浅和幼稚。

3. 均衡意识与表达克制

写作是表达。常人缺乏经验，容易导致表达失控，导致畸形。

康桥是告别的对象，选取康桥所见之物作为情感表达的景物基础，是必然的。然而，当我们对某一景象特别有感，有所偏爱，就容易导致表达失控、详略失当。例如，"那河畔的金柳，是夕阳中的新娘"，假如看到新娘就浮想联翩，情不自禁浓墨重彩，那就会导致这一环节特别夸张地膨胀。徐志摩是很克制的，而这种克制是明智的。他明智地控制了描写，小心地控制着每个诗段的长度，使得各个诗段保持着均衡。这首先有结构匀称的好处。其次，对段落长度的控制，使得他必须抑制语言。事实上，对表达的适度抑制，非常吻合诗人离别之际低抑的、难以舒张的心境。

记叙文写作教学的若干学理思考
——评作文课《写触动心灵的人和事》

教学既需要学理的审视，也需要实操的配合。

学理的审视，就是要深刻理解教学内容的学理依据与内在脉络，并据此深刻理解教学知识的理解路径与学科能力的形成路径。

教学实操是依托于学理认知的。教学实操的有效程度，决定于它跟学理的符合程度。实践出真知，在教学实践中越是有效的操作方法，越是符合学理的。

在此提供的是一个写作教学案例。作文课题是"写触动心灵的人和事"。下面是我的评课记录（后附授课者成小波的教案）。

一、观课感受与课型定位

刚才我们听了成老师的说课。他分享了这堂课准备过程中的酸甜苦辣，他也说出了我的真情实感。以前我也参加过赛课。年轻时多赛一次课就多积累一份经验，赛课的准备过程是一个学习、修正和完善的过程，是一个艰难和痛苦的过程。每次调整和修改，都是艰难的、痛苦的，但也带来了反思和进步的机会，我们要顶住压力。以前我在成都七中，年轻教师每年都要参加赛课，备课组每个学期都有"转转课"，这种制度性安排迫使教师不断成长。老师轮流上，大家都来听，相互学习，彼此监督。人的本性都是懒惰的，没有监督，没有压力，就会懒散下去。教师轮流上课应该形成一种制度，这有利于教师发展和团队建设。在大家的帮助下，通过成老师的努力，这堂课表现出来的水平跟较早时我来听过的那一次相比，明显有较大的提升。

这堂课的优点可用两个词描述。第一个是比较感性的描述——"精彩"；第二个是比较理性的描述——"干净"。"精彩"是一个表达赞美的通用词汇，我不多说；我想说的是"干净"。我很佩服"干净"，教学达到相当高的水平才可能做到"干净"。

这是一堂写作课，是训练课的一种。我此前提出的课型分类中有一种课就是"训练课"，写作文就是一种训练。"训"和"练"两个字的意思不一样："训"就是要垂训，要有教师示范；"练"就是要练习，要有学生过手。成老师自己写下水作文，这就是在提供示范；但教师本人示范可能还不足够，成老师还找了名家作品来示范。然后就是"练"，课堂上有学生的练习。这堂课是"训""练"兼备的。当然，一堂作文课要做现场的过手练习有很大的风险，因为课时太短而写作真有难度，不像做一道普通语文题那么简单。

关于这堂课，我讲三个方面的思考：课题自身的逻辑，教学材料的分析，本课教学的几点学理。

二、课题自身的逻辑

第一个方面，是关于课题自身的逻辑。

上一堂课，要有个课题或主题。今天这堂课的课题，是"写触动心灵的人和事"。课题一旦确定，它自身就包含着一个内在逻辑。我简单分析一下这个课题的基本逻辑。

触动心灵，意味着被感动。从教学流程来讲，存在逻辑一贯的几个环节。首先要召唤出学生被感动的经验，在教学上的策略，一般就是先请学生来讲一讲感动过他们的人和事，这就是第一个环节，"讲出你的感动"。讲出来后，就需要第二个环节，"审视你的感动"。通过分析，找出被感动的原因，发现这个感动的意义，从而精准地确定感动点在哪里。有了感动点了，接下来就是第三个环节,"写出你的感动"。抓住感动点,用恰当的方法、有品质的文字,把感动表达出来。这样,写作任务就完成了。从检验教学效果的角度来考虑,还存在第四个环节,"检讨你的表达"。这些文字能够感动你的读者吗?能,就过关了;不能,还得修改。

这是根据课题,我所能设想出来的完成这一课题所依循的逻辑。

今天课堂上的实际情况是,第一个环节"讲出你的感动"有了,但第二个环节有所缺失。这个环节有必要补充出来。如果没有"审视你的感动",写作的点位不容易精准把控。"未经审视的生活是没有意义的",未经审视的体验也没有意义。感动是一种体验,你需要审视或凝视这种感动的体验,才能发现感动的意义。写作是一个建构意义乃至创造意义的活动,若不知道意义你怎么去写呢?学生把感动说出来之后,就要进一步引导他们,找出感动中所包含的意义是什么。只有这样,才能够准确地捕捉感动点,也才能进而生发出作文的主题。

接下来就是要"写出你的感动"。写出感动,需要有支架。学生不是没有感动,而是他心头有感动但写不出来。学生年轻,年轻就容易多愁善感。像我这样的老头不容易被感动,而年轻人是很容易被感动的,问题是他写不出来啊。这时候就要给他搭支架。这堂课搭支架用了两个方法。第一个是动词的密集使用,把感动时的细节写出来。第二个就是用修辞,用比喻的修辞方式来表现。这是提供方法,搭上架子,让学生有办法去写。搭支架这个环节,这堂课是做得很好的。

写出来的作品究竟如何,需要评价。你的作品读出来能够触动读者吗?写作是要诉诸读者的,写作文不是自娱自乐。写出来如果你自己很感动,我读了却无动于衷,那怎么办?这就需要检验——你是否能够触动你的读者,是否能使你的读者感动。今天朗读自己作品的第三个学生,他的文字就很能触动我们,其他同学写出来的文字就不怎么令人触动。这里面有没有什么教学上的原因呢?我们讲的这些方法是不是都对路?学生是否都有效地掌握了?他们确实都使用了动词也使用了修辞手法,但为什么读起来仍然不感人?这里面生成了教学反思的一个机会,也给出了作文教学的下一个空间。

三、教学材料的分析

第二个方面，是关于教学材料的分析。

本堂课的学案中有两类材料——名作片段两个，下水范文一篇。这几个材料是本课教学的基本依托，非常重要。正因为非常重要，教师在教学设计时，务必反复评估这些材料是否妥帖，是否典型，能否起到支撑教学的作用。

反复斟酌教学材料，就是审慎研究教学内容。要反复考虑的问题是，这些材料有没有可能不合适？不合适，就得换；合适，就要考虑这些材料的使用价值有没有被充分挖掘出来。我课前就得到这个学案，随手批注了几个字在材料旁边。在朱自清的《背影》旁边，我写的是"艰难"；在毕淑敏的《我的五样》旁边，我写的是"丧失的痛苦"；在后面教师的下水范文旁边，我写的是"温情背后的艰难和沧桑"。这就是在研究教学材料，我批注的是我读出的感动点。成老师的下水范文写的是相濡以沫的老头老太之间的温情，真正触动我的其实还不是他们的夫妻情感，而是这种情感的背景——为了帮助蹬三轮车的老头，衣服破旧、身材矮小的老太从三轮车上努力伸出脚来蹬地，那吃力的样子真令人心酸。后来老太干脆下车推动三轮车，那风中乱蓬蓬的白发可看出她的衰老和沧桑，那一瘸一拐的模样可看出她推车的艰难。我们不是被一般意义上的温情感动的，这种感动是有背景的，这个背景就是生活的艰难和年老的沧桑。一个身强力壮的青年妇女帮助年轻的丈夫推动三轮车，你不会如此感动；我们之所以会被这老太触动，是因为她真的太不容易了，她太艰难了。

这几个材料都是恰当的。那么它们有没有共性呢？有。共性就是，这些能够深刻地触动我们的，都带有某种悲剧感，或者说某种悲情色彩。文学作品中凡是能触动人的，情感基调差不多都倾向于悲伤或沮丧，这是文学艺术的一个普遍规律。王国维在《人间词话》里讲过这个问题，关于"流泪"，甚至"流血"。在我看来，快乐是向外的传染，而悲伤是向内的穿透。为什么悲剧比喜剧更能穿透我们？为什么最卓越的喜剧会让你笑得悲伤？这就触及文学艺术更本质的东西了。虽然作文只是一种训练，还没有资格叫"创作"，但写作教学依然有必要引领学生往艺术的方向慢慢走去，去逐渐接近文学的标准。

为什么第三个学生的作品会触动我们？其中最后一句话我把它记录下来了："年复一年，日复一日，我们的生活没那么好，也没那么糟。"这句话看似洒脱，却带着沧桑感。之所以触动我们，是因为它不像很多文字那样充满了假装的正能量，它表达了对生活诚实的、深刻的认识。这来自完全真实的体验和尚未麻木的思考。语文教学真的需要真诚地尊重生活，语文教师在教学生作文立意的时候，要懂得真正的生活中其实并不是只有光。

对于呈现给学生的教学材料，一定要仔细分析，这是我讲的第二个问题。通过对这几个材料的分析，可能会发现它们更大的教学价值——你要写"触动心灵的人和事"，就必须真正捕捉住感动点，就必须注意营造能够触动读者的情感背景和情感基调。

四、本课教学的几点学理讨论

教学在设计的阶段，教师需要充分展开具有学理的思考。语文的学理思考包括两个方面：一是学科的学理，重点是学科知识的理据和内在脉络；二是教学的学理，重点是学科能力培养路径所依循的学科基础和心理学基础。学科的学理是核心，是关键，理由很简单：知识的内在脉络决定了理解和掌握的路径，教学内容常常决定了教学方法。

前面我对课题逻辑和教学材料的分析，我认为就是符合学理的。就本堂课的教学而言，如下几点学理思考是不可回避的。

（一）描写为什么是必要的

"写触动心灵的人和事"，这是记叙文写作。

关于写记叙文，我一再讲，由于人类经验是在时间和空间中发生的，叙述是时间性的，描写是空间性的，叙述和描写配合起来才可能完整地传达人类经验。叙述是时间性的持续推进；而描写意味着时间的短暂停留，借此停留以描述景物或人物在空间中的状态。描写就是在某个有意义的时间点上暂停，对经验的空间展现状态给出细致的观察和表达。

为什么写"触动心灵的人和事"需要细节描写？因为感动这一体验需要被完整传达，只有时间性的叙述而没有空间性的描写，体验是无法被完整呈现的。为什么这堂课要强调动词的密集使用？因为密集的动词能使得这个感动的时间点看起来比较延缓，有助于我们从容地回忆和展现那个感动我们的场景，有利于我们的读者更细腻地模拟体验这个感动的瞬间。这就是对本堂课的动词使用的学理思考。

当然，时间性的叙述和空间性的描写，都侧重于对经验的客观呈现。我们知道，经验都带着主观性，它有情意的投射。这就涉及第二项学理思考：捕捉感动点为什么是重要的？

（二）捕捉感动点为什么是重要的

一般人读小说其实是没读懂的。朱光潜曾经讲过，小说的情节只是个花架子，而小说真正要表达的思想情味才是花架子上的花。一般读者读小说，都看花架子去了，并未注意到那朵花。那朵花就是小说中的诗。一部好的小说其实就是一首诗，情节不过是花所依托的枝蔓。亚里士多德有本著作叫《诗学》，他所谓的"诗"不是我们想象的那种分行抒情的诗歌，这本著作主要讨论的是悲剧和史诗。在亚里士多德看来，格律文作者未必是严格意义上的诗人，而文学就是美学，文学作品都是"诗"。我的意思是说，使用动词来展开描写的时候，不要忘了"诗"的部分，不要忘了感动点，不要忘了细节应该具备思想情味。怎么通过描写的手段将有价值的思想和有感染力的情感有效传达出来，这很关键。其实人不是被事情感动的，人是被感情感动的。"触动心灵的人和事"，不是事情本身触动人，事情本身只是一个客观事态；真正触动人心的，是描述事情的过程中表现出来的主观情感。

这堂课明显表现了"写作要关注生活"的意识。成老师展示的是亲自拍摄的视频，确实来自生活中的真实。但如果它纯粹只是屏幕上的影像，你其实是不会被感动的；仔细分析为什么会被感动，你会发现你是被老太所表现出的那种带着沧桑感的情感所感动。作为客观事态的生活本身并不感人，感动我们的是我们所发现的这些事态中折射出来的情感和意义。所有的感动都是自我感动，尽管这种感动需要外缘触发。前面我已经说过，我们要审视生活，生活中的事实和经验只有经我们审视才具备意义。我很早就认为，"写作源于生活"这样的文学理论是废话。只要是活人就在生活，那为什么这么多活人不都是作家呢？谁都在生活，但并不代表活人就能写出好的作品。写作不是源于生活，而是源于对生活的审视、反思和领悟。审视、反思和领悟，才可能触发写作行为。我认为这堂课"捕捉感动点"这个环节有缺损，或者说操之过急。感动点的捕捉是关键环节，这个环节还欠缺火候。

（三）技法为什么不可或缺

写作文是一种训练。训练就要讲技法，写作教学要提供有效的技法。

这堂课提供的技法有两个：动词和比喻修辞。"写触动心灵的人和事"当然不止于这两个技法，还可以有很多种手段，但一节课容量有限，要解决最迫切的问题，提供最关键的方法。我觉得这两个方法简明清晰，且适合学生当前的水平。

作文不是文学创作，是写作的技术训练。有技法才叫"训练"，不教技法就能写好那是"天才"。作文是技术性的东西，属于"术"，不要轻易拔高到"道"的层面。最高明的教学当然要讲"道"与"术"的统一，但首先是要解决"术"的问题。"术"都没解决好，你就别给我讲"道"。一个教师，"术"或方法层面的问题你都无力解决，你怎么去解决"道"的问题？

"形而上者谓之道，形而下者谓之器。""形而下"的东西是具象的，属于现象和经验层面，容易被我们把握；而"形而上"的东西太抽象了，属于本质和规律层面，没有智慧你根本看不见。"道"没那么容易领会，更没那么容易达到。即使对"道"有所领悟，但"道"是无法直接被传授的；"道"必须投射在"术"的层面,才能诉诸他人的理解。因此,一定要在"术"的层面,也就是在技法、路径、工具的层面下功夫。

学生这个年龄,悟道还早得很。虽然我们每个人都存在于"道"之中,但有几个人悟道呢?佛教讲"一切众生皆有佛性",那么你是不是佛?你是有佛性,你是一个潜在的佛,但你现在只是个普通得不能更普通的凡夫,这就是现实。没有修炼,你是达不到"道"的。怎样修炼?要在"术"的层面去修炼。事实上,正确的"术"必定不是背离"道"的,"术"的修炼最终可能达成"道"的领悟。在《庖丁解牛》里面,庖丁所好者是"道",但他也是在解牛之"术"中浸染了好多年才"近乎技"的。语文教学要在"术"的层面多加研究,提供真正有用的"术",符合学习规律的"术"。当你研究得比较透彻,你才知道语文教学中最大的问题,其实是"术"的不到位。坐而论道的人太多了,悬空的理念理论太多了,解决问题反而黔驴技穷。

这堂课中,"动词的密集使用"是很重要的一个操作点,这就是"术"。对于这个"术",还要进一步研究。怎么去用动词?是不是多用几个动词就行了?多用几个动词,固然可以细化描写;但是动词用得多,也有可能把关键动作遮蔽了,使真正的感动点模糊了。朱自清写背影的这一段,连续使用了若干动词;而它的感动点,是父亲攀爬的艰难。感动点在"艰难"上,所以这部分围绕这个点,写父亲蹒跚的步态、肥胖的老态,其他的动词使用,都是为了配合"艰难"这个感动点的。如果我们只是告诉学生要多用几个动词,他们也多用了几个动词,但写出来可能只是细节更丰富却依旧不感人,为什么?就是因为没有准确地聚焦于感动的点位。这就是说,"密集使用动词"的这个技术在写作的学理考虑上还不周密,这一批动词未能服务于情意表达的逻辑。这是更深刻的操作要点,在备课时要考虑到位,在教学时要让学生清楚地懂得。

(四)教师"下水"为什么是必需的

这堂课有教师的下水示范。这是一个很大的亮点。教师一定要下水,只是站在岸上指导学生游泳是不行的。站在岸上,你说得倒是一套一套,问题是学生游起来很吃力。只有你亲自下到水里去游，才晓得成套的游泳理论未必顶用，真能马上救命的只是那么一两招。这不是说整个理论体系有问题，而是说解决迫在眉睫的问题的招数，不在于多而在于有用。学生快要淹死了，一时半会儿哪能掌握成套的东西呢？教师必须下水，下水才能体会到游泳的真正要义，下水才能真实地解决问题。

我一直强调，教师布置作业给学生，一定要自己先做。你先做，先有体会，才会知道哪些地方容易卡住，才能预估学生的认知障碍可能出现在哪里。这才是尊重学情。成老师这点做得非常棒。很多语文教师给学生讲作文，讲得一套一套的，头头是道，结果自己却写不出来。教师也貌似精通佳作的标准，但是他自己却无力按照这样的标准写出好文章。游泳理论家站在岸上趾高气扬，下水之后他自己却被淹死了。

语文教师，要自己读得懂文章，自己做得起题，自己写得出文章。你读不懂、做不起、写不出，就很难真正有效解决学生的问题。拿着教学参考书去指导学生读课文，拿着参考答案去指导学生解题，看起来能干得很。然而，如果没有这些东西，你自己去读一篇文章，自己去做一套题，效果如何呢？所以，教师一定要下水。下水之后，才能更好地体察学生，接近学生，帮助学生。要求学生做到的，教师首先要做到。成老师敢于下水，非常值得表扬。教师敢于自己去尝试、去体验，这是深刻理解学情的关键路径。

附：本堂写作指导课教案

如何写出具有真情实感的细节
——《写触动心灵的人和事》写作指导

成都城投驿都学校　成小波

一、导入

2015年高考北京卷在作文要求中，明确限定了写作的体裁——记叙文。记叙文最大特点是集叙事、描写、抒情为一体，能直观地考查学生的文字功底和文学素养。在记叙文中，真情实感往往是打动阅卷者、提升作文层次的关键。而细节描写又是记叙文最重要的手法，那么如何写出具有真情实感的细节呢？

二、看视频，找情感共鸣点

问题设置：认真观看视频并谈谈你的感受，视频中有没有令你触动的点？

三、读教师下水作文《偶遇》

学生讨论：文章是否捕捉到了这个点？是否写出了真情实感？是如何传递出真情实感的？

（教师巡视，听取学生的讨论内容，给予适当指导。）

《偶遇》具有真情实感的细节：与加油站小妹妹交流，三轮车被硌后颠簸的细节，老人转头看我的动作，老人的笑脸等。

四、技法点拨

方法一：细化动作、延长过程。

……车子突然被什么东西硌着了，颠簸了一下，老头儿赶忙把稳车扶手，脚下停止蹬踏，车还没完全停稳，急切地扭过头来看着后面的婆婆，婆婆被这一颠簸，手似乎抓得更稳了，和老头儿对视了一眼，抬起左手朝前挥动了两下，老头儿对婆婆笑了，转过头准备继续蹬踏往前走，车上大概载了些什么货物，重新启动似乎不太容易，老头身子微微向前倾，用力踩着脚踏，婆婆也微微前倾，左脚用力蹬地，车又缓缓前进了……

……婆婆突然从三轮车上顺势用左脚支撑着下了车，穿着厚厚的棉袄的臃肿的身体在地上蹒跚地走着，右手顺势移到左边的车舷，帮老大爷推着，走了几步后又换成了左手把着左边车舷，右手把着后面车舷，做出要用劲的姿势……

——教师下水范文《偶遇》

（通过一系列动词的细节描写，传达出二老之间相互关爱、相濡以沫的真挚情感。）

……我看见他戴着黑布小帽，穿着黑布大马褂，深青布棉袍，蹒跚地走到铁道边，慢慢探身下去，尚不大难。可是他穿过铁道，要爬上那边月台，就不容易了。他用两手攀着上面，两脚再向上缩；他肥胖的身子向左微倾，显出努力的样子。这时我看见他的背影，我的泪很快地流下来了。我赶紧拭干了泪。怕他看见，也怕别人看见。我再向外看时，他已抱了朱红的橘子往回走了。过铁道时，他先将橘子散放在地上，自己慢慢爬下，再抱起橘子走……

——朱自清《背影》

（用一系列动词对父亲买橘子的整个过程进行描写，传达出父亲对儿子深深的爱。）

方法二：运用修辞，画其神韵。

……二老冲我慈祥地笑了，好久没有看到如此干净真诚的笑容了，恰似沙漠绿洲里的一湾碧水，清澈见底；正如阳春三月拂柳的春风，让人身心舒畅；又如空蒙雨后晴空斑斓的彩虹，让人心生喜爱……

（运用比喻来刻画老人淳朴、真诚的笑容。）

……老师走过来看到了，说，不能只是在一旁做个小记号，放弃就意味着彻底的割舍。你必得要用笔把它全部删除。

依法办了，将笔尖重重刺下。当鲜花被墨笔腰斩的那一刻，顿觉四周惨失颜色，犹如本世纪初叶的黑白默片。我拢拢头发咬咬牙，对自己说，与剩下的四样相比，带有奢侈和浪漫情调的鲜花，在重要性上毕竟逊了一等，舍就舍了吧。虽然花香不再，所幸生命大致完整。

请将剩下的四样当中，再划去一样，仅剩三样。老师的声音很平和，却带有一种不容商榷的断然压力。我面对自己的纸，犯了难。阳光、水、空气和笔……删掉哪一样是好？思忖片刻，我提笔把"水"划去了。从医学知识上讲，没有了空气，人只能苟延残喘几分钟，没有了水，在若干小时尚可坚持。两害相权取其轻吧。

也许女人真是水做的骨肉，"水"一被勾销，立觉喉咙苦涩，舌头肿痛，心也随之焦枯成灰，人好似成了金字塔里风干的长老。

我已经约略猜到了老师的程序，便有隐隐的痛楚弥漫开来。不断丧失的恐惧，化做乌云大兵压境。痛苦的抉择似一条苦难巷道，弯弯曲曲伸向远方。

果然，老师说，继续划去一项，只剩两样。这时教室内变得很寂静，好似荒凉的墓冢。每个人都在冥思苦想举棋不定。我已顾不得探察别人的答案，面对着自己人生的白纸，愁肠百结。

笔、阳光、空气……何去何从？

闭起眼睛一跺脚，我把"空气"划去了。

刹那间好像有一双阴冷的鹰爪，丝丝入扣地扼住我的咽喉，顿觉手指发麻眼冒金星，心擂如鼓气息摒窒……

——毕淑敏《我的五样》

（用比喻的方式写出了自己的切身感受。）

练习：

1. 你有触动的人和事吗？和同学们分享一下。

2. 综合以上细节描写的方法，把触动你心灵的人和事写成一两段文字，要写出真情实感。

五、作业

捕捉生活中感动你的人和事，写一篇800字的记叙文。

要求：题目自拟，书写工整，写出真情实感。

附教师作品《偶遇》全文（略）。

评肖培东作文升格指导课《灯》

《灯》是成都市某区2016年九年级诊断性检测试题中的作文题，题目如下：

灯，百度上的解释是"照明用品，泛指可以照亮的用具"。

人生路上，每个人都有和"灯"相伴的时光；大千世界，每个人都有与"灯"相关的故事。灯光下苦读的身影，灯光中全家的欢娱，寒冷时"灯"的慰藉，孤独时"灯"的引领……"灯"带给我们的记忆不可磨灭，"灯"给予我们的温暖刻骨铭心。

请以"灯"为题，写一篇文章。

要求：①要有真情实感；②自定立意，自选文体（诗歌除外）；③不少于600字；④不得抄袭、套作；⑤不得出现真实的人名、校名和地名。

一、写好记叙文的关键在于"描写"和"审视"

我一上台出现在各位面前，就跟肖培东老师形成了鲜明的对比。他有儒雅气，我有土匪气，他风格严谨，我风格放荡，确实是对比鲜明。我首先要向肖老师致敬，他温和、儒雅，修养深厚。虽然我年龄大于肖老师，修养跟他却有明显的差距，所以我要向肖老师致敬。

肖老师刚才的作文课，是关于"灯"这个作文的升格讨论。我认同肖老师对"灯"的作文构思的处理思路。关于中考作文，以前我在武侯区讲过一次；我讲的若干观念，与肖老师相同。我现在要把自己打肿，膨胀起来，假装自己是英雄，然后宣称我跟肖老师"英雄所见略同"。当然，实际上未必是"所见略同"，更多的可能是"和而不同"。

这堂课是讲以"灯"为题的记叙文的升格。在我看来，记叙文要写好，若叙事框架已经确定，关键就不在叙述而在描写了。叙述意味着时间的持续推进，而描写意味着叙述中时间的迟滞或短暂停留。如果没有描写的干预，叙述将是干瘪的。记叙文的核心是传递人类经验，这种经验有时间和空间两个维度。叙述是时间的维度，描写是空间的维度。如果只有叙述，它就只有一个时间维度，经验的传递会受限；因而我们必须懂得在合适的时间点上给出一个空间维度，给出笔酣墨饱、浓墨重彩的描写。只有这样，经验才能够生动、饱满地表现出来。

肖老师今天这堂课触及了描写这个点。叙述过程中有时间的暂停，抓住富于包孕性的瞬间来进行描写，这是记叙文写作的一个要点，这是不能忽视的。指导学生写记叙文，关键是要有细节的描写。一篇记叙文只讲记叙的六要素是不够的，六要素只是确保叙述的完整性，不能确保叙述的质量。今天这堂课，在细节描写的讨论方面做得比较充分，可以说是"一课之中三致志焉"。

肖老师在课后的讲座中讲到了"凝视"。这个概念很重要，我要趁机论证一下"凝视"的必要性。

在我看来，首先，描写就是一种"凝视"，描写是对对象的仔细端详。其次，我们的经验也需要"凝视"。我以前谈过这个道理——只要是活人就会有体验，学生并不缺乏经验，缺乏的是对经验的审视。体验随时都在发生，比如说现在我有点紧张，比如说现在我有点愉快，比如说现在我看到台下你们的脸如同向日葵一样绽放，这都是体验。但这种体验究竟有什么意义和价值？没有对经验的审视，你将无法发现经验的意义。这涉及主题设置，涉及为何要暂停叙述来对这部分经验加以描写。你为什么要停下来写这个细节？这一细节对表现主题有何作用？写作文不能什么细节都写出来；你把所有细节都写出来了，那么你就失败了。早上起来怎么穿衣服，怎么吃早饭，上学路上怎么走，你写这样的细节，意义和价值在哪里？时间进程中随时都可能产生细节，但细节的价值何在，它对表现主题具有何种功能，写作时必须加以审视。这种审视，就是"凝视"。"凝视"这个概念，是很有意义的。

二、"升格"要靠反复修改

今天这堂课包括此时的评课活动，它的立意是什么？是要解决作文升格的问题。我的观点是这样的：学生写作文，叫"重复"；学生修改自己的作文，才叫"提高"。你一学期让学生写十几次大作文，每次作文之间其实都是一种"重复"的关系。如果学生的知识结构中没有新元素的注入，写作训练无非就是换一个题目重复它自己。这就是为什么让学生写了一学期作文，学生的作文水平并没有提升。这只是换个题目原地踏步的"重复"，而不是在原有水平上的"提高"或"升格"。更好的方式或许是这样的：同一个题目，一写二写三写四写五写，变着花样写，变着要求写，写得你发吐，写得你山穷水尽，山穷水尽之时或许突然就柳暗花明了呢。把你逼到了极限，你就会发现新的可能。假如学生没有经历这种逼迫，没有这样一种压力，没有这样一种穷尽，他就无法越过习惯性的自己，去发现写作中更广阔的可能。我们不断训练学生写不同题目的大作文，其实就是在不断地浅尝辄止。我的意见是，不要写那么多不同的作文题目，要让学生抱住一个作文题目不断写，不断改。

在成都七中教书时，我曾让学生进行反复修改的训练。你这次作文是42分，那就按48分的标准去修改。你务必达到48分；如果得不到48分，你就得继续修改。你达到了48分，然后再按54分的标准去修改。你得想尽一切办法达到54分。当然，实在没法了，黔驴技穷了，你可以跟我进行更深入的讨论。我会指出你还有哪些需要修改的地方，也许还能提出一些针对性的改进方案。在这样不断打磨的过程中，学生被逼向他们的极限，他们的写作就会越发到位，越发精致，而不会老是停留在原始的、粗糙的、简单重复的状态。那是可悲的低水平循环状态。所以，我觉得"反复写"是非常宝贵的方法。

按一般道理说，写作课需要让学生写。这堂作文课，肖老师并没让学生写。这里我想引用以前我说过的一句话：好的文章，不是写不出，而是想不到。想都想不到，你怎么写？"眼高手低"，有没有这种情况？有。但有没有另外一种情况，"眼低手高"？没有。就写作这件事来说，"眼高手高"是大概率事件，"眼高手低"是小概率事件，"眼低手高"是不可能事件。这节课最让我印象深刻的地方，就是让学生去想，充分调动、打开学生的思维。围绕"灯"可以有哪些可以延伸出去思考的方向，去穷尽这个题目的种种可能性，超越平时的思维定势的构想，从既有的素材模式中解脱出来。这样的写作教学能让学生获得思考的解放，这是这堂课的一个亮点。写作教学要追求心灵的释放和思想的解放。教育应面向人的自由解放。

三、教学的内容是第一位的

听说肖老师是昨天很晚才到成都的，这堂课实际上没怎么准备。备课时间仓促，他的备课基础主要是浏览一下这些学生此前写的"灯"的作文。备课时间如此短，这就迫使执教者必须果断作出教学决策：根据学生作文中反映出来的情况，这节课讲些什么，怎么来讲。这么短的时间能呈现这么好的一节课，不容易啊。

这堂课上得如行云流水，挥洒自如，跟教师本人的素养有很大关系。我在成都七中上课，不少老师来听过我的课，然而听了之后，他们觉得没办法重复；假如把肖老师这堂课的教学流程记录下来，依样画葫芦拿到我的班级去上，我估计我上出来的效果就不行，因为每位教师有自身的个性和风格，对教学内容有符合自身水平的理解，而且需要对学生的任何反馈作出及时、正确甚至有时是非常智慧的反应，所有这些都是对教师巨大的考验。教师本人的修养和功底非常重要。好的课堂，只能瞻仰，很难模仿。教学流程可以复制，教学方式可以模仿，但教学效果模仿不出来。既然如此，关于课堂教学的流程和方式，很可能多谈无益。

教学中最值得考究的，不只是课堂的呈现形式，更是课堂教学的内容。教学内容的设计，是关键中的关键。讲到这里，我很有感慨。我觉得现在初高中的语文教学，至少有百分之五十的时间是被浪费掉的，是无效的。我们讲的这些东西真有价值吗？我们是不是讲得太多了？肖老师根据临时提供的学生作文卷发现并建构出有价值的教学内容，我认为这才是作为教师的学科素养的最重要的表现。教学内容没有价值，就会使得这节课不会有教学价值。你提供什么内容给学生，非常重要；你怎么提供给学生，反而是比较次要的。教学方法固然很有必要，教学艺术固然可以观赏，但毕竟是第二位的东西。名师喜欢炫技，观众喜欢看炫技。这就是所谓"外行看热闹，内行看门道"。门道怎么看？首先是看教学内容是不是真有价值。这一节课，我觉得教学内容基本上是有价值的。

拿到一堆作文卷子，评讲什么，怎么评讲？教师究竟要达到什么目的？肖老师聚焦的关键点是：打开思维，寻找题材。从今天这堂课肖老师提供的方法和诱导环节来观察，包括引导学生去打开思考的空间，从时间方向、空间方向、为谁点灯等方向去联想，去思考，以及从学生在课堂上的反应角度来观察，在打开思路方面是做得很成功的。

当然，我个人觉得，打开思路其实属于动笔之前的构思阶段，未必符合作文升格阶段的要旨。因为所谓"升格"，是对已经呈现出来的作文的优化。

四、教学必须促成学生的积极改变

这是一堂作文评讲课。教学生写作，我们都是要评讲作文的。拿几篇老师自己觉得好的作文念一念，问：同学们，这篇作文好不好？好，就请大家鼓掌；再选几篇老师自己觉得写得不好的作文念一念，然后义正词严地奚落说，不好一、不好二、不好三、不好四，于是大家哄堂大笑。笑过之后这堂课好像也差不多该结束了。这样的课，究竟让学生学到了什么？学生坐在那里听老师拿腔作调、抑扬顿挫地念优秀作文，老师说它好，学生听了之后也可能觉得好，但那是别人写得好，我虽然觉得好可是我仍然写不到那么好呀。老师把不好的作文拿出来数落一番，说它不好的地方有一二三四五，我确实写得不好，可是我怎么才能写得好起来呢？还是没有办法啊。下次换个作文题，我的水平跟以前还是完全一样。这就是说，通过这样的课堂，学生并没有发生什么改变。

教学必须促成学生的改变，要让学生发生真实的改变。所以今天评课的权威不是我，而是课后发言的那三个学生代表，那三位被肖老师教导过的学生最有发言权。他们刚才都谈了对这堂课的感受，他们的发言告诉我的信息是，肖老师有效地使他们发生了积极的改变；这种改变让学生本人印象深刻，这就是最好的评价。

五、教学艺术很大程度上是表演艺术

肖老师的教学善于启发。他的诱导举重若轻，这堂课基本上就是在他与学生的对谈中持续进行并到最后结束的。在此方面，我应该向他好好学习。我的课堂喜欢满堂灌。我上课的特点就是站在那个地方讲，你爱听要听不爱听也要听。为什么学生得听呢？因为学生对于我所讲的内容知之不多甚至是无知的。如果你已经有知了，就不需要坐在教室里来听我讲了。虽然我的满堂灌通常会让学生相当欢乐，但一路灌下去我自己还是比较累的。只需要看看我苗条的身材，你就知道我是多么的疲惫，这就是长期满堂灌的结果。

肖老师站在讲台上，有着气定神闲、指挥若定的气场。虽然他是课堂上的将军，但他并不傲慢反而很亲切，这是很高的境界。我经常说，教师站在讲台上就是一个演员，教学艺术在很大程度上是一种表演艺术。

如果我今天教的是毛泽东的《沁园春·雪》，虽然我如此瘦弱、如此斯文，但仍然要装得慷慨激昂，这样我的声音和我的教学好像才能和这位伟大人物相匹配。然而我的气质里面并没有慷慨激昂，我心里其实非常懦弱和温柔。我必须慷慨激昂；我在教这个作品、读这个作品的时候，必须假装自己很强大，必须努力使我表现出来的一切都匹配教学内容的要求。我的做法是合理的，应该这样。为什么？因为教学艺术在很大程度上是一种表演艺术。

肖老师的教学艺术同样也是表演艺术。他的表演从容安详，火候老到，值得我们学习。不过我还得回过头来强调，表演背后的那些实质内容，才是最为本质和关键的。看名师上课，我们通常容易看到他课堂上的气度和表现，肖老师确实很帅，很有气度和风度，远远比我光辉灿烂。

在欣赏教学艺术之外更重要的是，我们要看到"教学艺术"背后深层次的地方，那是更值得我们揣摩、借鉴和探索的地方。人是一种很肤浅的动物，我们很容易被表面现象迷惑，尽管人类声称自己是地球上靠思想生存的，但实质上，人们多数时候是像一般动物那样在感官层面对外部情境作出反应。

六、思维的拓展和聚合都是重要的

关于思考，关于课堂观察，我们要努力看透彻一点。用肖老师今天提及的词，叫"凝视"。对于这堂课，我还有下面的思考。

思维的扩张和思维的收缩，是一组辩证关系。这堂课非常成功地拓展了学生的思路，让学生看到了更多的可能性，这是值得羡慕的成功。回过头来再审视这堂课的教学实际过程，思维的扩张做到了，而思维的收缩却未被关注。在我看来，"凝视"更多地意味着思维的收缩和聚焦——这是我个人的理解，可能跟肖老师的不一样。

在这堂课后的讲座中，肖老师"凝视"中考作文，"凝视"出来的最核心的一句话是，"中考作文都是一个词——'成长'"。从较高的维度上看这句话，应该说是正确的；但站在学生的维度和层次上去看，它却有误导的风险。不同的中考作文题，实际上还是有差异的。学生未必领会肖老师真正的意思，他们有可能理解成"中考作文原来都是写成长的啊，那我不管什么作文都写成长"。"挥手自兹去"，具体意思如何，不管，写成长；"灯"的意思是什么，不管，写成长。那就麻烦了。"成长"是一个过于宏大的主题，难免缥缈；而不同的作文题有各自不同的具体的内涵，需要落地。我以为"凝视"还应该有一层意思，就是要"凝视"或审查不同作文题具有"个别性"或"独特性"的部分。

作文主题的准确落地，是个大问题。当我们能看到并指出种种事物都可能和灯发生关联，这时候涉及进一步的思考，就是：我们如何抉择，选择哪一个才更为深邃、更加有力、更好驾驭？怎样确定一个最切合题目的主题并加以精准的描述和发挥？

比如这堂课提及的素材"星星点灯照亮我的家门"，星星固然可以被理解为"灯"，但是"星星点灯"如何紧扣作文题目的这一个"灯"？天上的星星照亮的是宇宙的黑暗，我们的灯照亮的是人间的黑夜，也就是说，"灯"这个作文题目更多的是指向人间情怀而不是康德头顶的星空。如何用"星星点灯"这个具有哲理意味的构想来表现人间情怀，这才是更能切中"灯"的本质属性的提问，才是更能撞击学生构思障碍的提问。当我们企图去挖掘"灯"的主题意义时，就必须考虑到"灯"的人间指向性。

应该知道，作文是系统性的东西，思维是系统性的东西，一个具备系统性的东西不可能是一盘散沙。如果学生的思维只有发散，发散就会变成泛滥，泛滥就会变成失控，就要出现问题。思维不能只有发散而没有聚合，只有聚合才能形成精确的思考。思考的精准性是衡量思维品质的核心指标，而在思考的精确性方面，不管是作文还是阅读，学生都显示出普遍而严重的缺失。一方面，要引导学生开拓思维的空间，开辟更广阔的视界；另一方面，要引导学生在分析问题的时候，做到严谨周全、丝丝入扣。要有这样一种周全和精严，语文教学才不会落入随意和随便的境地。

任何学科都必须讲学理，要有这个学科的思维规范和表达规范。没有规范性，谈自由就是害人。

（注：本文是 2016 年 5 月 12 日在成都石室锦城外国语学校的评课记录。）

成都 2021 届诊断性考试作文审题简说

有高三语文教师问我本次作文的审题问题。本文是简要答复，我希望能够对作文审题训练有点启发。

本次作文的命题立意：紧扣我国优秀传统文化，聚焦于文化传承与理解；同时联系现实倡导君子之风，考查学生是否具备传统价值的当代转换能力。

作文材料的审题，本质上是一个文本分析问题。审题与立意很难截然分开，也不必分开，所以也涉及评价问题。但总体上说，审题着眼于对文本的精准理解，评价才着眼于对题意的发挥。

本次作文的核心语义是明确的。下面举出题目并给出审题简析。思之未周，仅供参考。

一、作文题

阅读下面的材料，根据要求写作。（60分）

北宋的司马光、王安石和苏轼，既是重要的政治人物，也是成就极高的学者或诗人。

司马光与王安石政见分歧很大。宋神宗重用主张变法的王安石，反对变法的司马光失去宰相位置。后来王安石变法受挫，王安石被免职，司马光重新为相。

但他们对对方的评价却让我们看到了更多的东西。王安石说，他和司马光之间"议事每不合"，"所操之术多异故也"；司马光说，"介甫文章节义，过人处甚多","光与介甫，趣向虽殊，大归则同"。

苏轼也是王安石变法的激烈反对者，这极大影响了苏轼的政治命运。而在"乌台诗案"时，王安石上书说："安有圣世而杀才士乎？"被贬黄州四年后，苏轼路过江宁拜访早已退居的王安石。二人相聚甚欢，同游数日，共览江山胜迹，尽论文章学术。

班上计划举行班会，围绕上述材料展开讨论。读了上述材料，你感触最深的是什么？请结合你的感受和思考写一篇发言稿。

要求：结合材料，选好角度，确定立意，明确文体，自拟标题；不要套作，不得抄袭；不得泄露个人信息；不少于800字。

二、审题简说

本题中存在两组人物："司马光—王安石"与"苏轼—王安石"。审题的关键，是要看到人物之间的相互关系，分析两个材料之间的关系，由此提取人物行为与品质的共同点，理解材料的内在联系。经由上述步骤，实现对作文材料的整体把握。

如此分析可知：本题要义，在"君子"二字。

以下几点，均有意思的交叉；交叉的部分，就是"君子"。结合材料，可有三点思考。

1."君子之争"

君子之争，不在意气。"所操之术多异"，而其"大归则同"。"大归"者何？道义。

对道义的理解，可有诸多解释。儒家的治平理想，报国的热忱情怀，均属"道义"的范畴。尚友道义，则无私敌。故君子之争也，不同而能"和"。

2."人品"

司马光、苏轼与王安石，是立场不同的对手，但不是你死我活的敌人。尊重异己，客观评价；当对方处境艰难，反而可能伸出援手。这就是"人品"

（格局、胸襟）。此三子立场虽异，人品则同。

做事是一时的，做人是一生的。地位是暂时的，人品是永久的。

3．"人"

要把人当作人，尊重人，体贴人。《论语》讲，"不以言废人"。

立场观点，人各不同，该争的要争，该坚持的要坚持。但人与人都是"人"。且不说"民胞物与"，对人至少须有恻隐不忍之意、同理同情之心。理念分歧，又有何妨；对于对手，要有带着尊重和同情的理解。大凡英雄豪杰之间，常常惺惺相惜。

以上是对材料的认识。而作文审题，不止是孤立地看材料，是需要联系现实的，现实是我们思考的背景，是拓展作文思路的重要一环。一联系现实就可发现，但求功利而无视品格，与人为仇必落井下石，一言不合则拼死相斗——此等现象，所在多有。联系现实，则可看出复兴传统文化中的优秀部分，确有必要。

学生作文的主题词可自行决定（诸如"宽容""友善""坦荡磊落""和而不同""客观与偏执"等），但对材料本身的理解不能脱离上述范围。

题中问"感触最深的是什么"，则立意之选点，可有侧重；甚至反向思考，亦未为不可。如：君子立身，虽不废交情，但重在大义；人情只是小事，理念不可妥协。能不悖情理、自圆其说即可。

2020年全国高考卷I古诗阅读题指误

考试迄今为止都是教学的指挥棒，也许这不科学，也许你不喜欢，但现实如此，须得尊重。教学都会关注高考，关注高考题有助于我们设计练习，更科学、有效地实施训练课。关注高考题，一是要看它的命题思想，二是要看它的命题质量。训练题和考试题的设计需要高度慎重，大意不得。2020年高考题中的古诗鉴赏题是有问题的，我们要吸取教训，避免命题失误。

一、高考试题回放

奉和袭美①抱疾杜门见寄次韵

陆龟蒙

虽失春城醉上期，下帷②栽遍未栽诗。
因吟郢岸百亩蕙③，欲采商崖④三秀芝。
栖野鹤笼宽使织，施山僧饭别教炊。
但医沈约⑤重瞳健，不怕江花不满枝。

[注]①袭美，即陆龟蒙的好友皮日休。②下帷：放下室内悬挂的帷幕，指教书。栽诗，作诗。③《楚辞·离骚》："余既滋兰之九畹兮，又树蕙之百亩。"比喻培养人才。④商崖：这里泛指山崖。⑤沈约，南朝诗人，史载其眼中有两个瞳孔，这里以沈约代指皮日休。

14. 下列对这首诗的理解和赏析，不正确的一项是（   ）（3分）

A. 作者写作此诗之时，皮日休正患病居家，闭门谢客，与外界不通音讯。

B. 由于友人患病，原有的约会被暂时搁置，作者游春的诗篇也未能写出。

C. 作者虽然身在书斋从事教学，但心中望能走进自然，领略美好春光。

D. 尾联使用了关于沈约的典故，可以由此推测皮日休所患的疾病是目疾。

15. 请简要概括本诗所表达的思想感情。（6分）

二、对高考答案的简要评说

14. 答案：A。

评说：A是错的。"与外界不通音讯"表述不对。不能因为看到题目中有"杜门"二字就认为与外界没有联系，根据诗题，这首次韵诗是为回复好友皮日休寄给他的诗而作，他们二人有诗歌甚至书信往来，这就是联系。BC也都是错的，参见后文的"全诗释义"。这道题唯一正确的表述是D。

15. 答案：①表达了不能与友人相聚，一起赋诗饮酒、饱览春色的遗憾；②宽慰友人，表达对友人能够战胜病患的信心和对以后美好生活的展望。

评说：由于对本诗的理解有问题，所以本题的答案不完善。这首诗中的思想情感可罗列如下：

对对方的体贴、宽慰。（这是最主要的，全诗的情感主线。）

对对方高洁、仁厚之德的赞赏。（这是分散暗含在诗句中的情感。）

三、陆龟蒙全诗释义

（一）标题释义

标题：奉和袭美抱疾杜门见寄次韵。

释义：皮日休抱病，杜门谢客养病，寄给我一首诗，我按照次韵的创作模式，写了这首诗。

（二）正文释义

（1）首联：虽失春城醉上期，下帷裁遍未裁诗。

释义：虽然因为你生病，我们错过了在春城醉游的美好期约，但你只是全部停下了闭门讲诵的事情，没有停下写诗这件事（我得到了你写给我的诗篇）。

"下帷"的典故出自《史记·儒林列传》："下帷讲诵，弟子传以久次相授业，或莫见其面，盖三年董仲舒不观于舍园，其精如此。""下帷"是放下室内悬挂的帷幕，意思是屏蔽干扰；在此典故中，"下帷"之后是"讲诵"，因而这首诗中"下帷裁遍"，是指讲诵之事都裁撤了。根据最后一联，皮日休眼睛有疾，所以他这段时间屏蔽干扰在家养病，停下了全部讲诵活动。

"裁诗"解释为"作诗"，是常见的。例如杜甫《江亭》："故林归未得，排闷强裁诗。"那么此句中能否这样解释呢？"下帷裁遍未裁诗"，在这个句法结构中，两个"裁"的解释应该一致。如果"裁诗"解释为"作诗"，那么有两个问题。第一，"未裁诗"就是没有作诗，而皮日休明明写了诗寄赠陆龟蒙，因此这是不合事实的。第二，"下帷裁遍"也解释不通。皮日休仍然坚持讲诵？显然不对。

"裁"，本义是裁剪衣料制作衣服，可以引申出"裁减"的意思。而用"裁减"来解释，句意就通达了：你病了，讲诵之事都停下来了，但还是写了诗（寄赠给我）。

如果按照高考试卷中的注解，"下帷裁遍未裁诗"，怎么翻译？"裁下帷"是什么意思？"裁遍下帷"又是什么意思？从词义、语法的角度，都是无法求得合理解释的。

（2）颔联：因吟郢岸百亩蕙，欲采商崖三秀芝。

理解1：由于你寄赠给我的诗篇中蕴含着滋兰树蕙、保持高洁的深意，你的诗感染了我，所以我也想要到商山之崖去采摘灵芝了。（实际意思是说：你的诗用意高雅，让我也想要变得高雅了。本诗是奉和之作，这是对对方的诗的赞美，也暗含着对对方品格的赞美。）

理解 2：由于你吟诵《楚辞》中滋兰树蕙的诗句，感悟到保持高洁的深意，所以你想要到商山之崖去采摘灵芝。（实际意思是说：由于你品性高雅，所以你想暂时隐居一阵子。这是对对方因病不能出门的美化之词，也暗含着对其品格的赞美。）

以上两种理解均合理。但根据本诗标题，以第一种理解为佳。理由有二：第一，跟首联语义更为连贯；第二，作为奉和之作，主要功能是应酬，第一种理解更具社交特征。

"百亩蕙"出自《楚辞·离骚》："余既滋兰之九畹兮，又树蕙之百亩。"朱熹集注："记种莳众香，修行仁义，以自洁饰，朝夕不倦也。""滋兰树蕙"，可比喻培养高洁情操。"商崖"指商山之崖，这是用典。历史上有"商山四皓"，是秦末四位信奉黄老之学的博士，后隐居于商山。后人用"商山四皓"来泛指有名望的隐士。此处的"商崖"，就是商山之崖。

"芝"是香草，喻德行的高洁。《说文》以为芝是神草，也有隐喻避世的含义。芝圃，相传就是仙人栽植灵芝的园圃。《九歌·山鬼》："采三秀兮于山间，石磊磊兮葛蔓蔓。"王逸注："三秀，谓芝草也。"灵芝一年开花三次，故称"三秀"。后遂以"三秀"称灵芝草。本句中的"三秀芝"，就是芝草的意思。

如果按照高考试卷上的注释，把"滋兰树蕙"解释为培养人才，那么此联上下二句的关系将变得很难解释。这一联中，"因……欲……"是关联上下两句的，需要关注句意之间的关系。

（3）颈联：栖野鹤笼宽使织，施山僧饭别教炊。

释义：你既然抱病（眼睛不好），那么，编制野鹤栖息的笼子就织得宽舒一些吧；给山僧施舍的饭食，就让别人去做吧。

真实的意思是：你要好好休息。与鹤为伴，与僧交往，表示不务俗事，社交清静。同时，通过与对方为野鹤栖息做笼子，暗示了对方的高雅；通过与对方给山僧施舍饭食，暗示了对方的仁厚。

（4）尾联：但医沈约重瞳健，不怕江花不满枝。

释义：只要医好了你的眼疾（像沈约一样有两个瞳仁），不必担心来年的江花不会绽满枝头。

直话直说就是：你病了，今年相约游春不可能了，你就安心养病，等到明年春天再约，到时再次相会把酒赏春。

此诗前两联理解的难度很高，需要的知识背景比较复杂，所以容易误解。但看高考题下的注解，以及试题和答案，可以发现命题人实际上也是没有读懂的。

由于试题和试卷上注释的误导，我初读这首诗时，出现了理解错误。而后再读，我发现据此注解给出的全诗理解是有问题的，特别是首联第二句的解释实在可疑。接下来查考典故，仔细斟酌，才得出了基本可靠的理解。撰文如上，供大家参考。

基于课型的一些观察

一、文本分析课《驿路梨花》

（一）关于《驿路梨花》

从课型分类角度说，这是文本分析课。尽管"同课异构"的这几节课都提及"悬念"这个艺术手法概念，但着眼点都主要放在了对情节内容的理解上。"悬念"是本文组织内容的方式，如果重在对手法效果的分析，这就是鉴赏课的内容；如果重在对悬念所组织的文本内容的分析，这就是文本分析课。

教学中都讲到悬念的设置："梨花林中的小屋"的主人究竟是谁？激发阅读兴趣、满足读者的好奇心，这是讲悬念都会讲到的。但一定要注意到，由于悬念的设置，不断地猜想，不断地否定，这使得故事容纳进更多美好的人物。这就扩大了文本的容量，拓宽了人物表现的"面"。试想，如果本文一开始就直接硬来，说是解放军搭建了这个小屋，直奔为人民服务的雷锋精神，那是怎样的效果？把这个问题想清楚了，就懂得了艺术品和宣传品的区别。

标题"驿路梨花"是借用陆游诗句，带着古典诗意。这篇课文是很传统的，"为人民服务"和"雷锋"只是借着行文顺势点出，并未刻意突出强调。读者阅读本文更明显的感受是：无人不善，善唤醒善。这是中国文化中非常传统的价值理念，是这个文本最基础的价值底色。

本文的表达是诗化的、理想化的。这里的生产生活方式是非现代的——小屋是茅屋，有人打猎为生，重要的需求是米、水和干柴，人们所抽的是旱烟。总之生产生活方式非常落后。然而在这落后的地方，人们普遍具有梨花所代表的单纯善良，他们非常快乐，无人不善，无人不美，都乐意奉行利他主义。这就是所谓"人情美"。本文中所描述的社会表现出十分鲜明的前现代特征，这里更接近陶渊明笔下的桃花源。这里的人们普遍具备的利他精神相通于雷锋精神；但若在课堂上过度强调雷锋精神，则容易淡化雷锋精神深刻地相通于中国传统的文化内涵，同时也会削弱文中刻意营造的温情与诗意。

（二）关于信息技术融合

语文课当然不排斥现代教育技术手段的运用。这几节课都是以《驿路梨花》为教学材料，主题是探讨教学中的"信息技术融合"。信息技术是工具，人与工具是可以"融合"的吗？如果可以，怎么融合？

几节课所使用的信息技术手段都很丰富，应该思考的问题是：这些技术手段对学生的语文学习（听说读写）的利益，究竟在哪里？如果不使用信息技术行不行——换句话说，信息技术的使用能否为学生的语文学习带来额外的好处？

关于信息技术的积极面，已有太多论述，不用我来重复。至于消极面有些什么，我无法断言，只有两点有限的思考。第一，要知道在考场上的学生，只有人脑而没有电脑。在课堂上，要防止只有电脑而没有人脑。第二，要斟酌信息技术跟学科如何融合，语文是以语言文字为基础的，不恰当的图像很可能构成扰乱语言文字的噪音。我经常说，林黛玉进贾府，她走路时如"弱柳扶风"，这样的姿态和美感，只能透过语言文字去想象，无法以任何图像或视频恰如其分地坐实。世间没有一个演员，能跟《红楼梦》中的那个林黛玉一模一样。不要用视频或图像，去阻止文字唤醒的想象。

二、几首古典诗词的学科阅读课教学

本课所讲的是四首古典诗词。文本都很短小，容量不大，又没有单元依托,属于拓展性的"学科阅读课",没必要把文本分析课与鉴赏课分开来实施。但是,仍然有必要在教学环节设计上,把二者分开。前半段可以让学生读一读,做一个简单的文本解读,相当于完成文本分析课的任务;后半段则把主要功夫用来进行鉴赏,相当于完成鉴赏课的任务。这样区分,板块更加明晰。

学科阅读课没必要讲得太琐屑,要大而化之,讲授要点。下面简要讲一讲我对这几个作品的理解要点。

(一)李清照《渔家傲》

天接云涛连晓雾,星河欲转千帆舞。仿佛梦魂归帝所,闻天语,殷勤问我归何处。

我报路长嗟日暮,学诗谩有惊人句。九万里风鹏正举。风休住,蓬舟吹取三山去!

讲这首词胸襟雄阔,气势磅礴,我觉得是讲错了。上阕写听到上天召唤,下阕写对人间失望而欲往仙境,全是对人间的失落与愤懑,哪里是什么胸襟雄阔?整首词写梦境,写梦到天帝,梦见奔赴仙境,其势不得不描写天空与仙境,自会采用一些景象阔大的词句。这首词"无一毫钗粉气"是真,但说什么胸襟雄阔、气度恢宏却是过了。"九万里风鹏正举"用《庄子》典,并非表示志向远大,而只是说风大,希望大风别停,赶紧把自己吹往仙境,远离这个失去了价值感的人世("学诗谩有惊人句")。这首词看似高旷玄渺,其实哀伤极了。

(二)李白《山中问答》

问余何意栖碧山,笑而不答心自闲。
桃花流水窅然去,别有天地非人间。

教学材料中选取了戴建业《戴老师魔性诗词课》中对这首诗的阐释,我觉得他没讲明白。

本诗诗题一作"山中答俗人",对俗人不必说,说了俗人也不能够明白——这属于社会性内涵。何况所问的是"意","意"非"言"所能尽者,这是"笑而不答"的哲思空间——这属于哲学性内涵。

"问"在呼唤诠释,"答"则沦为论述。论述是脑的事情,情绪是心的事情——论述损害感觉,快乐是不需要论述的。所以李白"笑而不答"。

李白终究还是"答"了。最后两句"桃花流水窅然去,别有天地非人间",就是回答。这是以景为答,是答而非答。桃花、碧山,都有道家意味,李白这个"非人间"的"别有天地"近似于道家的洞天。李白这是道,而不是禅。佛祖拈花微笑则止,但李白微笑后还是说出了那桃花。诗毕竟不是禅,也不是道,最终还是要落入言筌的。

(三)张九龄《感遇》

> 兰叶春葳蕤,桂华秋皎洁。
> 欣欣此生意,自尔为佳节。
> 谁知林栖者,闻风坐相悦。
> 草木有本心,何求美人折。

古典诗大多会借自然风景传递人的情感。"低徊愧人子,不敢叹风尘",这是直接以人事写人情。这需要直击人生的痛点,需要捕捉这痛点的能力,这是最难的。而因其不假托于景物,情感表达难以曲折,写得含蓄动人的难度就很大。

依托景物以传情达意,这是写诗惯用的手法。诗人要移情于景,先须有情。《幽梦影》说"为月忧云,为书忧蠹,为花忧风雨,为才子佳人忧命薄,真是菩萨心肠",一言以蔽之,多情而已。菩萨慈悲,便是多情(此情是无功利、无条件的情)。人须多情而少功利,以此可以培养仁心,亦可以养成善感之诗心。

张九龄《感遇》,是以草木说人生。美人,暗指君王(参考香草美人的文学表达传统）；林栖者，是不问世事的山林中人。林栖者所悦的是春的兰叶、秋的桂花的"生意"——请注意不是兰桂的芬芳（兰叶也没有香味）——这就跟"何求美人折"的"折"形成了对比。欣然自在地活着，胜于被人赏玩的攀折，这就是本诗立意所在。生命的本心，就是充满生机、快乐自在地活着，而不是被赏玩；被赏玩是有风险的，"折"是对生命的损伤。

"欣欣此生意，自尔为佳节"，这欣然的生机，自然地就成为了属于它们自己的美好时节。"自尔"，自然。从语意连贯性来看，"闻风"，就是感受到这种生命欣然自在的气息。

（四）王昌龄《闺怨》

闺中少妇不知愁，春日凝妆上翠楼。
忽见陌头杨柳色，悔教夫婿觅封侯。

本诗之后附录《欧丽娟品读古诗词》的赏析，读后我大吃一惊。这个赏析发挥得太离谱了。

"闺中少妇不知愁，春日凝妆上翠楼。"这两句是说这位少妇在翠楼上观赏春色的心情，她登楼赏春的这一刻很开心，"不知愁"。"闺中少妇不知愁"，并不是说少妇总是无愁；即便是少女，也是有愁的，不会"不知愁"。所谓"不知愁"，是说在楼头观赏春色时，她没感觉到有愁的存在。

"忽见陌头杨柳色，悔教夫婿觅封侯。"这两句是说这位少妇观赏春色而忽然看见杨柳的心情，她因见到关系到离别的杨柳，而顿生悔意。

很明显，前二句到后二句，写出了少妇情绪的变化。这是这首诗的叙述性的表现。这种变化表现了一种曲折，是这首诗写得好的地方之一。

还有一个好的地方是，这首诗写出了少妇的心态。在这位少妇看来，日常生活中的温暖和快乐是最值得珍惜的，"封侯"并不见得值得鼓励。当她看见杨柳，她突然意识到分离，突然体会到青春的浪费。这是一个以生命为本的观点,而不是以功名为人生追求的观点。这恰好就写出了少妇的特点——她阅历还浅,还未了解到功名对于人生的重要;她"凝妆上翠楼"说明她是富贵人家的少妇,这也是她并不怎么看重功名的原因。总之,这首诗非常贴合这位少妇的性别、年龄与身份的特点。王昌龄的笔法是极其精准的。

欧丽娟说这是女性的成长诗,对文本理解不准确。这首诗写的是"忽见陌头杨柳色"的那一瞬间发生的心理变化,"成长"云云,是故作深刻。

最后应补充一个常识性的解释,"悔教夫婿觅封侯","教"的意思是"让",并不是欧丽娟所说的"鼓励"。

三、一堂议论文复习课

(一)什么是复习课

首先要说两点意思。第一,在理论上说,复习课是不必要的。第二,复习课要上成训练课。

首先,复习课为什么是不必要的?复习是必要的而复习课是不必要的。因为复习是每个学生必须做的事,凡有所学,都须复习、巩固,才能逐渐内化和避免遗忘。复习意味着教师此前已经尽其所能讲授过相关知识,难道教师需要通过复习课再来把相关知识讲一遍?或有人说,复习课不是讲授新知识也不是重述旧知识,而是进行梳理、归纳,讲规律——但这不是新授课时就该做的事吗?从理论上说,作为"课"的复习课,确实是不必要的;但从现实来说,多数学生出于智力或习惯的原因不能达致理想状态,教师不得不去从事本应由学生去从事的重复。

其次,不得不上的"复习课",要上成训练课。一般性的问题,新授课已经解决了;复习课应解决的是复杂问题,是难点,是顽疾。复习课不能简单地重复新授课所讲的那些东西,要通过对以往训练中反馈出来的问题的梳理,对症下药布置有针对性的训练任务,以此祛除顽疾。

复习是重温，是为了弥补、巩固、提升和优化。我们经常说"温故知新"，"知新"太难了，主要还是"温故"。漏洞还多，故须复习；火候不到，故须复习。把夹生饭煮熟，就是复习。所复习的知识与方法都是此前学过的，每个人对其所学的掌握程度不一样，生疏处与缺漏处人人不同，所以复习是每个人自己的事，通过复习解决自己独有的问题。

在某个知识点和能力点上，学生的问题是什么，解决问题的办法是什么，这些办法是否有效，这是指导学生复习必须考虑的。复习不能采用老办法。如果老办法管用，问题早就解决了。用新办法解决老问题，这样的复习课才是管用的。

（二）学习是以知识与真理为中心

现在一说教学，就喜欢讲"以学生为中心"，对此我很反感。教学是为了人的发展，但学习是以知识与真理为中心。学习就是要求知，要闻道，要以知识和真理为中心。这要求学生要怀着谦卑的态度，向知识屈服，向真理屈服。"求知"这个词很有意思，你是在"求"，那就不能傲慢，不能以自我为中心。孔子说"朝闻道，夕死可矣"，意思就是人生的终极使命是悟得真理；一旦领悟真理，则虽死无憾。我们要教导学生热爱真理、敬畏真理，要克服本能性的自以为是。什么是人的发展？人的发展不是自我膨胀；当人对真理多一分认识，就是多了一分发展。成长就是发展出对真知和真理的谦卑。

其实我不太喜欢谈"中心"。有"中心"就代表着有"边缘"，这就陷入二元分别了。"以学生为中心"，强调的是"生命"；"以知识与真理为中心"，强调的是"知识"或"真理"。其实生命与真知并非二元对立，在理想状态下它们是一体的。人只是活着比较容易，而要依循知识和真理活着并不容易。因此我们需要学习，需要强调知识与真理的重要性。

学以致用，是说知识具有现实的功用。学生在课堂上学到的方法，管用吗？教师课堂上所讲的，管用吗？我们不能只是责备学生不会用，教师得自问所教的是否管用。复习时学生还有这么多问题，这意味着我们先前所讲的很多东西可能并不管用。

（三）议论文的材料使用

议论文写作最重要的能力，是论证的能力。论证需要逻辑的力量，这是学生较难处理的。分析事理的能力、建立联系的能力，很重要，但很欠缺。所以学生写议论文，常常普遍采用例证方式。以材料之丰富掩盖思力之薄弱，盖不得已也。

例证是因事说理。理事无碍，理事圆融，事必有理可依，理必有事可证，所以例证不是不可以。

例证所用的事例，本质上是观点的证据。教学时要注意的点位有三：一是要在"事""理"之间搭建桥梁，使"事"中之"理"得以鲜明呈现（证据的有效性）；二是选材须恰切，具有典型性（证据的代表性）；三是材料古今搭配，有纵深感和序列感（证据链）。

仅仅知道这些点位是不够的。这三个点位上，都有很多需要研究的细节，需要提供切实有用的写作支架。这些点位在以前的教学中都有触及，但问题是为何学生并未发生有效的改变？学生达不到教师的预期，这通常意味着教师采用的方法无效，只有提供新的方案、新的支架才有可能解决问题。复习就是要重新审视，不但要审视学生，也要审视教师自己。教学水平就是在这样的审视中提高的。

四、两堂评价鉴赏课

（一）《看〈红楼梦〉中的宝钗形象》

这堂课是人物评论。评价课的提问应很讲究，方方面面都要考虑到。我觉得提问应考虑两点：第一，能有效地刺激思考；第二，能与教学内容紧密结合。自不待言，教师的提问与教师预设怎样的答案也是有关系的。

这堂课是要评价宝钗形象，教师花了不少时间来梳理总结薛宝钗形象

"情"和"理"的两个方面。在"情"的方面，分析了宝钗的本心、真心；在"理"的方面，总结出她理性的生命态度、保守的正统思想、明哲的处世态度三点。然后教师的提问是：为什么我们读《红楼梦》更多地看到了宝钗"负面"的东西？

我觉得这个提问很有意思。薛宝钗具有理性的生命态度、保守的正统思想、明哲的处世态度，也就是说她是一个理智的、规矩的、聪明的女人。这样的女人不正是该被我们喜欢的吗？但我们太天真了，我们更喜欢的是"情"的一面，带着感性的一面。我觉得这个提问很有意思，是因为它能迫使我们反思人性，进而去理解人的天性与社会性之间的对立统一，去理解天性被社会性挤压的必然命运。

但教师的问题处理方式出现了问题。把《红楼梦》中的判词引出作为对宝钗的评价，这实际上使得前面的教学环节落空了。前面对宝钗形象已经作了梳理总结，那就是评价的基础，是回答这个提问的依据，不能抛开它另起炉灶。引出《红楼梦》中的判词，既是教学环节脱节，也属节外生枝——评价是学生自主思考的表达，而不应是对《红楼梦》相关判词的理解。

（二）《归园田居（其一）》

少无适俗韵，性本爱丘山。误落尘网中，一去三十年。
羁鸟恋旧林，池鱼思故渊。开荒南野际，守拙归园田。
方宅十余亩，草屋八九间。榆柳荫后檐，桃李罗堂前。
暧暧远人村，依依墟里烟。狗吠深巷中，鸡鸣桑树颠。
户庭无尘杂，虚室有余闲。久在樊笼里，复得返自然。

这堂课是鉴赏课。有鉴赏眼光者很稀有，有审美品位者很稀有，所以在各种语文课型中，鉴赏课是要求最高的，上好鉴赏课是最难的。

鉴赏本身是一件非功利的事，需要无功利的心境，需要超功利的态度。

《幽梦影》说:"一日之计种蕉,一岁之计种竹,十年之计种柳,百年之计种松。"种这些草或树,都是出于审美的考虑而不是实用的考虑。从实用的角度看,这些草树都是不成材的,既不能喂猪,也不能建屋。这就是审美的态度。

人在社会中都是要讲功利的,因此审美很难。那么,鉴赏课所能做的大概就是技法运用、效果分析之类的了。而要做好这些也并不容易。例如本课讲"狗吠深巷中,鸡鸣桑树颠",教师问用了什么手法,结果说是"以声衬静"。这是"以声衬静"吗?鸡鸣狗吠,确有声音,似乎也衬托出了村庄的安静。但我认为这样去读诗,没有触及陶渊明真正想说的意思。陶渊明这是在描绘"鸡犬之声相闻"的画面,是带着道家思想的。"复得返自然"了,陶渊明从容下来了。鸡犬皆得其所,而况人乎。

陆游《夜泊水村》:"腰间羽箭久凋零,太息燕然未勒铭。老子犹堪绝大漠,诸君何至泣新亭。一身报国有万死,双鬓向人无再青。记取江湖泊船处,卧闻新雁落寒汀。""老子犹堪绝大漠,诸君何至泣新亭",这一联意思是说,老子(老聃)孤身一人,尚能西出函谷越过大漠;你们这么多人,何至于只有相向而泣。这是批评南宋士大夫们不中用,呼吁他们要"戮力王室,克复神州"。如果这层意思理解不到,甚或误以为"老子"就是陆游自称,那么接下来的"鉴赏"就势必走火入魔。

讲文学作品的技法与效果,要以深刻地理解诗意为前提。要不然鉴赏没有基础。这就是为什么文本分析课在前,评价鉴赏课在后。若无准确的文本分析为基础,评价鉴赏课是没法上好的。

五、《项脊轩志》的文本分析课和评价鉴赏课

根据教师的教学设计,这堂课的教学目标有二——"欣赏并学习归有光散文以细节摹人叙事和语言匠心的艺术特点,领会章法之妙和细节之美""由表及里,全面理解本文情感",很明显是文本分析课和评价鉴赏课的杂糅。我认为这是不恰当的,一堂课一个目标就够了,关键是要透彻,要让学生真有收获。

（一）文本分析课

文本分析课要分析文本，对文本作出合宜的解读。事实上，关于这篇短文的很多解读文字，都是未中肯綮的。"由表及里，全面理解本文情感"，这是文本分析的目标；要达成这个目标，我认为《项脊轩志》中的这段议论是不能删掉的：

项脊生曰："蜀清守丹穴，利甲天下，其后秦皇帝筑女怀清台；刘玄德与曹操争天下，诸葛孔明起陇中。方二人之昧昧于一隅也，世何足以知之，余区区处败屋中，方扬眉瞬目，谓有奇景。人知之者，其谓与坎井之蛙何异？"

据《史记·货殖列传》记载，秦时，蜀寡妇清守先人丹砂矿穴，擅其利而显富，秦始皇许为贞妇而客遇之，为筑女怀清台。至于诸葛亮躬耕而刘备三顾茅庐，后来成为蜀相，则早已是大家耳熟能详的传奇故事了。本文中的"二人"，指的是蜀寡妇清和诸葛亮。这二人中，前者偏居蜀地默守丹穴，后者隐居南阳躬耕陇亩，都是最初"昧昧于一隅"，而后来名扬天下。归有光把在项脊轩中默默读书的自己跟此二人相比，寄寓着对自己将来扬名天下的期望。"余区区处败屋中，方扬眉瞬目，谓有奇景"，不是因为败屋，而是因为在项脊轩中读书的自己胸中有扬名天下、光耀门楣的梦想。

"人知之者，其谓与坎井之蛙何异"，这是自嘲，也是自负。家境败落如此而以扬名天下自许，在他人看来是荒唐的，他人根本无法理解自己这份自信与雄心。这句话紧扣前文"轩凡四遭火，得不焚，殆有神护者"，当时的归有光是自信有神力加持的。

最早写成的《项脊轩志》到本段以议论收束，寂寞而奋勉，是当时归有光的生命状态。本段不可删，如果删掉，文章无结尾，立意也模糊了。本段是全文点睛之笔，具有强大的解释功能：可以解释项脊轩中之乐，这种快乐不仅来自项脊轩中的明月桂影，也来自寂寞中怀着自信的期望；可以解释轩中竟日默默读书之苦，这种苦是为梦想中的成名所必须付出的代价；可以解释文中之所以写到早逝母亲的母爱和年迈祖母的期待，是因为项脊轩中背负着来自整个家庭的动力与压力。

而与归有光后来补出的下文对照，有了本段议论，更可以见出归有光期待落空之伤痛与失落。早前于项脊轩中满怀梦想读书而一事无成，整个家庭又增添了妻来妻死的变迁。母死，大母死，妻亦死，而此轩亦败坏如此。归有光面临壮志的失落与家庭的伤痛，还会"扬眉瞬目，谓有奇景"否？唯见"庭有枇杷树，吾妻死之年所手植也，今已亭亭如盖矣"！

（二）评价鉴赏课

评价鉴赏课，须教师有强大的思辨力和鉴赏力，才能独立操作出高水平。如果没有，那就得借鉴资料。经典之作，大都有丰富的评价鉴赏资源，教师应善于选择借用。关于归有光这篇文章，我觉得有几条资料比较中肯，列出来稍加点评以供参考。如果要把《项脊轩志》上成鉴赏课，下面这几条资料我认为是重要的。

（1）王世贞《归太仆赞》："不事雕饰，而自有风味，超然当名家矣。"

王世贞最初讨厌归有光，两个人的文学观点相左。后来王世贞又佩服归有光，以为归有光可与韩愈、欧阳修相提并论。依道不依人，王世贞有君子之风。在《项脊轩志》中，"不事雕饰，而自有风味"，这个特点是明显的。这需要有高超的水平，"不事雕饰"则易寡淡，白描是最难的。归有光主要是在典型细节的精炼化方面下功夫，他几乎剔除了一切不必要的文字，从而使最富情韵的那一小部分得以凸显。

（2）钱谦益《列朝诗集·震川先生小传》："熙甫为文，原本六经，而好太史公书，能得其风神脉理。"

钱谦益这段评点，是相当内在的。他概括出归有光文章的两个方面：一是依循儒家思想，一是有史才。在《项脊轩志》中，儒家的价值取向是不消说的，非常明显。"好太史公书，能得其风神脉理"，是说归有光有良史之才。且看本文中对大母婢、母亲和大母的叙述，都能体会出这一点——简笔勾勒而能见出人物意态,这就是"得其风神";对人物语言的选择,对归家几代人的人事变迁的描述清晰、简括与到位,这就是"得其脉理"。

(3)王鸣盛《钝翁类稿序》:"以妙远不测之旨,发其淡宕不收之音。"

《项脊轩志》中,项脊轩是书斋,而主旨不在读书;写书斋而写家事,而主旨不在亲情;写家事而写心事,以显出没落中的期许;写心事而期许落空,以带出感伤与无常。这就是所谓"妙远不测"。文章写书斋而穿插家事,多可喜复多可悲,行文多有跌宕;原文本以议论结束,而后续的补写毫无画蛇添足之病,反添感伤无常之叹,再多一层曲折——这就是"淡宕不收"。在本已完足的文章后再行添加而无续貂之感,反能与原文浑然一体而有所拓深,这是罕见的。本文可谓奇文。

(4)钱基博《中国文学史》:"虽无雄直之气、驱迈之势,而独得史公之神韵。……不刻画而足以昭物情,与古作者合符。"

归有光之才,不在"气",不在"势",而在"韵"。《项脊轩志》写景写人,确有神韵;文中"无雄直之气、驱迈之势",也是显然。太史公大才,"气""势""韵"可兼而有之;归有光能得其一,也是很不错的了。"不刻画而足以昭物情",是说归有光善于白描。"古作者"的文字简约而有表现力,归有光的文章也有这个特点。

六、综合实践课《诗画合璧》

(一)教学设计摘录

1. 欣赏三组诗画

(1)画:钱选《秋江待渡图》;诗:钱选《题秋江待渡图》,王士禛《题秋江待渡图》等。

(2)画:苏轼《枯木怪石图》;诗:黄庭坚《题子瞻枯木》。

(3)画:梵高《向日葵》;诗:余光中《向日葵》。

2. 创作分享

观梵高画作，用现代语文创作短诗，现场交流分享。

（二）听课批注

1. 备课

构思这堂课时首先应澄清概念，什么是"诗画合璧"？用诗歌来表现画面内容，就是"合璧"？王维"诗中有画，画中有诗"，那是不是"合璧"？"意态由来画不成""丹青难写是精神"如何解释——诗与画，在艺术表现功能上有什么区别？

画的优势在造境（造景），诗的优势在达意，二者各有擅长。题画诗，大抵以贴合画境而寄意高妙为上佳。

2. 材料

本堂课还列出了一些教学材料，如宝塔诗、回文诗，这些诗在视觉上可能引发的感受，是否算得上诗画"合璧"？它们跟"诗画合璧"的关系是什么？宝塔诗、回文诗等，多属文字游戏，初涉则觉有趣，既久则堕恶趣矣。用作教学材料，须慎重。

余光中这首《向日葵》不是题画诗，不是写梵高的《向日葵》而是写拍卖。余光中是借题发挥，此处诗画如何"合璧"？

以绘画作品为触发点，跟以山水人事为触发点，所作的诗会有不同？

由诗可以想出画来，而诗不必为画所缚。题画诗多非原画景状之重现，而是以画为触媒，发挥观画者之所感所思。画是此画，而观画者所感所思则未必同。故知所谓"画外意"，见仁见智而已。

3. 语文性

从课型分类角度说，这是一堂语文综合实践课。教学选材超出了课本范畴，学生需要综合运用关于诗歌与绘画的知识进行语文学习。语文综合性实践课教学目标的属性是"语文的"，也就是说这堂课应立足于古典诗的学习，而不是欣赏绘画（那是美术教师的教学任务）。绘画材料在本堂课中的使用，必须服从和服务于语文教学目的。

　　语文课当然应具有语文性。有绘画作品进课堂肯定可以，但应知语文这门学科始终依托于语言文字。诗歌是必要且重要的。艺术性＝诗性。一切艺术的本质都是"诗"。应从所有形式的艺术作品中看出"诗"来；而语文的重点，则是从诗中看出"诗"，看出语言形式中诗性的表达机制。

语文学科阅读课

我把语文课型分为七种：①预习课（预习与语言基础知识学习课）；②文本分析课；③评价鉴赏课；④文学史课（文学知识与文化知识学习课）；⑤训练课；⑥综合实践课；⑦学科阅读课。

在这个分类中，前五种是基于单元体例、依据学生认知发展顺序来设置的。预习课主要是获得自主学习体验，熟悉单元文本，自主掌握单元中的语文基础知识；文本分析课是通过对文本信息的分析和综合，获得对文本的准确理解；评价鉴赏课是通过比较、判断、分析与综合，对文本的思想内容与艺术形式作出论断；文学史课是系统学习单元内的文学知识和文化常识，理解单元内各文本的文学史意义和文化价值；训练课是通过跟单元学习目标相关的训练（包括写作训练），实现知识的迁移和促进能力的形成。语文课本中的多数单元是由文学类文本组成的，因此一个完整的单元教学设计，一般来说应包含这五种课型。

而语文学习不能仅止于依据语文课本的单元学习，仅仅依托课本是学不好语文的。于是安立了另外两种课型，即综合实践课和学科阅读课。

语文课本通常按单元编排，完成课本的教学是必需的，根据课本体例实施单元教学显然是合理的。但课本始终具有局限性，仅仅依靠课本来学习语文是不充分的。综合实践课和学科阅读课，是为了深化和拓展学生的语文学习。拓展与深化，是这两种课型的关键词。

一、各学科都有必要开设学科阅读课

大概在 2014 年的一个讲座中，我就提出，中学阶段的每个学科都有必要开设"学科阅读课"。语文有语文的阅读课，数学有数学的阅读课，历史有历史的阅读课，各个学科都要开设阅读课。我还认为，这些课应明确地纳入课表，也就是说，课堂上不能只是讲教科书和做训练题，各个学科的课堂上都不能缺少阅读活动。至今我仍然认为，这个构想是领先的，也符合各个学科的学习规律。学生是读书人，读书人不读书怎么行？每天都是听课、做题而不去读书，这极不利于学科的学习。

任何一门学科，包括数理化政史地，都有适合中学学段的经典读物、科普读物、趣味读物。读几本这样的书，是很有学科学习价值的。为什么不精心选择几本这样的读物，让我们的孩子们去读一读呢？为什么非得每天都是教师翻来覆去地讲课、学生不胜其烦地做题呢？教师讲得太多，学生做题太多，严重挤压了学生阅读的时间和思考的空间，这已经成为教学中的顽疾。各个学科都开设阅读课，让学生读几册本学科的经典著作、科普读物或趣味读物，学生有了更宽广的学科视野和更丰富的相关知识，有可能借此建构出更好的学科思维和更优的学科学习方法，这对学科学习更有好处。

学科阅读课应纳入学科教学课表，相应地，各个学科的中考、高考中都应该有学科阅读的考查。每个学科都有适合相应学段阅读的重要文献或普及性读物，这些都可以列入学科阅读的考查范围。各个学科的学习，都需要具备阅读该学科相关文献的能力，因此把学科阅读能力的考查纳入相关学科的考试，完全是合理的。

学科阅读课应重视学科的边界，任何学科的阅读都不能替代和包办别的学科的阅读。语文学科阅读课的宗旨，是促进学生的语文学习，培养学生的语文素养。如果因为"语文是基础学科"就盲目扩大语文学科阅读的范围，那是不恰当的。

二、语文学科阅读课：读什么

（一）学科阅读应突出学科性

除了教材和教辅，学生在学校几乎读不上什么书，这是可悲的现实。语文学科似乎要好一点，我是说"似乎"，并不是真的。语文教师一般会强调阅读的价值，但是读什么、怎么读，这些问题都不见得有稳妥合理的考虑。诸如现在提倡的"整本书阅读"，用意固然好，但我觉得它连"读什么"这个最基本的问题都没有厘清。我所说的"学科阅读"，跟"整本书阅读"并不是同一个概念。"学科阅读"在形式上包括单篇文章阅读也包括整本书阅读，而实质性的部分是强调"学科"——学科阅读的基本功能是促进学科学习，这是最根本的定位。我曾一再指出，当前语文的"整本书阅读"，要求学生阅读《乡土中国》《红星照耀中国》，在我看来就是模糊了语文的学科性。这两本书都值得读，但应该交由历史教师带领学生去读，因为阅读这两本书未必有助于更深刻地理解语文，却显然有助于深刻地理解中国的历史。

学科阅读必须具有"学科性"，也就是说这种阅读是为了学科的发展利益。基于学科阅读的学科性，语文学科阅读应读的文本包括两大类：关于语言和文章学的，文学和关于文学的。

（二）关于语言和文章学的文本

关于语言和文章学的文本，前人为我们留下的资源极为丰富。平时不关注不觉得，若有心去搜罗则会发现其数量之庞大可谓惊人。

在语言学习、语文学习方面，叶圣陶、王力、吕叔湘、张志公、朱德熙等前辈，是语文教师们比较熟悉的语文人，他们在这个方面的著述相当多。从著《说文解字》的许慎和著《释名》的刘熙，到开创"高邮王氏之学"的二王父子，再到后来研究汉语语言的现当代学者，他们讲文字、讲词汇、讲语法、讲修辞的著作可谓汗牛充栋，而这些都属于这一范围。古代的诗话、词话，大多涉及语言艺术的探讨，也在这一范围。古代的文字游戏如酒令、谜语、各种怪异诗体，古今的对联如楹联、春联、挽联等，都有对汉语语言文字精彩的、有趣甚至是机巧的运用，也都在可读之列。

文章学这个概念是后起的，而实为我国古代讨论文章的构成与艺术的学问。它以文章为研究对象，主要形式是对文章加以圈点评注。历来各种古诗选本、古文选本中，时常能看到精彩的评点，这都是语文学习的好资源。古代评点文章的著作颇不少，像《古文笔法百篇》之类，对于欣赏古今文章、提升作文水平，都能带来一些启发。今人如张中行、周振甫，也有讲文章的著作可读。

进入学科阅读课的语言和文章学这种类型的文本，语文学科特性鲜明但数量太多，应该是指定的。不同的学校，应根据学校的学科发展方向和学生的实际情况，认真研究学生适合读哪几本书，作出决定。这类资源中散篇的文章比较多，如果有必要，也可由语文教师自主编选。

（三）文学和关于文学的文本

文学是语文学科中占据优势的部分。学习文学作品，增加文学积淀，了解文学评论，理解文学观念，是语文学习的重要内容。

文学和关于文学的文本，可以分为两种类型：一种是文学文本，即文学作品；一种是关于文学的文本，主要是文学评论。

文学作品浩如烟海，当然要选经典之作来读。至于选择哪些经典文学作品作为学科阅读课的对象，则需要特别慎重，选择时颇费踌躇。由于不同的学生有不同的价值取向、阅读偏好和审美偏向，读哪些文学作品不宜强制统一，不能硬性指定，应给学生自由选择的空间。当前的"整本书阅读"，以指定的方式要求学生阅读《红楼梦》等经典文学作品，在我看来就并不恰当。学习语文，阅读《红楼梦》当然有益；但要学好语文，阅读《红楼梦》并非必要的前提。同样地，阅读任何一部文学作品，都不必然构成学好语文的前提。因此，文学作品的学科阅读课，不宜指定几种文学作品要求学生去强读。要尊重学生的选择权，他们可以在被公认为经典的文学作品中，选择他们爱读的来读。语文教师可以自行筛选出一个范围较广的文学阅读书目，让学生在这个书目中自主选择他们感兴趣的书籍。这种处理方式是合情且合理的。

学生的选择是自主的，但也应加以引导。假如阅读取向是提升表达能力，则宜多读诗歌和散文；假如阅读取向是理解世故人情，则宜多读小说和剧本。教师在此方面应给学生提示，这也有助于学生在阅读过程中确定他们吸取营养的方向。

一旦学生选定了他们要读的文学作品，文学评论的范围也就比较明确了。中学生读文学评论，不需要有太多的理论关注，只需要阅读跟他们所选择的文学作品相关的评论资源即可。例如，选择读白居易作品，就要阅读一些关于白居易诗歌的评论，关于白居易诗学主张的评论；选择读卡夫卡作品，就要阅读一些关于卡夫卡小说的评论，了解卡夫卡的文学成就及其在现代主义文学中的地位。这些评论既有助于学生深刻地理解他们所要阅读的文学作品，也有利于他们展开后续的研究。

一些通识性的、容易理解的文学批评著作，一些论及文学与艺术的审美的文本，也可单独纳入。例如，朱光潜论美、谈文学的不少文章，都在可读之列。

（四）思想历史文化类文本的阅读场景

有些文本是无可争议的经典，如《论语》《史记》等，不一定适合于语文学科阅读课，而更适合于语文综合实践课。

《论语》《史记》等经典著作，语文、历史等学科都可以读。虽然是同一部经典，但不同学科的阅读诉求是不一样的，所以在课程中的地位和阅读的侧重点也就有所不同。例如读《论语》，历史学科关注的重点是跟历史学科相关的部分，倾向于把《论语》作为史料；语文学科关注的重点则是跟语文学习相关的部分，倾向于把《论语》作为语料。

而语文学科读《论语》，却未必置于学科阅读课中，更有可能置于综合实践课中。如果把《论语》作为文言学习、经典言论学习的资料，这具有语文学科阅读性质，但这种做法实际上并不符合《论语》的经典地位，无法体现《论语》的核心学习价值。《论语》更适合的场景，是语文综合性实践课程。这是因为《论语》主要是提供思想或想法的文本，而思想的合理性需要放到实践中去验证。理解《论语》中的各种想法并将这些想法运用于实践场景，由此去理解其思想的精髓，验证其思想的价值，甚至看出其思想的局限，这才是《论语》学习的核心价值部分。因此，《论语》用于语文综合实践课，比用于学科阅读课更为合理。

我的基本看法是，思想历史文化类经典著作，通常都具有"跨学科"特点，应根据其主体性内容谨慎判明学科学习价值，放到相应学科的综合实践课中。这类著作是否纳入语文课程，最基本的考量依然是其语文学习利益究竟在何处。譬如《论语》之所以可以置于语文综合实践课中，是因为学习《论语》不但对于学生理解古圣先贤的话语方式有益，对于理解受《论语》影响的大量的古代文学文本有益，而且对于学生的思想建构与思维发展、文化传承与文化理解、阅读理解与写作运用，均有很大的利益。《论语》的语文学习价值是明显的。

学科阅读课的重心在思考，重点是"知"，要有充分的思辨性阅读活动，不断扩大"知"的领域，提升"知"的境界。综合实践课的重心在实践，重点是"行"，要有充分的实践性活动，在"行"中获得"知"的深化。思想历史文化类文本主要具有思想价值和文化价值，大都适合置于综合性实践课程之中，因为这触及"知行"结合的问题——每个人都是依据观念在行动，每个人都活在特定的历史框架之中，每个人的行动与观念都不可避免地受到历史文化的影响。

三、怎么读才是合宜的

明确了"读什么"，"怎么读"就大致清楚了。因为在明确"读什么"的时候，学科阅读的目的、价值被纳入选择的考量，"怎么读"无非就是要找到一些路径，来达成这样的目的，实现这样的价值。

下面所说的并不都是"怎么读"的方法，也有需要注意的重要原则。

（一）学科导向鲜明

学科阅读是学科导向的阅读，是为了学科发展的利益。而任何学科的核心都是以该学科的知识与能力为基础的学科素养，学科阅读应该鲜明地指向该学科知识的累积和能力的成长。

对学科性的强调，是学科阅读不同于"群文阅读"和"整本书阅读"的地方。关于怎么读，首要的考量应该是，这样读下去能否获得、怎样获得语文的利益——在语文知识上有什么收获，在语文能力上有什么发展。有了这样的定位，阅读的目标才会变得清晰。比如在阅读诗歌的时候，关注点就不会仅止于这首诗表达了怎样的情感，更会关注这首诗是如何表达出诗人的情感的，这种表达方式能否成为我们可用的技巧；读《红楼梦》就不会仅止于了解这部作品中的故事情节，更会去思考它是如何组织这些情节的，这些情节可以揭发出怎样的人生理解，这些理解是否能向别的场景中迁移，《红楼梦》叙事的艺术性表现在哪些地方，为什么我们会认为这部小说是不朽的经典。

（二）任务或议题设置合理

在一般情况下，读书是各人自己的事。但语文学科阅读课是一种课型，不是任由学生自己去读的，是教师必须主导和参与的教学活动。教师对学科阅读课，要进行先期规划，合理设置阅读任务，并依据读物设置恰当的议题。

在学生开展相关书籍的学科阅读之前，教师应反复阅读，并预设学习任务，提出问题清单，指出阅读方向，布设研讨议题，提供研究项目。学科阅读课的备课任务，比教授课本更重。备课质量是学科阅读课成败的关键。

每一项阅读任务和研讨议题，都要充分考虑其学科属性，要聚焦于语文的目的，要让学科阅读为语文学习服务。

（三）过程的控制和管理

语文学科阅读的对象通常不是像课文那样的短小文章，而更可能是一本一本的书，读下来须耗费时日。在此情况下，过程的控制和管理就变得很重要了。有几点是需要注意的。

第一，不可囫囵吞枣。篇幅庞大，容易读得粗疏，这就使得阅读失去了本该具备的价值，所以用心阅读、细致阅读，是基本的态度。既然要读，那就务求收获，我反对有些"整本书阅读"专家所说的囫囵吞枣地读，连滚带爬地读。那不是读书应有的态度。如果一本书不值得读，那就不要去读；如果一本书值得读，那就得用心去读。

第二，要有任务切分，根据教师的设计，循序渐进地进行阅读。学科阅读，有时是一篇或几篇文章，有时是一本书，阅读任务复杂，一节课没法完成。那么一节课读多少内容，做哪些事情，教师先要有指示，并在课堂上指引学生去做。

第三，要用做笔记、做读书卡片（可以是电子的）等方式，保证阅读过程中有思考。不动笔墨不看书，这是有道理的。读书一定要做摘抄，做读书笔记，一定要记录下自己的思考，哪怕是不成熟的思考。

第四，越是篇幅庞大的作品，越容易在细节中迷失，因而越要使用思维导图、文本结构图等方法来勾画作品全貌。尤其是读一整本的书，这是必不可少的规定动作。

第五，最后成果，以阅读报告或作品创作的形式呈现并作分享。全班同学所读的都是相同的内容，不同学生的思考和收获不一样，集体分享，有助于相互启发。

当今学校中普遍没有安设在课表中的学科阅读课，这是课程结构的重大缺失。相较于其他学科，语文学科在阅读方面的重视程度是较高的，近年来倡导的群文阅读和整本书阅读，为学生提供了更多的阅读机会，这是有积极意义的探索，而其缺点在于学科指向并不鲜明。我个人认为，学科阅读是个很好的概念，学科阅读课的开设是当务之急。让学生多读书，少做题，这是医治目前教学弊病、实现减负增效的关键。

语文学科阅读课《〈论语〉：论学习》评述

这是一堂学科阅读课，课题是"论学习"，教学材料是《论语》中对学习的论述。我讲三点看法。我想重点分析本课所使用的教学材料，而这是从属于第二点的内容。

一、关于学科阅读课

（一）学科阅读课要促进语文学习的利益

我认为，"学科阅读课"的概念比当下流行的"整本书阅读"这个提法更好，更合理。学科阅读是为了促进学科学习的阅读，各个学科的学习，都需要阅读能力，都需要读书，读与该学科相关的文献。语文学科阅读课的阅读材料要符合语文学科属性，要能促进学生的语文学习。

"整本书阅读"的概念是含混的，学科属性不明。各个学科都有整本书可读，语文教师没有义务带领学生去读别的学科的书籍，例如《乡土中国》。《乡土中国》是一部学术著作，那么它是不是跟语文学科紧密相关的学术著作？不是。它是一部社会学著作，而中学阶段没有社会学这门学科，那就要看它更接近于什么学科。《乡土中国》主要是对中国传统社会的研究，我个人以为这部著作更接近于历史学科。这就是说，《乡土中国》以历史教师带领学生去读为宜，那才是最合理的选择。

但语文学科有"整本书阅读",而且《乡土中国》被指定必读,这是现实。只要是现实,无论你是否喜欢,你都不得不面对。我的意思是说,在不得不带领学生阅读《乡土中国》的情况下,我们可以尝试利用这部著作中的某些观点或思想,去思考和解决语文学科中的一些问题。比如,按照《乡土中国》的观点,中国社会是乡土性的。乡土性来自中国悠久的农耕文化,人们日复一日年复一年跟土地的亲近,培养出对土地和土地上的植物无可比拟的亲近感;必须按照季节变化从事耕作,培养出跟自然的高度默契。这就能很有力地解释中国古典诗歌,为什么会有如此普遍的借景抒情,为什么所借的景通常是植物而不是动物。土地作为传统中国人最重要的生存资源同时也构成了对他们的束缚——传统社会里人们在空间中的流动性很差,这也能够解释为何中国文学传统中的叙事不发达,因为叙事需要故事,而缺乏流动性的生活很难产生故事。就以中国文学传统中数量不多的叙述性作品而言,它们的故事也常常不是被现实生活直接创造出来的,这些故事的完成往往借助想象、传说和道听途说。

我知道要达到这样的理解深度是很难的,而且这也不是阅读《乡土中国》的核心价值。所以我还是觉得,"整本书阅读"只是一个阶段性现象,它最终会走向我所提出和倡导的"学科阅读"。

那么,《论语》的阅读算不算"语文学科阅读"呢?我认为算得上(尽管放到综合实践课中或许更好)。首先,《论语》对中国传统文化产生了巨大的影响,它在历史上长期几乎就是国家的规定教材和科举必考范围。其次,《论语》中有大量具有经典性的格言警句,它提供了一种凝练通达的汉语表达范式。再次,《论语》的阅读过程也可被认为是一个文言文语言学习的过程。所有这些,都是"语文的"。

(二)要强调学习的实际收获,不要过于在乎课程的"系统化"

学科阅读的学习效益要落实到每一堂课,每一堂课都要让学生有切实的收获,这是最要紧的事。我们做教师的,最喜欢"体系性""系统化"的东西,但这些东西却未必管用。

在语文学科阅读课上，学生阅读《论语》是为了学习语文，而不是为了成为研究《论语》的专家，他们并不需要系统地了解孔子的思想，不需要对《论语》进行面面俱到的研究。我们的主要关切，是每堂课上学生究竟学到了什么，这对他们的语文学习究竟有何帮助。

（三）要深入、充分研究教学材料，提供适宜的教学内容

我经常说，教学内容、教学材料、教学所依托的文本资源，最为紧要。教学的方式方法是必要的，但其实际重要性可能远远低于教师们的想象。我喜欢用做菜给孩子吃来类比这种关系。你是一位精通教法的教师，好比一位厨艺高超的厨师；我是一个不谙教法的教师，好比一个做菜笨拙的厨师。你厨艺高超，做的萝卜白菜都很好吃，但你手头只有萝卜白菜，你每天给你的孩子吃很好吃的萝卜白菜。可以想见，长此以往，你的孩子一定会营养不良。而我厨艺拙劣，我的水平就只能把鸡蛋牛肉煮熟，我每天给孩子提供大量并不可口的鸡蛋牛肉。可以想见，长期下来，我的孩子会比你的孩子更加强壮。我讲这些是为了说明，只关注厨艺而不关注食物，可能是颠倒了主次。提供怎样的学习内容给学生，这无比重要。教学内容必须是有营养的。在我看来，《论语》的语文学习价值超过语文教材中的很多篇目，我们有必要对这本书的学习下足功夫。

语文学科阅读课和教材学习的语文课，都是为了学生的语文学习，并无本质的不同。所不同者在于，阅读材料是超出教材边界的，而且文本体型庞大或数量众多，通常用不着精读细讲。从教学法上来说，"学科阅读课"重点在"读"，增广见闻；关键在"思"，可开展一些梳理探究活动。而无论哪种语文课型，对教学材料的研究都应该充分而深入，一点也马虎不得。这是备课时最费精力的地方，也是最关键的地方。怎么研究，我稍后再说。

以上是我想简单地表达的三个意思。下面我重点讲一讲本课教学材料的分析。

二、关于教学材料的分析

（一）课题的设置和材料的选择要合理

语文学科阅读课的教学材料，不是课本，没有教参，教师要自主分析研究。学科阅读课通常有需要讨论的主题，也就是课堂学习的"课题"，首先就要考虑课题设置的合理性。课题确定了，才便于确定教学材料。《论语》中可以提炼出许多主题，是不是所有的主题都需要挖掘出来作为课题进行教学呢？没必要。主要还是看这些主题是否符合学情，能否跟学生的经验与未来相联结。"论学习"这个主题就是符合学情的，这样的主题就可以确定为课题。

像"交友""君子"等主题，贴近学生生活现实，都可以作为课题。"仁"是《论语》倡导的核心价值，也是学生所必备的品格，也可以作为课题。至于"孝"，当然也是必要的，但现在我们的价值观描述中不太提这个名词，建议改为"我们与父母的关系"。

有了课题，就可以据此筛选《论语》中符合这个课题的材料。把这些组织起来，就形成了教学所依托的材料。

（二）对教学材料本身，给出的理解要合宜

这对教师的要求很高。学科阅读课常常构成对教师的挑战，主因还是教师对它们的研究不足。教师的理解不到位，教学就容易失控，甚至形成误导。

《论语》的阅读并不简单，古往今来的研究者众多，聚讼纷纭之处也多。教师对今天所用的若干材料，我个人觉得并不到位甚或有些误解，下面简单讲一讲。

1. 注意文本内的相互参照

对《论语》之内的关联性论述，要联系起来进行理解分析。

子夏曰："贤贤易色；事父母，能竭其力；事君，能致其身；与朋友交，言而有信。虽曰未学，吾必谓之学矣。"

"虽曰未学，吾必谓之学矣"，这是什么意思？这是说，学习本身并非学习的目的，只要修养与行为达到他所说的这些标准，没有学习也等同于学习了。可以看出，子夏对"学习"目的的理解，并不是知识的学习而是修养的增进。这种理解是符合孔子的意见的，例如：

哀公问："弟子孰为好学？"孔子对曰："有颜回者好学，不迁怒，不贰过。不幸短命死矣，今也则亡，未闻好学者也。"

孔子以称许颜回"不迁怒，不贰过"来定义颜回的"好学"。也就是说，在孔子的理解中，"好学"必须表现为心性的修养。孔门其他弟子未必能内化于心、外显于行，所以孔子独许颜回"好学"。孔子又说：

君子食无求饱，居无求安，敏于事而慎于言，就有道而正焉，可谓好学也已。

孔子此处对"好学"的理解，表达了两个方面的要求：一是修心求道，"食无求饱，居无求安"，致力于精神追求；二是修身正行，"敏于事而慎于言，就有道而正焉"。

我们可以看出，孔子所理解的"好学"，跟我们今天通常所理解的"好学"，并不完全是一回事。

2. 准确把握、深刻理解原文中的观念

《论语》言简意赅，要准确把握话语的语义内涵，抽象原文中的观念进而实现深度理解。

樊迟请学稼，子曰："吾不如老农。"请学为圃。曰："吾不如老圃。"樊迟出。子曰："小人哉，樊须也！上好礼，则民莫敢不敬；上好义，则民莫敢不服；上好信，则民莫敢不用情。夫如是，则四方之民襁负其子而至矣，焉用稼？"

这段文字中至少可以看出三点。第一，孔子认为知识是分层次的，有大用（用于治国）的知识，有小用（用于生产）的知识。第二，孔子在论述时连续用了三个"上"，表明他希望他的弟子跟着自己学习有大用的知识，而不必学习有小用的知识；事实上孔子认为自己在小用方面的知识是不足的，弟子向他询问这样的知识是搞错了对象。第三，语段中并不存在孔子鄙视生产的确切证据，他只是认为生产知识不属于自己的教学范围，不符合他自己的理想，也不符合他对弟子的期望。

子曰："赐也，女以予为多学而识之者与？"对曰："然，非与？"曰："非也，予一以贯之。"

对此稍加抽象，则不难看出：孔子认为，学有所成的根本标志，不是所掌握的信息与知识达到极大丰富的程度，而是要形成一个整体性的、具有内在一致性的解释或认识体系。

3. **注意提防误解，审慎作出解读**

古往今来，《论语》阐释者众多，误解也多，要独立思考，审慎鉴别，尽可能给出符合事理与情理的解读。

子曰："温故而知新，可以为师矣。"

我的理解是：温习旧的知识，就懂得在新的情境中运用这些知识来思考和解决问题，这样的人就可以做老师了。

知而能用，则说明对知识的理解是透彻的，这就具备了"师"的资格。这样的理解是符合事理的。对"温故而知新"传统的、通行的理解，我认为是有问题的，这里不多论述。

子曰："攻乎异端，斯害也已。"

我对这句话的理解是：攻击跟自己的主张不同的主张，这是有妨害的。这跟孔子中庸、恕道、和而不同甚至无常师等思想，是一脉相通的。

对这句话也有五花八门的各种解释，我们可以参考和斟酌。本堂课也在这个句子上作了一些辨析，这很好，但做得还不够。这是一个教给学生学习古文、研究古文方法的好机会，要把功夫做足。这句话的语义研究，至少包括两个方面。第一个方面，是研究《论语》中的话语习惯。"攻""端（异端）""害""也已"或"已"，在《论语》中别的地方出现过的，全部找出来，进行参照比较，谨慎确定在本句中的语义。例如，《论语》中的"攻"字出现的次数不多，别的几处都是"攻击"的意思，那么它在本句中大概率也是这个意思；"也已"在《论语》中出现的次数很多且几乎都是语气词，那么在本句中大概率也是如此——如果发现"也已"的组合中有"已"独立表示"停止"的情况，那么判断此句中的"也已"是什么意思则须特别审慎。第二个方面，是研究先秦特别是孔子所处的春秋及稍后的战国时期上述字词的语用意义。这项研究需要《论语》之外的文献的支持，比如经孔子之手的其他儒家经籍，《老子》《孟子》等诸子文献，以及《说文解字》等文字学著作。

通过这样的研究过程，学生可以了解到比较合理的古文字句的研究方法，获得研究性学习的体验，这对他们的语文学习是非常有启发的。至于最后能否对孔子这句话的意思达成定论，反而变得不太重要了。

（三）对教学材料的取舍，要考虑周全

1. 剔除跟课题无关或关联性不大的材料

本课题是"论学习"，那么所有材料都应该跟学习是相关的。在学案中有两则资料，我觉得可以商榷：

子曰："由，诲女知之乎？知之为知之，不知为不知，是知也。"
子曰："知之者不如好之者，好之者不如乐之者。"

我认为这两句都是广义的人生道理，不是仅仅跟学习捆绑在一起的。第一句是讲聪明人不做作，诚实是最好的策略，这是做人的普遍道理。第二句是说理性的理解不如感性的喜欢，感性的喜欢不如愉快的沉浸式体验，这是说做事的普遍道理。它们可以说跟学习有点关系，但显然不止于学习，从话语来看，孔子也没说他讲的是学习。所以我认为这两则材料不必列入。

但是，有些重要的资料却被遗漏了。谈到"学"，《论语》中还有若干重要的论述，但我在学案中却未看见。例如：

我非生而知之者，好古，敏以求之者也。
好仁不好学，其蔽也愚；好知不好学，其蔽也荡；好信不好学，其蔽也贼；好直不好学，其蔽也绞；好勇不好学，其蔽也乱；好刚不好学，其蔽也狂。
君子病无能焉，不病人之不己知也。

2. 根据学情，合理安排教学材料

本堂课有26则材料，我认为在数量上太多了。学生要在一节课上消化这么多材料，十分困难，读懂原文都不容易，何况主要教学环节还是材料的梳理与整合。教学内容的安排应该是适量、适度的，不能太稀薄，也不能太拥挤，要讲究"中庸"——很高兴，最后我又回归到孔子这里来了。

三、小结

语文学科阅读课是一个需要继续探索的课题，出现这样那样的问题都不足为奇。总的说来，本堂课的学习价值是显而易见的，在资料的梳理分析、归纳提炼方面，也有可圈可点的教学动作。我的评论仅仅是参考意见，目的是为大家的探索提供我自己觉得还比较理性的一点思考。

回归教学常识

——对《〈论语〉专题研读之孔子周游列国》一课的几点意见

这堂课的课题是"《论语》专题研读之孔子周游列国",是当前大家比较关注的整本书阅读课。在我的课型分类中,这属于语文的"学科阅读课"。关于这堂课,我讲几点意见。第一,课堂教学要有核心问题,要有结构重心。第二,教师对教学材料的研究要到位,这是正确地教学的前提。第三,研读是学生的事,教师要少讲;拓展资料的提供要有分寸,引入《论语》之外的资料要慎重。这三点意见并无什么新意,都是常识性的东西。语文教学现在最需要的恰好就是教学常识。

一、课堂教学要围绕核心问题进行

每堂课都有基本的学习任务,这个任务不应太复杂。一堂课的关键任务应该只有一个,无论是单篇阅读、群文阅读还是整本书阅读。任务太多,用力分散,对促进学生某项特定能力的提升是不利的。我主张课堂教学要有关键任务,这个任务在一堂课中只能有一个。

学习任务是依据这堂课的教学目标来确定的。无论一堂语文课学什么教什么,它始终是一堂语文课。是语文课,就要对准语文课的知识或能力目标。扩展学科知识,培养学科能力,这在学科教学中是不容含糊、不可回避的。《〈论语〉专题研读之孔子周游列国》,这堂课当然也是语文课。它的语文课特性表现在哪里？在教师的教学目标描述中，理解"知其不可而为之"的坚毅精神，了解孔子截然不同于隐者的济世情怀，是不是合理的语文教学目标呢？我看不是。学习《论语》当然要理解孔子的精神和情怀，但仅止于此，还不足以凸显语文的学科特点——历史文化课、思想品德课，也可以学习这些东西。这堂课的教学目标应该是什么呢？我认为应该是培养学生梳理、整合文献资料的分析能力和综合能力，引导学生通过分析与综合而获得有意义的发现。

据此，根据这堂课的研读主题，我以为可以提出一个相互关联、次第推进的"问题串"：

1. 分析：在中国古代，五十岁以上已属"高龄"了。孔子以五十四五岁的高龄出游，目的是什么？这与孔子自述"五十而知天命"有无冲突？

2. 综合：简述孔子出游的路线与经历。从孔子周游列国过程中的言行，可以看出孔子怎样的人格特质？

3. 分析与评价：孔子的出游是否达成了他最初可能期望的目标？他十余年出游的收获是什么，意义是什么？

这些问题不见得有标准答案，但问题解决的过程本身，就能有力地训练学生统整、分析资料的能力。紧密围绕这些问题的解决，不要有枝蔓，不要模糊焦点。这是整本书阅读，材料很多，教学方式上要与单篇教学有所区别。要围绕关键问题来讨论，使教学重点突出，教学主线明晰；不要轻易采用"随文提问"的方式，那容易使教学不得要领，流于琐屑。

二、对教学材料的研究要到位

从《论语》中选出的孔子周游列国的材料这么多，不容易驾驭。教师在备课阶段要充分研究这些材料，得出尽可能稳妥的见解。教师的研究较为透彻，才有办法简化教学，因为只有把握住材料的实质，才能以最简明扼要的方式驾驭纷繁复杂的材料。教师也只有对教学内容的要义了然于心,才有可能在教学中正确且自如地对学生加以引导。

研究教学材料是个大课题,有赖于教师的学科素养。我浏览了一下这些材料,形成了以下简明而未必扼要的理解,可供参考。

(一)出游的目的:"行其义也"

孔子出走鲁国的原因,有资料可以分析,这不难;难的是他出游是想去干什么,这缺乏明确的资料。孔子离开鲁国出游,是有实际背景的。通过这些背景,有可能推测出孔子是为了政治理想甚至是为了做官而周游列国的结论。这样的看法不能说不对,但可能比较狭隘,不是究竟的解释,容易贬低孔子。

我认为,孔子离开鲁国之时,对他自己将具体去做什么、能做成什么,大概是没底的,毕竟未来总是具有不确定性。我们似乎可以说,此时的孔子未必知道他具体要做什么事,但他至少知道自己应该去做正确的事——用孔子自己的话来说,就是"行其义也"。[①] 义者宜也,所谓"行义",就是按照自己认同的道理去做当做的事情。这是孔子行动的理念。

孔子时代人的平均寿命大概在三十岁左右,"五十者衣帛食肉"就算老有所养,七十岁就有人被骂"尔墓之木拱矣"了。孔子出游时年龄已经很大,单纯为了做官恐怕并非孔子的目的。须知孔子在困境中也敢于宣称"天生德于予",他是自以为受到上天眷顾、负有特殊使命的人,做官之类不太可能是他的终极目标。

执教者最后把孔子周游列国十几年的内驱力,归结为"知其不可而为之"的精神,恐怕也容易导致误解。首先,从事理上说,孔子不可能在开始出游时

[①] 子路曰:"不仕无义。长幼之节不可废也,君臣之义如之何其废之?欲洁其身而乱大伦。君子之仕也,行其义也。道之不行,已知之矣。"朱熹《集注》:福州有国初时写本,"路"下有"反子"二字,以此为子路反而夫子言之也。未知是否。依据写本,这几句话是孔子讲的。即便不依从写本,这几句话是子路讲的,而其所表现的依然是孔子的立场和教导。

就预先"知其不可";如果事先就"知其不可"而依然硬要"为之",那不叫圣人,那叫笨蛋。

其次,"知其不可而为之",这是他人对孔子的评价,并非孔子的自我评价。《论语·宪问》写道:

子路宿于石门。晨门曰:"奚自?"子路曰:"自孔氏。"曰:"是知其不可而为之者与?"

孔子是圣人,亦即有高超智慧的人。他固然有积极入仕的取向,但也说"天下有道则见,无道则隐"——可见他是懂得策略的,并不是硬着头皮一味蛮干的傻子。

孔子以五十多岁的高龄出游,目的是什么?我认为合理的结论是,他出发时会有一些模糊、宽泛的目标,若明确地认定为实现政治抱负、实践济世思想则可能窄化了他。但有一点是明确的,孔子是要去"行其义",也就是去做正当合理的事,企图去实现他自己认同的价值。而孔子认同的人生价值并不是单一的,他在十四年出游中的实践,也不断证明着这一点。

(二)出游的过程:冲突与成长

孔子十几年的出游,是颇不顺利的。这个过程不必详述。真正对学生有启发的部分,是揭示孔子在此过程中的内在冲突,以及在冲突中获得的成长。

首先,"行其义",是孔子的行动理念;难以"行其义",是孔子的现实困境。在执教者提供的材料中,我们可以找到理念与情感的冲突:一方面孔子要"行其义",因而不断寻找行动的机会;另一方面,孔子多次情绪的强烈表露,可看出他在困境中内心的挣扎。

"归与!归与!"

"已矣乎!"

"道不行，乘桴浮于海，从我者其由与！"

这些带着强烈情感的句子，表现了孔子因失望而想要归去的念头，甚至出现了信念动摇的征兆——"乘桴浮于海"与"不仕无义"是有所背离的。孔子并不赞成隐士，而"乘桴浮于海"比隐居山野还要隐遁得更远。"从我者其由与"，更折射出孔子的绝望，他甚至对弟子们是否总会追随自己都失去了信心。

在理念与现实的分裂中，孔子内心是痛苦的。但孔子也有足够的智慧使得这种分裂或冲突走向和谐，把冲突转变为自身成长的机会。孔子的游历，使他扩充了见闻，观察到不同地域的风土民情，拓展了认知的视野；同时，在与现实的冲突与磨合中，他不断深化和完善自己的思想，使其思想重心从"礼"转向了"仁"。有学者把《论语》中孔子论"礼"和"仁"的内容中有谈话对象或事件背景的部分专门列出加以分析，发现孔子在出游之前更多地谈及"礼"，出游之中与之后则更多谈及"仁"。这很可能意味着，孔子在出游的过程中逐渐发现，"礼"的理想秩序在现实中确实是难以实现的，而着眼于内心觉醒的"仁"则更为根本和更有把握。这是一个重大的思想飞跃，使孔子从政治秩序的追求者上升为真正的哲人。

（三）出游之后的回归

孔子说："吾自卫返鲁，然后乐正，《雅》《颂》各得其所。"一方面可见孔子整理《诗》是出游列国以后，这暗示孔子因出游而掌握了更大地域的文化信息，这构成其人生最后阶段整理文化遗存的基础；另一方面也可见出孔子人生中从政治向文化的最后一次转型。出游阶段，孔子主要致力于政治行动，这时的孔子主要是社会的人，目的是改造现实社会；出游归鲁，孔子主要致力于历史文献整理，这时的孔子主要是文化的人，他专注于文化与传统，谋求对历史的回归。在人生的最后阶段，孔子通过文化而"入圣"，完成了最终的超越。

三、拓展资料的提供要有分寸

本堂课取自《论语》的资料已够多了，阅读量很大，教师不宜多讲，要给学生阅读和思考的时间。在这种情况下，拓展资料要非常慎重。

首先，合理的资料供应是有价值的。拓展《史记》中关于孔子的资料，这是可以的。这部分资料有助于理清孔子出游各国的基本线索，仅仅通过《论语》中的资料做不到这一点。这就是说，《史记》的资料是必要的。节录《孔子行年考》搞个"周游列国年表"，作为辅助资料也是合理的。教学的目标是研读《论语》来锻炼梳理、分析和整合文献的能力，所以不必在孔子周游列国的时间与路线上设置障碍。

其次，要预见到资料提供后各种可能的结果。这里有两个考量。第一是资料增多，学生用什么时间来读。第二是这些资料是否有助于学习目标的达成。本堂课提供给学生的"参考文章"，收录了《孔子周游列国论纲》《殷周之际"以德配天"的提出及其对孔子天命观的影响》《略论孔子的隐逸观》《黑暗王国里的残烛》等十个材料，我认为是不恰当的。我们要考虑到学生的实际情况，一堂课上哪能阅读这么多东西。更为糟糕的是，学生如果先期阅读了这些资料，势必受到这些资料的影响，带着这些资料中现成的观点去读《论语》，必定会阻碍学生对《论语》的自主发现。这些学者的看法很容易左右学生的思考，那么研读就有可能失去价值。学生的自主探索、自主发现、自主领悟是极其宝贵的，哪怕是不尽稳妥、带有偏见的发现或领悟，都是很珍贵的。

总之，要让学生专注于原典，在《论语》中去发现《论语》中的孔子，而不是从学者们的文章中去发现学者们眼中的孔子。更何况，像鲍鹏山《黑暗王国里的残烛》这样的文章，行文中带着饱满的情感，这种情感会削弱客观中正，容易把学生带偏。学生这么年轻，容易被情绪煽动。我们必须明白，研读是具有学术意味的活动，这种活动只能是理性的。

POSTSCRIPT ▶ 后 记

我对语文课型的思考已经持续七八年了。当初还在成都七中教书时，我就感到语文教学普遍无章法，并隐约觉得语文课型有重新分类的必要。至于如何分出课型，那时的思考却很模糊。长久以来，语文课型其实是有分类的，诸如新授课、复习课、讲评课、测试课、习作课、讲读课、自读课等，但在我看来，这些分类都仅仅着眼于课堂教学表面的现象，未能切入语文学科内容的实质。后来我到了成都教科院，有更多听课、评课的机会，更觉得语文课型有重新划分的必要，同时对课型如何分类逐渐形成更清晰的认识。在前几年出版的《文本解读与阅读教学讲谈》《追求更高品质的阅读教学：中学语文名师课例深度剖析》两本书中，我初步提出了课型分类的具体构想。我的构想获得了许多语文同行包括我的合作者冯胜兰老师的认同。冯胜兰老师最早把这种构想付诸实践，并在多次实践中确认了这种课型分类的合理性。

本书集中反映了我最近几年对课型分类的思考。有些是我专门论述课型的文章，有些是我的评课记录。这些评课记录的着眼点主要是对课型的论述；关于课型的具体课例，则请读者参见本书的配套书籍《打造结构化语文课堂》。这些文章中还有几篇是关于文本分析的具体案例，意在为我认为最紧要的文本分析课提供一些指引。

在此感谢我的评课记录的整理者冯胜兰、罗晓彤、宋红琨等老师，以及"语文渡"为我校读文章的小伙伴们。

感谢我的恩师刘朝纲先生和成都教科院中学所所长袁文老师，他们意识到我的课型分类的价值，给了我巨大的鼓励。袁文老师热心推广基于我的课型分类的教学实践，这场实践活动正在成都的语文教学中逐渐铺开。

我还要感谢我书稿的策划人朱永通先生。他能信任我，令我感激；而他能发现我的价值，这是他的眼光。

最后我要感谢我的读者们，感谢你们对我一如既往的支持。我的书能被你们欣赏，这是我的荣光。

罗晓晖

2021 年 11 月 11 日

图书在版编目（CIP）数据

语文课型与语文教学/罗晓晖著.
—上海：华东师范大学出版社，2023
ISBN 978-7-5760-4187-3

Ⅰ.①语⋯　Ⅱ.①罗⋯　Ⅲ.①中学语文课—教学研究
Ⅳ.① G633.302

中国国家版本馆CIP数据核字（2023）第185861号

大夏书系｜语文之道

语文课型与语文教学

著　　者	罗晓晖
策划编辑	朱永通
责任编辑	张思扬
责任校对	杨　坤
封面设计	奇文云海·设计顾问
出版发行	华东师范大学出版社
社　　址	上海市中山北路3663号　邮编　200062
网　　址	www.ecnupress.com.cn
电　　话	021-60821666　行政传真 021-62572105
客服电话	021-62865537
邮购电话	021-62869887
地　　址	上海市中山北路3663号华东师范大学校内先锋路口
网　　店	http://hdsdcbs.tmall.com/
印刷者	北京季蜂印刷有限公司
开　　本	700×1000　16开
印　　张	17.5
字　　数	257千字
版　　次	2023年11月第一版
印　　次	2023年11月第一次
印　　数	6 100
书　　号	ISBN 978-7-5760-4187-3
定　　价	59.80元
出版人	王　焰

（如发现本版图书有印订质量问题，请寄回本社市场部调换或电话021-62865537联系）